U0901501

社会学研究文库 第二辑

城市养老服务多维度调查与研究

马冬梅 等/著

華中科技大學出版社
http://www.hustp.com
中国·武汉

图书在版编目（CIP）数据

城市养老服务多维度调查与研究/马冬梅等著．—武汉：华中科技大学出版社，2019.12
（社会学研究文库．第二辑）
ISBN 978-7-5680-5955-8

Ⅰ.①城… Ⅱ.①马… Ⅲ.①城市-养老-社会服务-研究-中国 Ⅳ.①D669.6

中国版本图书馆CIP数据核字（2019）第299067号

城市养老服务多维度调查与研究 马冬梅 等著
Chengshi Yanglao Fuwu Duoweidu Diaocha yu Yanjiu

策划编辑：张馨芳
责任编辑：苏克超
封面设计：孙雅丽
责任校对：阮 敏
责任监印：周治超
出版发行：华中科技大学出版社（中国·武汉） 电话：（027）81321913
武汉市东湖新技术开发区华工科技园 邮编：430223
录 排：华中科技大学出版社美编室
印 刷：武汉市金港彩印有限公司
开 本：710mm×1000mm 1/16
印 张：19 插页：2
字 数：310千字
版 次：2019年12月第1版第1次印刷
定 价：98.00元

本书若有印装质量问题，请向出版社营销中心调换
全国免费服务热线：400-6679-118 竭诚为您服务

前　　言

PREFACE

人口老龄化是世界各国共同面临的问题。我国自1999年步入老龄化社会以来，老年人口逐年增加，老龄化程度不断加剧。国家统计局数据显示，至2018年末，我国60周岁及以上人口2.49亿人，占总人口的17.9%。养老服务机构与设施共16.38万个，床位总数746.3万张。老年人口当中，失能老人、独居老人、流动老人等特殊群体的数量不断增加，如何满足老年人在日常生活照料、医疗保健、康复护理等方面的服务需求，提高老年人的健康水平和生活品质，已成为全世界亟待解决的社会问题。

改革开放四十年，我国经济、社会等各方面取得了举世瞩目的成就。新时代我国社会主要矛盾已经转化为人民日益增长的美好生活需要和不平衡不充分的发展之间的矛盾。这就需要坚持以人民为中心的发展思想，让经济发展的财富更多更公平地惠及全体人民。在我国养老服务体系建构过程中，应当积极发挥政府、社会、个人及家庭等多方面的力量，形成多元治理格局，促进为老助老服务规范化、科学化发展，让老年人共享改革发展成果。党和国家高度重视养老服务，先后出台了加快发展养老服务的一系列政策措施，养老服务体系建设也取得显著成效。但总体来看，养老服务供给不足、社会支持缺失等问题依然存在，人民群众养老服务需求尚未得到有效满足。2016年，国务院办公厅印发《关于全面放开养老服务市场提升养老服务质量的若干意见》指出，要全面推进社区居家养老全覆盖，依托社区服务中心（站）、社区日间照料中心、卫生服务中心等资源，为老年人提供助餐、助洁、助行、助浴、助医等上门服务，提升居家养老服务覆盖率和服务水平。《“健康中国 2030”规划纲要》，将“共建共享、全民健康”作为主题，提出人民共建共享的卫生与健康工作方针，为老年人提供康复期护理、稳定期生活照料的健康和养老服务。党的十九大报告提出了“积极应对人口老龄化，构建养老、孝老、敬老政策体系和社会环境，推进医养结合，加快老龄事业和产业发展”的要求。基于上述背景，本书运用人口学、社会福利、社会保障等学科的相关理论与方法，基于银川市的实地调查数据和相关统计数据，多维度地探究了我国养老服务的相关问题。新时代、新征程，只有在经济发展过程中增进民生福祉，健全为老助老服务体系，才能让老年人享受更多优质、便捷、安全的服务，真正使老年人的获得感、幸福感、安全感有保障；才能促进“老有所养，老有所医，老有所为、老有所乐、老有所依”目标的实现，推动健康中国战略的实施和老龄事业全面协调可持续发展。

养老服务要探讨的议题很多，但限于篇幅，本书分为三篇共九章，分别涵盖老龄化与积极老龄化、为老服务与社会支持、助老服务与医养结合。第一篇是老龄化与积极老龄化，主要内容包括积极老龄化的相关理论和积极老龄化背景下银川市社区老年人养老服务问题。第二篇是为老服务与社会支持，主要内容包括失能老人的长期照护、独居老人的社会支持和流动老人的社会适应等养老服务问题。第三篇是助老服务与医养结合，主要内容包括老年人助餐服务、医养结合养老服务、高龄友善社区构建等内容。

本书是一部理论与实践相结合的著作，围绕为老服务和助老服务，对我国养老服务的相关问题进行了总结，并提出了一系列的对策建议，有助于推进我国养老服务相关研究和实践应用，促进全社会对老年人福利服务有更多了解和认识。

马冬梅

2019 年 6 月

CONTENTS

老龄化与积极老龄化

第一章 绪论

伴随着医疗水平和生活水平的提升，人口老龄化已成为不可逆转的国际趋势，联合国公布的数据显示：1950 年时全世界 60 岁及以上人口为 2.05 亿，仅占世界总人口的 8.1%；到 2018 年，世界 60 岁及以上人口增加到 9.62 亿，占世界总人口的比例也增加到 12.8%。在 20 世纪 80 年代之前，世界老年人口与世界总人口增长速度基本一致；80 年代以来，世界老年人口增长速度已快于世界总人口。2007 年世界人口增长率为 1.1%，而老年人口增长率却高达 2.6%。截至 2018 年底，全球 65 岁及以上人口约为 7.05 亿，而 0～4 岁人口约为 6.8 亿，人类 65 岁及以上人口数量有史以来第一次超过 5 岁以下人口数量。联合国人口基金会数据显示，2019 年全球约有一半的国家或地区 65 岁及以上人口占比在 7.0%及以上。[①] 同时，世界各国人口老龄化发展水平并不均衡，其中发达国家老龄化进程更快。发达国家的人口数量占总人口数量的 17.8%，其负担的老年人口却占总体老年人口的 35.6%。截至 2011 年，世界 65 岁及以上老年人口数量达到 5.59 亿人，占总体的 8.0%，而其中发达国家同类型人口数量就达到 1.99 亿人，占比甚至达到 16.0%。反观同期发展中国家，老年人口数量

① 华经情报网. 2018 年全球人口总数人口排名年龄和性别结构以及区域分布情况［EB/OL］. http：//dy.163.com/v2/article/detail/EHI8C5L705387IEF.html.

为3.45亿人，占世界同类人口的比例为6.0%。整体来看，世界各大洲人口老龄化程度由高到低排列分别为欧洲、北美洲、大洋洲、亚洲、拉丁美洲，而非洲当前的人口结构则是典型的年轻型人口结构。[①]

根据联合国老龄化标准，当一个国家或地区60岁及以上人口占总人口的比重达到10%，或65岁及以上人口占总人口的比重达到7%时，标志着这个国家或地区步入了老龄化社会。2017年底，我国60岁及以上老年人口达2.41亿人，占总人口的17.3%；65岁及以上老年人口达1.58亿人，占总人口的11.4%，我国首次一年间新增60岁及以上人口超过1000万人。[②] 截至2018年底，我国60岁及以上老年人口达2.49亿人，占总人口的17.9%，其中65岁及以上老年人口达1.66亿人，占总人口的11.9%。从2008年60岁及以上老年人口占总人口数量的12.0%，到2018年已上升到17.9%（见图1-1）。

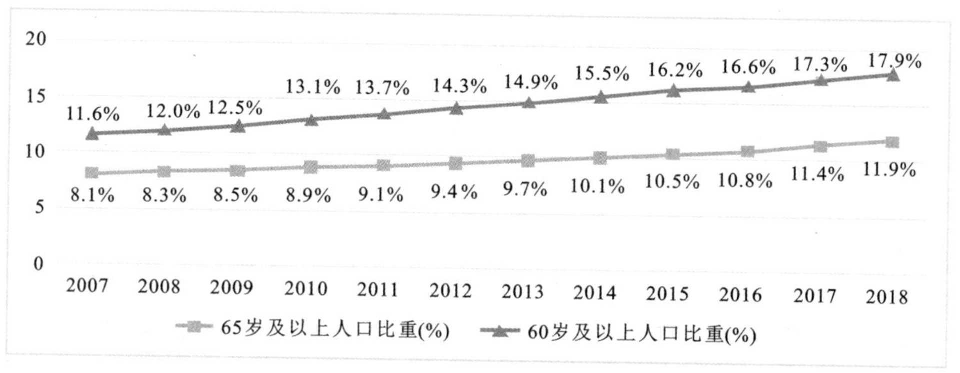

图1-1　2007—2018年我国老年人口增长趋势图

在人口老龄化加速推进的背景下，全社会开始关注老年人（简称“老人”）这一特殊群体。老年人随着年龄的增长，身体机能发生弱化，疾病发生率也随之增加，所以老年人除了需要物质支持、文化娱乐、精神慰藉之外，对医疗保健、康复护理的需求也更加强烈。然而目前中国社会发生较大的变革，家庭结构和规模小型化，老年人和子女分开居住的现象日益增多，传统上来自家庭的照护和保障逐步弱化，如何调动社会资源为老年

① 国家统计局人口和就业统计司.2011中国人口［M］.北京：中国统计出版社，2013.

② 全国老龄工作委员会办公室.人大内司委谈老龄化：2017年底60岁以上人口达2.4亿［EB/OL］.www.cncaprc.gov.cn.

人的养老和医疗提供服务就显得十分重要。积极老龄化成为应对老龄化的重要举措，是人们对人生里老年阶段价值与地位的一次重新认识：老年人不仅是社会发展的受益者，更是社会发展的参与者。积极老龄化主张以“积极的老龄观”取代“消极的老龄观”，使老年人通过社会参与提高物质和精神生活质量，实现自我的人生价值，并保持生理、心理、智能等方面的良好状态，为社会的和谐发展发挥自身价值。这一理念改变了老年人是社会负担的看法，取而代之的是老年人成为一种必不可少的社会资源。世界人口结构正发生着变化，老年人口的增加与老龄社会的到来，需要我们正确认识老年人的社会价值，面对逐步深入的老龄化趋势，改善老年人群体的生活状况，促进老年人群体生活质量的全面提高。

进入老龄化社会的国家根据当前的人口格局形势，均开始寻求应对老龄化的积极举措。在城市化建设进程不断加快的社会背景下，我国城市老年人口不断增多，给城市发展造成了一定的压力。我国也在积极探索应对措施。党的十八大以来，习近平总书记立足党和国家事业全局，对民政工作和养老服务做出一系列指示批示，系统阐明了新时代养老服务发展的职责定位、宗旨性质、目标任务、工作着力点等重大理论和实践问题，为新时代养老服务工作指明了前进方向、提供了根本遵循。李克强总理在2018年政府工作报告中明确提出：要积极应对人口老龄化，发展居家、社区和互助式养老，推进医养结合，提高养老院服务质量；建立统一的城乡居民基本养老、医疗保险制度，实现机关事业单位和企业养老保险制度并轨；做大做强新兴产业集群，实施大数据发展行动，加强新一代人工智能研发应用，在医疗、养老、教育、文化、体育等多领域推进“互联网＋”等。党的十九大报告中也指出，要积极应对人口老龄化，构建养老、孝老、敬老政策体系和社会环境，推进医养结合，加快老龄事业和产业发展。① 我国多个城市主动作为，积极行动，试点试验，建立了养老服务制度机制，基本构建了以居家为基础、社区为依托、机构为补充、医养相结合的养老服务体系；养老服务的对象逐步从特殊困难老年人转向全体老年人，养老服务的内容逐步从补缺型供养服务转变为多样化、多层次养老服务，养老服务的举办主体逐步从政府为主转变为政府加大投入，民间资本、社会力

① 人民网-人民日报．习近平在中国共产党第十九次全国代表大会上的报告［EB/OL］．http：//cpc.people.com.cn/n1/2017/1028/c64094-29613660.html．

量广泛参与、竞相发展的新格局；养老服务质量有所提升，老年人获得感持续增强。

与此同时，随着新时代我国社会主要矛盾的变化，养老服务发展不平衡不充分的问题越来越突出，城市老年人对养老服务的要求也越来越多元化，城市养老服务面临严峻挑战，老龄事业发展任重道远。因此，不断丰富老年人福利服务内容，完善福利服务体系，积极推动老年服务的发展，为老年人提供更加全面、更高质量的服务，成为健康中国战略下的必然选择。我们必须重塑符合老龄社会发展的新型社会结构以及与之相适应、有助于老年人安度晚年的社会规则体系，构建中国特色养老保障体系，为老年人提供多样化、多层次的养老服务，健全我国养老服务体系，真正做到“兜底线、补短板”，从经济、社会、文化可持续发展的宏观视角全方位探讨人口老龄化挑战的应对之策，从养老服务递送、管理、保障三个层面进行养老服务体系建设，政府、社区、家庭等多元主体协同治理，在减轻城市养老压力的同时，形成需求与供给相衔接、政府与市场相互合作的局面，实现养老服务供给侧改革，更好满足老年人多元的养老服务需求，共同构建中国老年友好型社会结构，不断提升广大老年人的获得感、幸福感、安全感。[①] 且随着研究的深入，我国养老服务的理论和实践都将得到不断的丰富和发展。

第一节　理论基础

一、福利多元主义理论

福利多元主义理论是西方国家继古典自由主义、凯恩斯-贝弗里奇范式之后为解决国家福利危机而兴起的新兴理论范式。对福利多元主义最早的讨论来自1979年出版的《变动世界中的格莱斯顿志愿活动》，书中对法定福利的效率产生了质疑，并提出将更多的法定福利建立于志愿行动的基

① 林义．积极应对人口老龄化挑战的战略思维［J］．西华师范大学学报（哲学社会科学版），2016（2）：41-44.

础上才能有效地解决福利效率低下这一问题。[①] 该理论诞生于西方国家产生福利危机之时，福利国家的高财政支出使政府不堪重负，人们开始意识到不能单独依赖政府提供社会福利，要重视政府以外的其他社会组织的作用，福利多元主义理论由此诞生。它主张社会福利多元化供给，认为福利应当是全社会的产物，社会福利的来源不能单纯依赖国家或市场中的某一方面。在福利多元主义的影响下，各国政府不再是社会福利的唯一提供者，而是将社会福利分配到市场、地方和社区等。[②] 具体来讲，福利多元主义是指社会福利的筹资、管理与提供不应当局限于单一的政府部门，而是由不同的部门共同负责。社会福利由政府、家庭、社区及社会组织共同承担，政府是福利服务的规范者、购买者和仲裁者，其最重要的功能是参与和分权，通过多部门之间的不同组合方式来实现社会福利的供给，弥补政府部门所存在的不足，改变国家在福利提供上的主导地位，重视其他部门的作用，进而形成一种混合的、多元的福利提供制度。本研究以福利多元主义理论为依据，寻找除政府之外能够为老年人提供社会福利的组织机构，希望社会多方面主体能够共同协作，为城市老年人建立完善的养老社会支持体系。

二、社会支持理论

社会支持研究始于 20 世纪 60 年代的西方心理学界，代表人物是霍布斯和查理，目的是探究人们处在现代生活状态下，各种压力对身心健康的影响。[③] 1976 年，“社会支持”一词作为一个正式的科学概念由凯西和库柏在精神病学文献中首次提出，最早提出于精神疾病治疗领域，主要用来说明与身体健康有关的社会关系，之后在理论界引起广泛关注，并逐渐被其他学科所引用。对于社会支持理论，目前并没有确定的概念。不同学者对于社会支持有不同的定义，有的学者认为社会支持是社会中的成员、组织无偿为社会中的弱势群体提供帮助的行为的总和，这种社会行为可以通

---

① 丁学娜，李凤琴．福利多元主义的发展研究——基于理论范式视角［J］．中南大学学报（社会科学版），2013，19（6）：158-164.

② 林闽钢．福利多元主义的兴起及其政策实践［J］．社会，2002（7）：36-37.

③ 李敏，陈道发．社会支持理论视域下农村留守儿童的教育问题研究［J］．教学与管理，2015（18）：45-47.

过一定的物质和精神手段来实现。部分学者认为社会支持是一个人通过社会联系所获得的帮助，由此减轻和缓解其精神紧张状态、提高其社会适应能力。Shumaker 和 Brownell 认为社会支持是双方进行资源和信息的交换，其目的在于增加对方的福利。House 和 Turner 认为，社会支持是指家庭成员、朋友、同事、亲戚和邻居等给予处于困境之中的个体以实际的、社会情感的帮助及信息上的帮助。实际的帮助指他人提供的行为或物质帮助。社会情感的帮助指他人对其表现出的肯定、爱意、体贴、尊重。信息上的帮助指他人就当前的事件或思想与其进行交流。①

从构成来看，社会支持通常包括三个要素，即社会支持的主体、客体和媒介。顾名思义，社会支持包括施与者（主体）和接受者（客体），两个群体之间社会支持的内容、手段与途径等就是主体与客体的沟通媒介与渠道。其中，社会支持的提供主体主要分为两类：一是政府、社会组织等，其提供的支持称为正式支持；二是社会其他个体，其提供的支持称为非正式支持。② 社会支持在内容上主要分为情感性支持、物质性支持、行为性支持、抚育性支持以及陪伴性支持。有研究表明，社会支持的增加，会使人们的身心健康状况有明显改善，当社会支持以正确的方式与合适的时间介入到有压力的环境中，才可以预防或者有效减少危机的发生，同时可以减少压力所造成的不良影响。社会支持是与弱势群体相伴的社会行为，个体通过与社会的联系，提高自身的社会适应能力，缓解精神和物质压力。社会支持是一个多维度的概念，它既包括个体通过社会关系获得的生存和发展所需要的物质支持，又包括个体需获得的行为支持以及情感上的关怀，贯穿于个体生活的方方面面。在本研究中，社会支持是指在正式支持体系与非正式支持体系中获得的各种物质、行为以及情感上的支持和帮助。通过社会支持量表的测量，可以了解被支持者的主观支持程度、客观支持程度以及支持利用率。近年来，社会支持已成为学界衡量老年人情绪状况和生活满意度的重要指标，也是社会工作人员和学者们评估老年人利用社会资源多少的重要标准之一。

---

① 王丽君．农村失能老年人的社会支持研究［D］．武汉：华中科技大学，2013.

② 姚远．非正式支持理论与研究综述［J］．中国人口科学，2003（1）：69-74.

三、多中心治理理论

“多中心治理”理论是由奥斯特罗姆夫妇在继承博兰尼社会秩序理论的基础上创立的。具体来说，“多中心”代表着在社会决策过程中存在着多个理论上互相独立、实质上竞争合作的决策主体。通常，在公共事务管理领域，要更好地实现治理目标，必须重视社会中各主体的共同参与，通过博弈、合作与互动，维持公共秩序。[①] 多中心治理理论目前在西方已成为炙手可热的理论，也是奥斯特罗姆夫妇所代表的印第安纳学派的核心理论。根据该学派的相关研究成果，多中心治理理论被集中应用到两个研究领域，一是公共经济研究；二是自主组织与自主治理研究。[②]

多中心治理理论在公共产品的供给、公共事务处理等方面具有十分明显的优势。第一，多方合作的形式激发了政府、企业和其他社会力量等主体在参与公共事务中的积极性，使得各方站在一个平等协商的平台上，取长补短，发挥自身优势，促进公共事务决策过程科学化、民主化。第二，公共产品在使用过程中会存在或多或少的“搭便车”行为，即公共产品使用的非排他性，无论付费与否，人人都能够享受公共产品带来的福利，大家都能“免费搭车”。而建设投资无法收回，促使有些个体不会主动为公共利益做出贡献，多中心治理中引入的竞争和监督机制在一定程度上可以遏制这样的行为。

我国也有学者总结了多中心治理理论的主张：若形成了一定的制度与机制，不一定只有政府能够成为公共产品的供给主体，民间力量以及市场等都可以参与到公共产品或公共服务的生产过程中，使得公共事务决策更加完善。[③] 实施“多中心治理”的关键在于，挖掘参与主体的多元性，以及探索治理手段的多样性。

---

① 马冬梅，徐慧蓉．多中心治理视阈下城市流动人口服务管理路径探析——基于上海、广州、武汉的调查［J］．广西民族大学学报（哲学社会科学版），2016（2）：153-158.

② 张振华．印第安纳学派与当代中国政治经济实践［J］．武汉大学学报（哲学社会科学版）．2013，66（4）：17-23.

③ 张胜军，李翠珍．构建新型职业农民培训多中心治理模式探析［J］．职教论坛，2016（9）：57-59，63.

四、新公共服务理论

以美国学者罗伯特·登哈特为代表的一批公共管理学者，对新公共管理理论进行研究和反思，特别是针对新公共管理理论的精髓——企业家政府理论的缺陷进行了批判，从而建立起一种新的研究理论，即新公共服务理论。① 登哈特夫妇总结了几条新公共服务的原则，包括以下七个基本观点：一是公共管理者要注重服务和帮助人民实现他们的共同利益，而不是成为社会资源的掌控者；二是公共管理者和人民共同的利益和责任是公共管理的目标，而不是作为附加产物而存在；三是公共管理者要进行战略性的思考、民主性的行动，政府只有通过集体战略性的思考和协作才能民主高效地贯彻执行人民所需要的公共政策；四是服务于人民而不是顾客，政府和人民的目标是相同的，政府对人民的服务并不像商人对顾客的服务，两者在本质上是有所区别的；五是政府的责任并不是单一的，即政府对市场、社会价值、人民利益以及法律等都负有责任；六是重视人而不是只重视生产率，政府不能只关注生产率的增长，同时更要突出“人来管理”的重要性；七是政府必须超越企业家身份，重视公民权和公共事务，强调政府是属于全体人民的。② 总体来说，新公共服务理论是对传统公共行政理论和新公共管理理论的扬弃，是维护公共利益，奉行服务理念，强调在民主、对话、沟通、协商基础上的政府与社区、民众的合作信任和互动，实现管制型政府向服务型政府的治理模式的转变。③

新公共服务理论，摒除了传统的公共行政中存在的不合理成分，从政府职能的角度出发，强调了公共利益是管理者和公民的共同利益与责任。管理者与公民需要共同分析、研究社会发展的方向，并且鼓励和支持公民积极参与社会管理与社会服务，提供一个可以真诚对话的环境，使整个公

① 珍妮特·V登哈特，罗伯特·B登哈特．新公共服务：服务，而不是掌舵［M］．丁煌，译．北京：中国人民大学出版社，2004.

② 熊冶琛．新公共服务理论视角下我国城乡基本公共服务均等化的路径选择［J］．西部皮革，2016，38（18）：81.

③ 王鹏，魏必．新公共服务视角下对广东省网上办事大厅网上公共服务的供给侧研究［J］．中国市场，2017（5）：134-137.

共服务的提供过程与公民的建议反馈结合起来，倾听公民的意见，在改善公共服务提供的同时不断追求公共利益的最大化。

第二节 研究方法与概念界定

一、研究方法

本书运用人口学、社会福利、社会保障等学科的相关理论与方法，基于银川市的实地调查数据和相关统计数据进行定性和定量的实证分析，从资料收集和资料分析两方面简要介绍研究的主要方法。

（一）资料收集方法

1. 文献复习法

文献复习法主要指收集、鉴别、整理相关文献，通过查阅大量的国内外相关文献，进行整理分析。通过文献复习了解研究现状，界定相关概念；通过对文献的整理分析提出问题，确定所要研究的内容和研究方向。文献复习是整个研究的基础部分，通过对以往文献的梳理能够形成初步的理论框架。

2. 问卷调查法

在文献研究的基础上，根据初步的理论框架确定研究对象和研究内容，设计调查问卷，采用比例抽样和随机抽样的方法，对相关调查对象进行问卷调查。

3. 德尔菲法

德尔菲法又称专家咨询法，是指以信件的形式咨询专家，并向专家提供研究的背景资料和备选指标，经过数次匿名反馈与征询，得到统一的意见且符合信度和效度检验后，最后获得准确率较高的集体判断结果。

4. 访谈法

由于调查对象均为老年群体，其文化程度整体偏低，且在文字阅读方面可能存在障碍，本研究在开展问卷调查的同时，对作为调查对象的失能老年人选取一部分具有代表性的个案进行深入访谈，通过与调查对象的口头交流，能够获取更为详尽的资料。与此同时，在访谈提纲的基础上，对政府机构相关工作人员、养老机构工作人员、社区工作人员、老年人子女、家庭照护者等进行深入访谈，从侧面深入了解，以期发现存在的问题。

5. 观察法

观察法是指观察者处于被观察群体之外，完全不参与被观察者的活动，并尽可能不对被观察群体或者环境产生影响。通过采取入户访问的形式，对研究对象的生活环境进行观察，客观记录所观察到的细节。

（二）资料分析方法

1. 定性分析法

定性分析法是对研究对象进行“质”的分析，是根据社会现象或事物所具有的属性，从事物的内在规律来研究事物的一种方法。对收集到的老年人样本、老年人家庭、相关工作人员的个案访谈资料，运用归纳、分析与综合的方法进行定性分析。

2. 定量分析法

采用 Epidata 3.1、Excel 软件进行数据录入，运用 SPSS 23.0 统计软件，根据调查数据对老年人的基本状况等进行描述性统计分析，对资料的数量特征及分布规律等数量关系进行测定、分析和描述；对研究的相关影响因素进行单因素、多因素统计分析，并采用 t 检验、F 检验以及多元线性回归分析，来揭示事物之间的关系并分析发展趋势。

3. 层次分析法

层次分析法是一种应用于决策的工具，它将与决策有关的因素分解成目标层、准则层、指标层等不同层次，然后在此基础上确定各层指标的权重。[①] 通过请专家对各因素进行比较，分析复杂问题的多种成分，从而确定层次中各因素对于上层因素的意义，确定其重要性。通过数理分析的方法，对不同因素进行排序，并分析其结果，从而对决策起到帮助作用。层次分析法是定性分析法和定量分析法的结合，通过分析数量结果来进行科学处理。

4. 规范分析与实证分析相结合的方法

在研究城市养老服务的现状时侧重于实证分析，即以确定的事实为依据；同时进行规范分析，总结城市养老服务提供、运行过程中存在的问题，提出健全为老助老服务体系的建议，改善养老服务质量，推进我国城市养老服务研究和实践应用。

二、概念界定

（一）健康中国

健康中国最早在 2008 年由卫生部提出，经过数百位专家的广泛研究，形成《“健康中国 2020”战略研究报告》[②]，之后又在 2016 年发布《“健康中国 2030”规划纲要》，将“共建共享、全民健康”作为主题，提出人民共建共享的卫生与健康工作方针，并明确了推进建设健康中国的目标、原则和主要任务；还提出要促进健康老龄化，推动医养结合，为老年人提供治疗期住院、康复期护理、稳定期生活照料等一体化的健康和养老服务。[③] 健康老龄化作为健康中国的重要内容也被提上日程，健康老龄化从老年人健康问题出发，着眼于缩短老年人的带病期，使老年人能健康地存活到生

① 胡正昌. 公共治理理论及其政府治理模式的转变［J］. 前沿，2008（5）：90-93.

② 李滔，王秀峰. 健康中国的内涵与实现路径［J］. 卫生经济研究，2016（1）：4-10.

③ 中共中央国务院. “健康中国 2030”规划纲要［EB/OL］.［2016-12-25］. http：//www.gov.cn/xinwen/2016-10/25/content_5124174.htm.

命的终点，强调提高大多数老年人的生命质量。[①] 这一系列老龄健康促进规划为我国老龄与健康事业的发展迎来了契机，也为医养结合养老服务的发展提供了理论基础和现实支撑。

（二）失能老年人

关于失能老年人的概念，学者们有着不同的见解。张悟悌将中国失能老年人分为日常活动受限、移动能力受限和家务活动受限三种类型。日常活动受限包括洗澡、吃饭、如厕、穿衣和上下床等不能独立完成，移动能力受限主要指在场所间移动受限，家务活动受限是前两者的总和。彭展琼将失能老年人的概念界定为年龄在 65 岁及以上，由于患慢性病，进食、沐浴、穿衣、如厕、室内走动等基本日常活动必须由他人协助或者完全依赖他人的协助才能完成的老年人。按照国际通行的基本日常生活能力量表，将失能老年人不同程度的失能现象划分为轻度失能、中度失能、重度失能。在吃饭、穿衣、上下床、如厕、室内走动和洗澡六项指标中，不能完成 1～2 项的定义为轻度失能，不能完成 3～4 项的定义为中度失能，不能完成 5～6 项的定义为重度失能。何香认为，随着年龄的增长，老年人的身体功能渐趋衰弱，日常活动开始受限，会出现一项到两项日常活动完成不了的情况，成为轻度失能老年人；而慢性疾病、躯体损伤或心理失调则会加剧限制他们日常生活中的活动能力，成为需要依赖帮助或专人照料的中度或重度失能老年人。[②]

本研究将失能老年人定义为：年龄在 60 岁及以上，因为年老、患病、残疾等原因导致生活不能自理，需要他人长时间照顾，或者重度依赖他人照顾的老年群体。

（三）独居老年人

独居老年人（又称“独居老人”）是一个特殊群体，不同的学者对其认定范围有不同的看法。谭英华等认为，独居老年人是老年人群体中一类

---

① 邬沧萍，姜向群．“健康老龄化”战略刍议［J］．中国社会科学，1996（5）：52-64.

② 何香．家庭功能、社会支持对失能老年人照顾者护理负担的影响［D］．南昌：南昌大学，2014.

相对特殊的人群，具体是指年龄在60岁及以上，身边没有子女或者其他伙伴，因丧偶、分居等原因只有自己一个人单独生活的老年人。[①] 孙伟等认为，所谓的独居老人，是指在老人所居住的社区，没有任何兄弟姐妹，并且没有其子孙生活在其住所附近50米范围内，这部分老人被称为独居老人。[②] 还有一部分学者认为，独居老人分为两种形式：单独居，指老人一个人单独生活居住；双独居，指老夫妻俩一起生活居住。马静等认为，独居老人指单独居住或与老伴一起生活，身边没有子女和他人照料的老人，其中包括无子女的老人和与子女分开居住的老人。[③]

通过大量的文献回顾，本研究将独居老年人界定为，不与子女或亲戚以及其他成员一起居住的60岁及以上的老年人，包括仅夫妻二人一起生活的老年人、未婚或离异的老年人以及丧偶的老年人。

（四）社区

社区一词最初起源于拉丁语，社区的概念最早由德国的社会学家斐迪南·滕尼斯在其1887年的著作《社区与社会》中提出。他认为社区是具有相同价值观念的同质人群组成的、存在一种具有人情味的社会关系的社会团体。随后社区一词逐渐为学者引用。美国学者桑得斯，从社会体系的角度出发，认为社区是以某一地方为中心的比较持久的互助系统。巴克雷认为，社区是指在某一地域范围内生活的人，不受社会地位、政治态度的限制与周围的人建立的某种社会关系。菲利浦斯在20世纪70年代给社区下了定义：社区是居住在某一特定区域、共同实现多元目标的人所构成的群体。在社区中，每个成员得以过着完整的社会生活。[④] 芝加哥学派帕克对社区的经典定义受到美国绝大多数社会学家的认可，他认为："被接受的社区的本质特征包括：① 拥有按区域组织起来的人口；② 人们不同程度地扎根于自己赖以生存的土地；③ 社区里每个个体均生活在相互依赖的

① 谭英华等．城市独居老人精神慰藉的社会支持体系分析［J］．劳动保障世界，2013（4）．

② Wei Sun，Rei Kono. Factors associated with good self-rated health of non-disabled elderly living alone in Japan：a cross-sectional study［J］． BMC Public Health，2007．

③ 马静，席淑华，朱丽妹．社区高龄独居老人社会支持状况调查分析［J］．解放军护理杂志，2009（6）．

④ 卢瑶．新农村社区可持续发展研究［D］．天津：河北工业大学，2007．

关系中。”[①] 1978 年，美国社会学家沃伦将社区定义为“履行主要社会功能的社会单元和体系的结合体”[②]。

20 世纪 30 年代初，我国著名社会学家费孝通教授对斐迪南·滕尼斯的著作进行了翻译。中国关于社区一词，最早是由费孝通先生翻译并在其论文《二十年来之中国社区研究》中阐述的。费孝通在著作中提到，以全盘社会结构的格式作为研究对象，这对象必须是具体的社区，因为联系着社会的是人民的生活，人民的生活有时空的坐落，这就是社区。[③] 然而中国首次把社区的概念引入到政府工作中来是在 1986 年《民政部关于在全国推进城市社区建设的意见》中，把社区定义为：聚居在一定地域范围内的人们所组成的社会生活共同体。同时，根据《民政部关于在全国推进城市社区建设的意见》，对我国城市社区给予了明确的界定，一般是指经过社区体制改革后作了规模调整的居民委员会辖区。

在我国学者的研究中，具体来说，整个社会是一个抽象的概念，如若对社会进行研究，必然要选择一个微观可考的研究对象，而社区正是这样一个集人口和地域于一体的微观环境。丁元竹认为，社区是一种介于邻里和区域之间的社会实体，或者说社会地域单位，当中的居民具有一定地缘感和经常不断的互动行为共同连带。[④] 郑杭生在著作当中提到，社区是一个小社会，兼有人群和地域两大要素。[⑤]

（五）长期照护

关于长期照护的概念，1963 年美国医疗救助福利部（Department of Health Education & Welfare）下过定义，认为长期照护是指因身心疾病、功能障碍而需要长时间的医疗、护理或支持性健康照护的病人，另外还包

① 李丽，夏冬，刘志敏．对中外社区、社区体育概念界定与发展流变的若干研究[J]．沈阳体育学院学报，2012（5）：34-37，51.

② 陈为雷．社会工作行政［M］．北京：中国社会出版社，2010：93-94.

③ 费孝通．乡土中国 生育制度［M］．北京：北京大学出版社，1998.

④ 丁元竹，江汛清．社会学和人类学对“社区”的界定［J］．社会学研究，1991，(3)：1-8.

⑤ 郑杭生．社会学概论新修［M］．3 版．北京：中国人民大学出版社．2003.

括因严重急性伤病而需长期恢复治疗的病人。[①] 1991年《联合国老年人原则》提出了“独立”“参与”“照顾”“自我实现”“尊严”，为老年人照料问题提出了原则和行动指导方向。世界卫生组织（WHO）指出，长期照护的目的是“保证那些不具备完全自我照料能力的人能继续得到其个人喜欢的、较高的生活质量，获得最大可能的独立程度、自主、参与、个人满足及人格尊严。”[②] 2005年经济合作与发展组织（OECD）将长期照护定义为需要日常生活帮助的人所需的一系列服务，长期照护服务通常是辅助医疗服务，例如创伤敷裹、疼痛管理、药物处理、剂量测定、预防、康复或者缓和医疗的服务。[③]

我国长期照护保险起步较晚，还没有形成一个完善的老年人长期照护体系。在一些经济较发达的地区长期照护保险开始推行，如作为最先步入老龄化队伍的城市，上海市于1988年建立了中国第一家老年护理院。[④] 有学者提出，长期护理指为失能、不能自理的老人提供的超过6个月的生活照料服务，包括日常照料、经济支持和心理健康慰藉等。清华大学老年学研究中心裴晓梅教授认为，长期照护是为那些患有慢性疾病或身体残疾的人所提供的从饮食起居的生活照料到急诊康复治疗的一系列长期而正规的照护服务。[⑤]

可以看出，老年人长期照护的范畴在不断变化，范围在不断扩大。本研究对长期照护的界定为：长期照护不仅仅是养老服务和医疗服务的结合，是由政府及有关机构、市场、社区、非政府组织、子女、老年人自身等方面共同参与，从人们步入老年时起，对老年人的经济、医疗保健、日常生活照料、心理健康、闲暇时间安排等方面的需求给予满足和照护。

---

① Evashwick C J, Weiss L J. Rockville: managing the continuum of care [M]. MD: Aspen Publishers, 1987.

② WHO. Long term care laws in five developed countries: a Review [R]. Geneva, 2000.

③ OECD. Long term care for older people [M]. Paris: OECD, 2005.

④ 张盈华. 老年人长期照护的风险属性与政府职能定位：国家经验 [J]. 西北大学学报（哲学社会科学版），2012（5）.

⑤ 裴晓梅. 形式多样的长期照护服务应贯穿养老过程的始终 [J]. 人口与发展，2009（4）.

（六）医养结合

医养结合是在原有的养老设施、生活照料服务基础上，为老人提供综合性的医疗、养老、护理、康复一体化的全程服务的一种新模式，旨在向老人提供可及、连续、综合、有效、个性化的医养结合服务，并通过改革创新和信息技术推动养老资源、医疗资源有效衔接和有机融合。① 简单来说，医养结合是指提供有病治病、无病疗养的医疗和养老相结合的新型养老服务模式②，更加强调和关注老年人的健康及医疗问题，将生活照料和康复关怀融为一体，是对传统单一生活照料服务模式的补充和完善。③ 具体来讲，医养结合养老服务模式主要包含以下四个方面：服务主体、服务对象、服务形式、服务内容。服务主体就是指服务的供给方，具体是指提供医养结合养老服务的组织或机构，它既包含养老院、老年公寓、日间照料中心等养老机构，也包含公立医院、护理院、康复中心、基层社区卫生中心等医疗机构。服务对象是指服务的需方，夏家红（2014）强调医养结合养老服务的主要服务对象为失能、失智老人。④ 赵晓芳（2014）则认为医养结合养老服务主要涉及 60 岁及以上的全体老人。⑤ 在医养结合养老服务的形式方面，张云等（2017）从机构分析出发，把具体的服务方式划分为以下三类：一是在养老机构内配备必要的医疗功能和设施为老年群体就医提供方便；二是以医疗机构为主，扩张养老功能，为老人提供适宜康复休养的生活环境，并及时提供专业的医疗、康复护理服务；三是两种机构自发结合或者通过政府支持

---

① 赵宝华．我国“医养结合”建设中的几个理论和实践问题——“全国老年宜居环境和医养服务业高峰论坛”小结发言［C］//中国老年学和老年医学学会、山东省老龄办．全国老年宜居环境和医养服务业高峰论坛论文集．中国老年学和老年医学学会、山东省老龄办，2015：4.

② 陈宏，等．“医养结合”机构养老模式研究［J］．中国老年保健医学，2015（3）：77-78.

③ 黄佳豪，孟昉．“医养结合”养老模式的必要性困境与对策［J］．中国卫生政策研究，2014，7（6）：63- 68.

④ 夏家红．武汉市“医养结合”模式评析［J］．长江论坛，2014（6）：41-43.

⑤ 赵晓芳．健康老龄化背景下“医养结合”养老服务模式研究［J］．兰州学刊，2014（9）：129-136.

方式促进二者结合。[①] 医养结合养老服务的内容既包含传统的日常照料、文化娱乐、精神关怀等服务，也包含健康咨询、日常检查、疾病诊断、康复护理以及临终关怀等专业服务。纪娇等（2014）指出，医养结合服务要把医疗放在更突出的位置，需要为老人提供专业的预防保健、健康体检、疾病诊断、康复护理等多项医疗服务。[②]

（七）高龄友善社区

高龄友善社区（又称“老龄友好社区”）在社会学研究中是一个新兴的概念，是由 WHO 提出的老龄友好城市概念衍生而来。社区是城市管理中重要的层次单元，是在特定区域内进行一定社会活动、具有相应互动关系的群体集合。社区兼有人群与地域两大要素，集聚了较多的城市生活资源，对于老年人来说，社区通常意味着和具有相似收入、生活习惯或健康状态的邻居一起生活，是城市养老活动的主要单元。若干年后，对社区的寻求可能成为对文化敏感性的寻找，这种社区让居民可以一起分享相同的文化背景、语言和信仰体系。[③] 2007 年，WHO 在提出建设老龄友好城市的同时，也提出了老龄友好社区的概念，并指出老龄友好社区的建设也是应对人口老龄化的一种有效手段，对促进城市老年人积极养老意义重大。根据 WHO 的相关表述，高龄友善社区是指社区内的建设以老年人的需求为本，环境优雅、设施完善、符合老年人需求与习惯，在社区里老年人能够居住得安全舒适，晚年维持健康生活，并且有利于老年人充分参与社会，实现在社区里积极养老。[④] Liddle 等总结得出的高龄友善社区建设的内涵为：基于尊重和社会包容，借助战略和持续行动，并通过优化社区的

---

① 张云，陈旭清．近十年来我国医养结合养老服务研究述评［J］．理论月刊，2017（5）：138-143.

② 纪娇，王高玲．协同理念下医养结合养老机构创新模式研究［J］．中国社会医学杂志，2014，31（6）：376-378.

③ Rosenfeld J P，J Popko. Home，Community and Gerontocracy：forcasting the future of senior housing［J］. Generations，2010，34（3）：61-69.

④ World Health Organization. Global Age—Friendly Cities：a Guide［R］. World Health Organization，2007.

自然环境、社会环境以及支持性的基础设施以促进积极老龄化的过程。[①]在某种程度上，高龄友善社区是对老龄友好城市的细化和缩影，将老龄友好城市的建设规模缩小，并将建设措施精细化，再应用于城市社区的设计规划中，使得选择城市养老的老年人在社区中享受便捷的生活，参与有益的活动，实现自身的价值，真正达到积极老龄化的目的。高龄友善社区的设计惠及各个社会群体，同时也需要多方主体共同参与建设。政府的交通、城建、民政等各部门应当形成联动机制，再联合社会组织、企业、社区等社会性力量，从各自不同的角度出发，采取竞争合作的方式，探寻多元化的构建途径。不可忽视的是，社会大众同样是重要的参与主体，应当将民众建议纳入治理范围。从建设高龄友善社区着手改善城市生活环境，是建设老龄友好城市的基石，通过由小及大、由浅入深、层层递进的方式能稳妥地完成老龄友好城市建设计划，以应对人口老龄化的趋势。如何提升社区服务水平，逐步满足老年人生活娱乐需求，减轻养老压力，是当前我们需要探索的重要方向。

针对“高龄”的解读，各国各地有不同的标准。本文中“高龄友善社区”概念采用了我国港台地区的提法，其中“高龄”一词主要针对所有人群而言，高龄群体即指 60 岁及以上的老年人。高龄友善社区，又有学者称之为“老年友善社区”、“老年宜居社区”和“长者友善社区”等等。本研究认为，高龄友善社区是通过合理规划和优质服务，充分照顾老年人的生活起居、心理需求和社会价值等，使其达到积极老龄化的目的，并以此为基础专门营造的倾向于适宜老年人居住又惠及大众的社区形式。

---

① Liddle J, Scharf T, Bartlam B, et al. Exploring the age-friendliness of purpose-built retirement communities: evidence from England [J]. Ageing and Society, June 2013, pp. 1-29.

第二章

积极老龄化语境下银川市社区老年人养老问题研究

人口老龄化问题是当今社会的重要问题。人口老龄化指的是总人口中老年人口数量的增加导致的老年人口比例的相应增长的动态过程，反映的是人口结构，老年人所占比例增加，而青年人所占比例减少。国际上通常把 60 岁及以上的人口占总人口比例达到 10%或 65 岁及以上人口占总人口的比重达到 7%作为国家或地区进入老龄化社会的标准。[①] 我国自世纪之交正式步入老龄化社会以来，老年人口规模持续扩大。至 2018 年末，我国 60 岁及以上人口 2.49 亿人，占总人口的 17.9%。人口老龄化已成为不可逆转的国际趋势，养老问题已是各国需要面对的严峻挑战。

传统的文化价值、经济环境及制度化的生活曾导致出现老龄化的黑暗时代，即“消极老龄化”时代。[②]“成功老龄化”概念的提出是促使这种观念转向积极的开端。学者们认为，应探索老年人保持健康状态的方式和方

① 关信平．社会政策概论［M］．北京：高等教育出版社，2009.

② Gergen K J，Gergen M. Positive ageing：new images for a new age［R］. Ageing International，2001-2002，Winter，2000.

法，老龄化整体水平向“成功”的趋近是摆脱老龄化困境的有效出路。[①]但由于“成功”一词具有强烈的价值色彩，且每个个体对其定义不同，因而产生了“健康老龄化”概念作为对其的表达修正，重点关注影响老龄人口健康的因素。然而该理论仍然存在从老年人口的需要而非社会权利的视角看待其健康的缺陷。[②]“生产性老龄化”理论开始关注老年人的社会参与问题，罗伯特认为，若是除去疾病或不利社会环境的影响，老年人也可以参与社会生产。[③] 后又有学者提出，老年人的社会参与并非一定要存在生产率。面对逐步深入的老龄化趋势，为了提升老年人的生存质量，世界各国都积极采取措施，各类养老理论层出不穷，“积极老龄化”理论结合以上几种老龄化概念应运而生。

“积极老龄化”是由世界卫生组织提出的概念。WHO 在 1990 年曾提出“健康老龄化”目标，健康即指使老年人的身体、心理和社会功能都达到完美的状态。2002 年 4 月，联合国在马德里举行第二届世界老龄大会，WHO 提交了关于“积极老龄化”的书面建议书。会后正式公布了报告《积极老龄化政策框架》，并把“积极老龄化”的内涵写进了《联合国第二届世界老龄大会政治宣言》中，“积极老龄化”随之发展。“积极老龄化”的概念正式提出，其核心理念为“健康、参与和保障”三大支柱，将其定义为：“使健康、社会参与和保障达到最适化机会的过程，以提升民众在步入老年后的生活品质。”它承认老年人的人权，并且肯定联合国提出的独立、参与、尊严、照料和自我实现原则，把应对老龄化的思维战略从“以需要为基础”转变为“以权利为基础”，表明人们在增龄过程中，在保健、学习、娱乐、社会保障等方面都享有平等参与的权利。积极的生活能促进心理健康和社会接触，帮助老年人维持独立，并带来诸多经济效益，降低医疗费用等。[④]

---

① William J Strawbridge，Margaret I，Wallhagen，Richard D Cohen. Successful Aging and Well-With Rowe and Kahn [J]. The Gerontologist，2002，42，(6)：727-728.

② 刘文，焦佩．国际视野中的积极老龄化研究 [J]．中山大学学报（社会科学版），2015（1）.

③ Butler Robert. Productive Aging，in Bengtson and Schaie eds [R]. The Course of Later Life，Springer，1982：55-64.

④ World Health Organization. Active ageing：a policy framework [R]. Madrid，Spain：Ageing and Life Course Program，Second United Nations World Assembly on Ageing Press，2002.

第一节 积极老龄化内涵

一、积极老龄化内涵

积极老龄化意在使人们步入老年时能够提升生活质量、延长健康预期寿命，并发挥自身潜力，按照自我意愿继续参与社会。《积极老龄化政策框架》中提出了“健康、参与、保障”三大行动支柱。[①]

健康方面，要求尽力减小环境和行为等危机因素的影响，使其对于个人慢性病及功能衰退等方面的影响保持在低水平；增强保护因素的影响，使人们步入老年时健康水平提升，减少医疗、照料服务开支。此外，对于需要照料的人群，使其步入老年时可以获得全方位的健康和医疗照料保障。健康的目标不仅是老年人口群体的大多数人健康长寿，即健康的预期寿命的提高，更为重要的是生命质量的提高。[②] 拥有健康的身体、保持良好的心理状态是老年人参与社会的基础。

参与方面，要求营造良好的社会参与环境，使得人们年老时能够按照基本人权、能力、需求和爱好，继续以有偿或无偿的方式为社会做贡献。将老龄化对经济的压力转化为促进可持续发展的动力，实现这一意义的途径是社会参与。老年人社会参与一方面是经济社会发展的需要，另一方面也是老年人提升生命价值的需要。

保障方面，要求在财政、人身安全和老年人权利被承认的社会环境下，当老年人出现无法自理或自保的情况时，其尊严和生活能够受到政府、家庭、社区等的保障与支持。在人口老龄化的背景下，老年人对养老保险、医疗保障和养老服务三种保障的需求提出了新的要求和挑战。

在积极老龄化三大支柱中，健康是老年人参与社会的基础，老年人只有身心健康才能融入社会，才能享受高质量的晚年生活。参与是关键，积极老龄化的目的就是让老年人在有保障的前提下，保持身心健康并能回归

---

① 世界卫生组织．积极老龄化政策框架［M］．北京：华龄出版社，2003.

② 杜鹏．中国人口老龄化过程研究［M］．北京：中国人民大学出版社，1995.

到社会当中，老年人通过参与社会活动可以重新实现人生价值。保障是必要条件，不仅要保障老年人的身体健康，更要保障老年人不受限制地参与社会生活。“健康、参与、保障”是一个有机的整体，相互依存，缺一不可。

二、相关研究

不同时期的积极老龄化理论伴随着社会背景的改变丰富起来。2002年，Alan Walker 提出了积极老龄化与经济的相关性，认为积极老龄化战略通过连接就业、养老金、老年人退休金、健康状况等和公民的关键政策领域，为工业化国家应对人口老龄化所带来的挑战提供了良好的基础，并认为积极老龄化的益处不仅仅是建立一个正确的政策，在多方组合的同时可以促进经济的发展。① 2008年，Ann Bowling 确定了老年人对积极老龄化的看法，对积极老龄化的独立预测因子进行了讨论，发现积极老龄化主要因子包括身体、心理的健康和良好运作。在比较了积极老龄化和成功老龄化后，他提出使老年人生活质量提高是积极老龄化的最终目的。② 2009年，Alan Walker 通过比较积极老龄化在欧洲的应用，分析其强调健康、参与和幸福的状况，提出积极老龄化是全球应对人口老龄化的主导性政策。③ 同年，Marcelino Cabrera 将 ICT（信息和通信技术）应用于积极老龄化，为老年人在学习、就业、健康、住房等领域提供帮助，提出在不延长痛苦的情况下延长人类寿命的几种范式中，最具挑战性的就是积极老龄化政策。积极老龄化作为一种新的范式，在老年人不同的生命历程和生活方式下，鼓励老年人不断地参与社会、经济、文化、精神和公共事务。④ 积极老龄化在此基础上进行发展，理论也不断丰富，所涉及方面也不断扩大。

---

① Alan Walker. A strategy for active ageing [J]. International Social Security Review, 2002 (24): 138-141.

② Ann Bowling. Enhancing later life: how older people perceive active ageing? [J]. Aging & Mental Health, 2008 (10): 80-82.

③ Alan Walker. Commentary: the emergence and application of active aging in Europe [J]. Journal of Aging & Social Policy, 2009 (5): 253-359.

④ Marcelino Cabrera. ICT-based applications for active ageing: challenges and opportunities [J]. Assistive Technology Research Series, 2009 (16).

近年来，国外关于积极老龄化的研究主要集中在以下方面。2012 年，Margareta Venera Bucur 对积极老龄化的内涵进行了概括，认为其内涵主要包括以下几个方面：提高老年人生活质量、为老年人提供更多的就业机会和技能、鼓励老年人积极参与社会志愿者服务以及增强老年人的环境适应性等。[①] 同年，Christopher Minett 提到积极老龄化的预防作用，说明在人进入老龄前可以通过早期行动和干预，让他们在中年的时候就对自己的老年生活有所规划，以此促进社会积极老龄化的发展。[②] 2013 年，Felismina Rosa Mendes 认为，积极老龄化反映了社会心理和社会因素对世界适应老龄化的重要性，但是“积极”并不仅仅是一个人身体活动或继续工作的能力，而应该在社会、经济、文化、精神等方面都有所体现。[③] 2014 年，Giuseppe Riva 从关系社会学框架探讨老龄化现象，提出积极老龄化的目标是使人们认识到自己的身体、心理健康的潜力，并在生命周期的最后阶段也能参与社会生活。[④] 2015 年，Liam Foster 提出积极老龄化不仅仅是对具备身体条件和经济能力的老人的政策，应使积极老龄化适用于所有公民，包括有学习障碍的老年人，对有学习障碍的老年人在积极老龄化环境下该怎样参与社会生活提出建议。[⑤]

有关积极老龄化的思想理论观点，是世界各国积极应对世界人口老龄化问题的体现，是进行理论和实践探索的结晶。积极老龄化的理论框架就此产生，并在各个国家得到发展。虽然很多国家积极应对人口老龄化，但国外关于积极老龄化的研究至今尚未形成专门领域，所涉及的方面较为广泛，缺乏整合性系统分析。可以看出国外学者有意将积极老龄化与生活的方方面面相结合，但研究还是停留在理论层面。

在 1982 年的第一次老龄问题世界大会上，中国充分认识到老龄化是

---

① 潘磊. 积极老龄化策略研究［D］. 济南：山东师范大学，2006.

② Christopher Minett. Prevention better than cure for optimised active ageing［J］. Quality in Ageing and Older Adults，2012（3）：291-330.

③ Felismina Rosa Mendes. Active ageing：a right or a duty［J］. Health Sociology Review，2013（2）：174.

④ Giuseppe Riva. A tive ageing：intergenerational relationships and social generativity［J］. Studies in Health Technology and Informatics，2014（9）.

⑤ Liam Foster. People with learning disabilities and “active ageing”［J］. Wiley，2015（10）：35-36.

一个潜在的社会问题。1988 年，中国老年问题研究中心成立。中国对老龄问题的研究除了社会保障、社区服务、家庭赡养等重要议题外，老年学与其他相关研究还关注了健康老龄化、成功老龄化、效率老龄化和积极老龄化等的意义。1988 年，郑金海提出，我们必须正确地认识我国人口老龄化及人口老龄化所带来的问题。现代化建设决定了老龄化的必然性，也决定了老龄化的问题及其解决的必要性。同时，提出一些有关积极应对老龄化问题的措施和办法对现代化建设是有利的。① 1992 年，刘宝彬指出，人口老龄化的不断发展，老年人口的迅速增加，不可避免地会加重政府和社会的负担。但人口老龄化也存在着两重性，既有消极的一面也有积极的一面。积极因素就来源于广大老年人所聚集的潜在力量，如果能够充分发挥这种力量，组织他们参加社会发展，进行老年人价值的再创造、再实现，可以部分甚至全部抵消他们的消极因素。② 1995 年，关世雄提出，应做到老年人颐养与有为兼顾，继续发挥老年人的余热，为社会多做贡献。要善于发挥老年人的作用，鼓励支持低龄和健康的老人在自愿、量力前提下参与社会发展。③

2000 年以来，我国学者关于积极老龄化的研究主要体现在以下方面。2000 年，尹豪在研究中明确指出，实现积极老龄化的核心就是要建立健全的、符合我国国情的、促进老年人身心健康的完善的老年社会保障制度。④ 2005 年，伏耀祖曾在《从积极老龄化战略与学习型社会的一致性和互动关系看其重大意义》中提到积极老龄化与学习型社会两者是互依互动的，两者的目标一致、理念一致、核心功能一致、手段一致，积极老龄化的发展离不开学习型社会的建设，两者密不可分并相互推动。⑤ 2006 年，吴绍龙对积极老龄化的含义做出了科学的概述，他认为，积极老龄化是积极锻炼身体，投入科学养生行列，热心参与社会公益活动，共享社会发展成果，努力提高生活质量，不断维护生命质量，渴盼身体健康延续，使老年人生

---

① 郑金海．中国人口老龄化与现代化［J］．人口学刊，1988，55（4）：21-28.

② 刘宝彬．老年人参与社会发展纵横观［J］．学术交流，1992（4）：120-123.

③ 关世雄．我们要走积极养老的路子［J］．北京成人教育，1995（11）：41-42.

④ 尹豪．东北亚区域人口老龄化与老年人社会保障［J］．东北亚人口与经济，2000，1（2）：75-78.

⑤ 伏耀祖．从积极老龄化战略与学习型社会的一致性和互动关系看其重大意义［C］//中国老教授协会．积极老龄化战略与高智力老龄人才资源开发专家论坛论文集．中国老教授协会，2005：9.

命预期得到攀升。[①] 刘庆璋对积极老龄化与健康老龄化进行区别性研究，提出了更广泛的含义，认为老年人不仅要保持健康的心态，而且在精神境界上要有更高层次的要求，提倡积极老龄化是人类老龄观的重大发展和变革。[②] 刘颂提出，应鼓励和倡导老年人根据需要和自身的条件参与社会发展，为家庭、亲友、社会和国家做出积极贡献，从中体现老年人的自我价值。社会也因为有老年人的积极参与而显得更具活力。[③] 2009 年，李一安提出通过“五用一使”的心理健康保障方式来实现积极老龄化，倡导知足常乐、兴趣相伴、随和社交、宽容善待别人、理解善待亲人，使乐观成为习惯。[④] 老年人不仅要拥有健康的身体，同时要保持积极向上的心态才能更好地参与社会生活。2011 年，徐淑金提出老年人健康长寿不可缺少的方面就是老年人心理健康，心理健康是老年人身体健康的基础，也是推进积极老龄化战略的基本要求。[⑤] 同年，党的十八大提出了积极应对人口老龄化的战略部署，新修订的《中华人民共和国老年人权益保障法》将积极应对老龄化提升到法律高度。2013 年，江元苗等人研究了影响老年人心理幸福感的因素，提出积极老龄化与积极心理学强调人文关怀的价值取向是一致的，积极老龄化使老年人获得更多的机会，不断努力自我实现，发展并利用他们自身的潜能，以此充实和提升生活意义，达到自身幸福感的真正实现。[⑥] 同年，邬沧萍对积极应对老龄化的理论做了进一步诠释，提出健康、参与、保障三位一体的最优结合是积极老龄化得以实现的关键，我国积极应对人口老龄化要在积极老龄化的三根支柱下加上三块基石——

---

① 吴绍龙．论老年人科学养生——做 21 世纪健康老人［C］//福建省老年学学会．积极老龄化研究之一——老龄问题研究论文集（九）．福建省老年学学会，2006：9.

② 刘庆璋．永葆青春——从老人心态谈积极老龄化［C］//福建省老年学学会．积极老龄化研究之一——老龄问题研究论文集（九）．福建省老年学学会，2006：6.

③ 刘颂．积极老龄化框架下老年社会参与的难点及对策［J］．南京人口管理干部学院学报，2006，22（4）：5-10.

④ 李一安．五用一使：老年心理自我和谐的心理保障机制［J］．今日科苑，2009（5）：95-96.

⑤ 陈淑金．“积极老龄化”框架下的老年人心理健康［J］．辽宁医学院学报，2011，2（5）：46-48.

⑥ 江元苗，胡敏，高红英．积极老龄化研究进展［J］．中国老年学杂志，2013（10）：4915-4920.

发展、和谐、共享。[①] 2016年，林义探讨了积极应对老龄化战略思维的重要决策基点，社会结构和家庭结构的转变以及人口老龄化发展的进程与特征表明，我们必须重塑符合老龄社会发展的新型社会结构以及与之相适应有助于老年人安度晚年的社会规则体系，构建中国特色的养老保障体系，从经济、社会、文化可持续发展的宏观视角全方位探讨人口老龄化挑战的应对之策，重构中国老年友好型社会结构。[②]

可以发现，我国对积极老龄化的研究，不同学者从不同角度对积极老龄化的认识也不相同。在建设友好型社会的背景下，积极老龄化被提出应用于建设新的友好型老年社会。积极老龄化理论在新的社会背景下发现原有理论的不足，对之前学者提出的观点进行合理整合，丰富和完善积极老龄化的内涵和侧重点。总体来说，在目前全球老龄化加剧的紧张局势下，积极老龄化的实施是势在必行的，并且在全球范围内实施积极老龄化已经到了刻不容缓的地步。随着对研究的深入，积极老龄化理论和实践都将得到不断的丰富和发展。

第二节　银川市社区老年人养老问题分析

一、基于银川市的调查

银川市进入老龄社会以来，不断致力于城市养老服务体系的完善，但在积极老龄化这个较为新兴的养老领域涉足未深。基于积极老龄化政策框架的行动要求，重新审视银川市养老服务现状及老年群体需求，借鉴国内外在实现积极老龄化方面的先进经验，对于有的放矢地改进银川市养老服务有一定意义。

在积极老龄化理论指导下，社区老年人的养老服务需求随时代和政策的变化日益多元。下面以银川市为例，依据“健康、参与、保障”三

---

① 邬沧萍．积极应对人口老龄化理论诠释［J］．老龄科学研究，2013，1（1）：4-14.

② 林义．积极应对人口老龄化挑战的战略思维［J］．西华师范大学学报，2016（2）：41-44.

大行动支柱对社区老年人的相关养老服务状况进行抽样调查，从而提出合理建议，进一步为实现社区老年群体的积极老龄化提供理论依据。

笔者采用比例抽样的方法从银川市三个行政区划中选取20个社区，再从每个选中社区中随机抽取20位老年人作为调查对象。入选标准为：①年龄在60岁及以上的社区老年人；②精神正常，语言表达清楚，可正常沟通；③愿意配合调查。选用问卷调查法和访谈法，对参与调研的社区老年人进行相关调查。内容包括：基本情况（年龄，文化程度，子女数目，居住类型、经济状况等）；健康状况；社会参与状况；社会保障状况。最后，利用Epidata 3.0软件录入数据，并利用SPSS 17.0进行数据整理，同时对访谈内容进行整理与归纳。

二、样本老年人的基本人口学特征

本次调查共收回有效问卷364份，其中男性占49.7%，女性50.3%。从年龄结构看，60～65岁占25.0%，66～74岁占42.3%，75～84岁占28.6%，85岁及以上老人占4.1%。从文化程度看，小学及以下水平占59.9%，初中水平占21.4%，高中及中专水平占10.7%，大专水平占4.4%，本科及以上水平占3.6%，文化水平在初中及以上的老年人约占40.1%。从居住类型看，与配偶一起居住的占67.0%，自己独居的占20.1%，与子女一起居住的占10.7%，在养老院居住的占2.2%，由此可见，银川市社区老年人多数仍选择家庭或居家养老模式，对机构养老模式了解较少。

经济收入方面，被调查社区老年人月收入在3000元及以下的占79.7%，其中49.7%的老年人收入不足2000元。老年人收入来源主要包括养老金、低保补贴、政府或社会资助以及子女赡养费等，其中养老金是大部分社区老年人的晚年收入来源，占总体的74.7%。经济支出方面，银川市社区老年人的消费支出主要用于日常生活和医疗保健，两者约占总体支出的98.1%，而用于休闲娱乐及其他的仅占1.9%。参与调研的老年人经济水平并不高，但总体上有88.4%的老年人对自身的经济状况自评为“略有结余”“大致够用”（见表2-1）。

表 2-1 银川市社区老年人经济状况

经济状况评价		人数	百分比（%）
月收入水平	2000 元及以下	170	46.7
	2001～3000 元	120	33.0
	3001～5000 元	68	18.7
	5000 元及以上	6	1.6
收入来源	养老金	272	74.7
	低保补贴	20	5.5
	政府或社会资助	7	1.9
	子女赡养费	44	12.1
	其他	21	5.8
消费支出用途	日常生活	249	68.4
	医疗保健	108	29.7
	休闲娱乐及其他	7	1.9
经济状况自评	略有结余	133	36.5
	大致够用	189	51.9
	十分困难	37	10.2
	其他	5	1.4

依据《积极老龄化政策框架》的理论阐述，经济环境对积极老龄化产生影响的主要因素为收入、工作和社会保护。从银川市老年人的基本情况来看，经济因素是银川市实现“积极老龄化”的重点关注方面，良好的经济状况是保证老年人身心健康、参与社会的基础，尤其在提升老年低收入者的生活质量方面较为重要。此外，要实现银川市老年人的积极养老，一方面通过增加其社会工作机会有助于增强其经济积极性，另一方面完善社会化养老体系、转化养老模式，也是实现积极老龄化社会保护方面的有效途径。

三、银川市社区老年人养老问题分析

（一）健康方面

健康是积极老龄化三大行动支柱的基础，为老年人的社会参与提供保证，也是社会保障的重要方面。积极老龄化政策给健康的定义不仅仅是没有疾病，而是在生理健康、心理健康、道德健康和社会适应能力等方面的完善状态。[①] 在此，我们重点调查老年人的生理及心理健康状况。调查数据显示，在老年人的健康自评中，有32.2%的老人认为自身健康状况较好，而大部分老年人认为自己的身体状况并不理想，甚至有8.5%的老人认为自己身体“很不好”。在慢性病患病情况调查中，79.1%的老年人都不同程度地患有各类慢性病，其中，高血压、冠心病、心肌梗塞及脑梗等心脑血管疾病都为高发性疾病，尤其是高血压，患病率达48.9%。除此之外，还存在关节炎、糖尿病、慢性支气管炎等慢性病，综合分析，导致该类疾病主要与当地多油多盐的饮食习惯及自然物理环境有关。饮食选择上，73.9%的老年人选择按照个人喜好安排饮食，注重健康搭配的仅占11.5%。睡眠质量上，选择“夜间睡眠好”与“睡眠质量差”的社区老年人分别各占50%左右，夜间睡眠质量在一定程度上影响了老年人的生命质量。

心理健康状况调查主要从生活满意度、心理状态及所需服务几方面进行调查。生活满意度调查（见图2-1）主要通过收入、环境、家庭、现有养老服务及总体生活状况这五个维度进行衡量，其中满意度最高的是“家庭”维度，达到81.8%，即大多数老年人认为自身家庭关系和睦、家庭环境舒适，这也是家庭养老模式至今仍占主导地位的重要原因。而满意度最低的是“现有养老服务”维度，仅为54.6%，这充分说明，从老年群体的视角来看，当地的养老服务尚不够细致、健全，对老年人的关注度仍有欠缺。在心理状态调查中，多数老年人都对生活充满信心和热爱，而因步入老年形成孤独、紧张、失落心理的老年人占总数的15%左右。老年人认为当前所需服务最多的是体检和固定健身娱乐场所，而心理疏导服务仅占15.9%。积极面对老龄生活，是老年人晚年健康的重要表现。虽然数据结果显示大部分老年人具有积极乐观的心态，但仍需要关心少数内心孤独的老人，提供及时有效的心理辅导，协助其度过心理低潮期。

---

① 专题研究小组．积极老龄化，从战略到行动［J］．科技智囊，2011（10）：8-20.

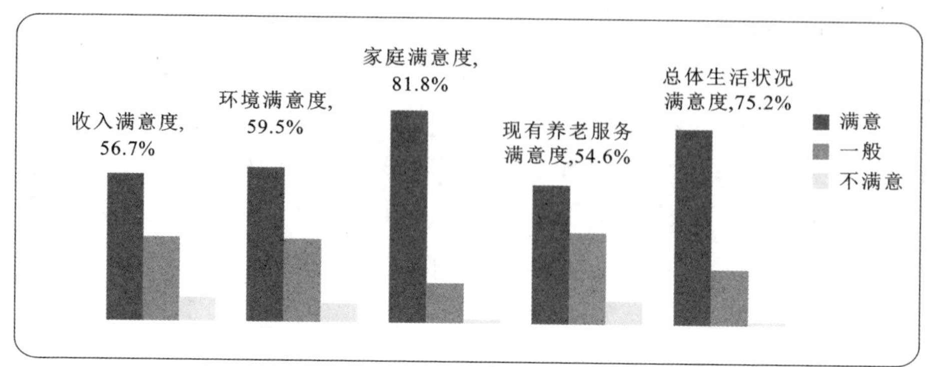

图 2-1 银川市老年人生活满意度调查

积极老龄化所推崇的健康行动覆盖生理和心理两个方面，基于此，银川市老年健康服务距离此标准还有一定差距。从生理方面来说，老年人需要健康卫生的生活环境，应当引导其建立合理正确的生活习惯；从心理方面来说，银川市养老服务缺乏相应的老年心理辅导项目，应当利用适当的心理辅导帮助老年人形成积极乐观的养老心态。

（二）社会参与方面

社会参与是积极老龄化政策的重要组成部分，与健康和社会保障相辅相成。积极老龄化理论中所谓的“参与”，是指老年人在退休后继续参与各方面社会活动与服务，在能力、爱好支配下参与到有益的活动当中，使其保有自身创造社会价值的机会和可能。老年人的社会参与并不是绝对生产性或收入性的，其实现途径多样，如参与咨询服务、调查研究、社区管理、学习培训及文体活动等。

通过对银川市社区老年人闲暇时间安排、与其他老年人往来及对社区老年活动的态度等问题的调查，可以了解当前银川市社区老年人社会参与状况，具体数据见表 2-2。

表 2-2 银川市社区老年人社会参与状况

社会参与状况评价	人数	百分比（%）
闲暇时间安排		
看电视	289	79.4
健身（打太极、晨跑、跳广场舞等）	180	49.5

续表

社会参与状况评价	人数	百分比（%）
照顾孙子孙女	58	15.9
和朋友一起活动（聊天、打扑克、打麻将等）	227	62.4
琴棋书画	23	6.3
旅游	16	4.4
老年大学	0	0.0
信仰	17	4.7
其他	19	5.2
与老年人往来情况		
经常往来并一起活动	298	81.9
不太往来，仅节日登门拜访	34	9.3
很少或不往来	32	8.8
是否同意增加社区老年活动		
非常同意	207	56.9
比较同意	120	33.0
不同意	4	1.1
非常不同意	3	0.8
不关心	30	8.2

由表 2-2 可以看出，银川市社区老年人在参与社区活动方面具有一定的积极性，但社会参与度并不十分高。老年人当前的闲暇活动仍旧以静态娱乐型为主，诸如看电视、聊天、打扑克、打麻将等，相对来说能够产生社会价值的活动略显缺乏。当前整个社会依然将老年群体看作弱势群体，并未将其当成一种特殊的社会资源，使其充分行使自身参与社会建设的权利，这与积极老龄化的内涵相背。

积极老龄化政策实施中，社会参与是十分重要的一个环节，直接关系到老年人的生活状态及其社会地位。影响银川市老年人社会参与度的因素如下：第一，老年群体受教育程度整体较低，导致老年人参与社会活动受限；第二，老年人对积极老龄化的概念并不清楚，多数人认为自身只能进行一些休闲散步等对社会影响不大的活动；第三，社区乃至整个社会并没有为老年群体更好地参与社会活动提供足够的机会。

（三）社会保障方面

社会保障是实现老年人健康与社会参与的前提，老年群体的权益得到充分支持与保护，方能消除其后顾之忧，积极参与健康管理和社会活动。因此，社会保障是积极老龄化三大行动支柱的前提和保证。本次调查将老年人参加医保状况和养老机构情况列入社会保障的衡量条目。银川市社区老年人参加医疗保险情况相对良好，但养老机构条件并不十分完善，针对老年人的社会保障水平仍需要进一步提升。

“积极老龄化”政策的实施必然离不开完善的社会保障体系。表 2-3 显示，调查对象几乎都参加了不同类型的医疗保险，其中城镇职工和城乡居民医疗保险的参保率较高。老年人的参保状况主要与其知识水平和职业相关，社区老年人所获得的医疗保障覆盖面相对较广，且老年群体本身的参保意识较强。社区老年人每年通过医保报销后的医疗费用水平分布相对分散。但由于收入水平差异，对于收入较低的老年人来说，报销后的高额医疗费用依然会形成较重的经济负担。在养老机构方面，由于多数老人都选择家庭养老模式，因而他们对市内的养老机构的状况并不是很了解。部分老年人认为，银川市临近社区的养老机构数量较少，且设施条件并不完善，无法满足老年人的养老服务需求，仍需要相关部门或机构进一步加强建设。

表 2-3　银川市社区老年人社会保障状况

社会保障状况评价	人数	百分比（%）
医保类型		
城镇职工医疗保险	164	45.1
城乡居民医疗保险	162	44.5
医疗救助	2	0.5
商业保险	3	0.8
其他	33	9.1
个人承担医疗费用/年		
500 元及以下	82	22.5

续表

社会保障状况评价	人数	百分比（%）
501～1000 元	46	12.6
1001～2000 元	54	14.8
2001～4000 元	68	18.7
4001～6000 元	47	12.9
6001 元及以上	67	18.4
对周边养老机构的了解		
规模较大，设施齐全	13	3.6
规模小，设施基本完善	97	26.6
设施缺乏，只能凑数	27	7.4
没有或少有类似机构	71	19.5
不清楚	156	42.9
养老意愿		
和子女一起	92	25.3
家里（不和儿女一起）	256	70.3
养老院或疗养院	9	2.5
其他	7	1.9

第三节　讨论与建议

健康、参与和保障是积极老龄化政策的三大行动支柱，做好这三方面内容的建设，是提升养老服务水平、实现积极养老的基础性举措。结合积极老龄化的三大支柱行动要求与“六个老有”（老有所养、老有所医、老有所为、老有所学、老有所乐、老有所教）的目标[①]，本次调查数据分析结果显示，银川市社区老年人的养老状况相对较好，但在迈向积极老龄化

① 薛敏．依据老年人需求实现“六个老有”与“积极老龄化”［J］．边疆经济与文化，2007（9）．

目标时，老年人的部分养老服务需求仍未得到有效满足。根据研究目的及结论，我们认为实现积极老龄化应当从不同主体出发共同努力。

一、强化积极老龄化政策宣传和制度建设

生产方式、家庭结构及社会伦理环境的变迁导致了传统养老文化的逐渐没落，而构建和谐的积极老龄文化，是完善代际养老关系、提升养老政策适应性的重要途径。[①] 积极老龄化政策当前在银川市并未得到普及，无论是当前60岁及以上老年人还是今后即将步入老年的社区居民，积极老龄化的概念对于他们来讲相对陌生。政府部门应当通过媒体、公共讲座等向居民普及积极老龄化的理念，并且逐步完善社会养老保障制度，使老年群体享受的养老和医疗服务得到相应的法律支持。此外，老年人健康管理和社会参与活动所需的公共设施和养老机构设施也有待进一步完善。

二、补充养老服务缺口，丰富老年活动

机构养老与居家养老模式近几年逐步兴起，有关积极养老的相应服务需求也被提上议程。民办养老机构、老年日间照料中心的设施和护理人才需要得到补充。同时，老年人的社会参与需要得到社会各界的支持。我们应当将老年群体看作社会财富，并为之提供发挥社会价值的机会。老年人的知识经验可以被充分利用，例如在调查研究、社区管理、学习培训、文娱活动、咨询服务等方面，社会组织和社区可以通过组织集体活动、公共调研或老年大学等形式为老年人提供参与机会，增强其自信心和社交能力，提升其心理健康水平。

三、发挥家庭作用，满足养老需求

当前家庭规模小型化特点日益明显，仅仅依靠家庭力量难以缓解日益增长的养老压力。但家庭养老仍旧是我国老年人普遍选择的养老模式。因此，家庭应当满足老年群体在基本物质生活及精神领域的养老需求，积极

---

① 吴海涛，王晶．从传统到现代——积极老龄化视阈下养老文化的思考［J］．东北师大学报（哲学社会科学版），2014（4）．

配合社会化养老体系的建设和完善，为老年人提供便利、舒适的养老环境和条件，提升其生命质量，达到积极老龄化的目的。[①]

四、改善生活习惯，保持积极心态

健康、参与和保障三大行动支柱的实践效果取决于老年人本身的主观能动性。在基础生活方面，老年人应当养成健康有益的生活习惯，保持积极向上的心态，为积极养老打下良好的基础。在能力展示方面，老年人应当认清自己仍然是社会的宝贵财富，在自身擅长的各个方面仍能做出成绩，并应按照兴趣或需求主动学习和参与。

① 冯春梅，史贤华，陈学云．居民养老意愿及积极老龄化认同度调查——以滁州市为例［J］．忻州师范学院学报，2014（8）．

第二篇 为老服务与社会支持

第三章

银川市城市社区独居老人长期照护研究

人口老龄化对世界各国而言是一个不容忽视的问题。世界人口结构正在发生着巨大的变化，联合国人口司公布的数据显示，预计2050年老年人口将达到20亿人。人口结构的变化，将在促进更多的机会，尤其是促进老年人的机会、使之发挥参与社会各方面的潜力的同时，也向世界各国提出了严峻的挑战。①

在老龄化快速发展的过程中，我国也面临着同样的挑战。为控制人口数量的增长，我国从20世纪70年代开始实行计划生育政策，这一政策的实施，在给社会发展带来机遇的同时也带来了严峻的挑战。中国仅花费了30余年的时间便实现了人口结构从中期结构到终极结构的转变。② 我国60岁及以上的老年人口比例大于其他发展中国家，老龄化速度超过很多发达国家。根据联合国老龄化的标准，中国在1999年开始进入老龄化社会。③

---

① 第二次老龄问题世界大会报告［R］.2002.

② Cai F，Wang M. Growth and structural changes in employment in transition China［J］. Journal of Comparative Economics，2010（38）：71-81.

③ Yu Kai ，Zhu Hui. Functional transformation and policy innovation：the experiences，problems and countermeasures of the urban community elder care service system in Shanghai，China［C］. International Conference on Public Administration（ICPA 8th），2012.

我国第六次全国人口普查的数据显示，60岁及以上人口占总人口的13.26%，比2000年上升2.93个百分点，其中65岁及以上人口占总人口的8.87%，比2000年上升1.91个百分点。截至2013年底，全国60岁及以上老年人口占总人口的14.9%。[①] 到2017年底，我国60岁及以上的老年人口达2.41亿人，占总人口的比例达到17.3%。从宁夏统计局的数据可知，2013年底，宁夏常住人口为654.19万人，60岁以上户籍老年人口已达79.87万人，占全区总人口的12.21%；到2017年末，常住人口增加到681.79万，在全区常住人口中，0～14岁人口为138.74万人，占20.35%；15～64岁人口为485.02万人，占71.14%；65岁及以上人口为58.03万人，占8.51%。从上述数据可以看出，宁夏老龄化趋势日益加剧，老龄事业发展任重道远。

近年来，我国政府提高了对老年人家庭照护工作的关注度，如2014年10月发布的《国家卫生计生委办公厅关于开展计划生育家庭养老照护试点工作的通知》《中国老龄产业发展报告（2014）》等文件为老年人长期照护发展提供了方向指导。2016年6月，《人力资源社会保障部办公厅关于开展长期护理保险制度试点的指导意见》明确了首批15个试点城市。

2016年7月，民政部发布的《民政事业发展第十三个五年规划》鼓励各地政府探索长期照护险和建立长期照护保障体系。

目前我国城乡空巢家庭占比超过50%，部分大中城市达到70%，农村留守老年人占农村人口的37%，城乡家庭养老条件明显缺失，加大了高龄老人、体弱多病老人和孤寡老人等家庭照料的困难。同时，中国人口在总体老化的同时，老年人口的“内部老化”问题也在加剧。[②] 面对日益严重的老龄化形势和家庭结构的转变，传统的家庭养老模式在弱化，越来越多的老年人不和子女一起生活，如何在这种背景下使老年人幸福生活，逐渐成为全社会关注的热点。

一个社会要和谐稳定发展，必须处理好老年人这一庞大群体面临的问题。我国城市社区不和子女一起生活的老年人具有相当高的比例，解决好城市社区独居老人的长期照护问题有着重要的理论意义。首先，对

---

① 2013年社会服务发展统计公报［EB/OL］. http://www.mca.gov.cn/article/zwgk/mzyw/201406/.shtml.

② 陈慧，刘晋. 中国老年长期照护多支柱保障模式研究［J］. 经济问题，2014（8）.

城市社区独居老人的长期照护问题的深入探究有助于提高全社会对如何构建合理的城市社区独居老人长期照护体系的关注度；其次，在分析了解城市社区独居老人的基本生活现状的同时，发现存在的问题，提出相应的解决办法，有助于构建一个全社会共同参与的、科学合理的、与社会经济发展水平相适应的城市社区独居老人长期照护体系，提高独居老人的生活质量。

同时，近些年来随着“银发浪潮”的出现，学术界开始关注对老年人长期照护方面的研究，对城市社区独居老人长期照护方面的研究相对较少，笔者立足于城市社区独居老人长期照护研究，通过对老年人长期照护相关文献、相关政策、相关理论和老龄化情况的研究，试图在老年人经济、医疗保健、日常照料、心理健康和闲暇时间安排等方面，以及城市社区独居老人长期照护服务提供等方面进行深入研究。

在 20 世纪 50 年代，西方发达国家的人口大量增长，老龄化所带来的问题也日益突显，老年人长期照护逐渐被人们认识。这一时期被认为是老年人长期照护的萌芽时期。瑞典于 20 世纪 60 年代开始在医院设立专门的老年人长期照护病床；美国在 1965 年通过的《社会福利法案》和《老年人法》中都提到要建立针对老年人的长期照护机构；日本在 1963 年通过的《社会福利法》中规定设立专门的老年人长期照护机构。这标志着老年人长期照护机构的产生。20 世纪 70 年代，英国倡导社区照护政策，正式的老年人长期照护政策建立。各国开始采取各种不同的老年人长期照护政策，目前，德国、美国、日本等发达国家和地区制定了适合自身发展的老年人长期照护政策。①

从老年人长期照护的实施主体看，老年人长期照护方式主要分为非正式照护和正式照护。所谓的非正式照护，通常是指由非专业的家庭成员、亲戚朋友或者志愿者提供的无报酬的照护服务②。正式照护是指由持证的专业人员或无证人员提供的有酬劳动，它通常属于正式健康照料体系的一部分。东南亚地区更倾向于采用非正式照护。韩国有 80％的儿女及其家人

① 施巍巍．国内外老年人长期照护制度研究综述［J］．哈尔滨工业大学学报（社会科学版），2009（11）．

② Long-term care［EB/OL］．http：//en.wikipedia.org/wiki/Long-term _ care.

为居住在远方的老人提供长期照护支持。[①] 2000 年，日本长期照护保险正式实施。在日本，由于传统观念的影响和照护机构的限制，很多人仍然选择非正式照护。[②] 从 OECD 提供的数据来看，非正式照护占比通常在 80% 至 90%之间，例如，在奥地利这一比例达到 80%，在西班牙这一比例达到 82.2%。[③] 正式照护的主要承载机构是疗养院或者一些专门为老年人提供服务的机构。机构照护开支占到了政府老年人长期照护财政开支的 90% 以上。[④] 其成本较高，政府负担较重。在发展的过程中应当发挥全社会的力量共同参与，从而减少政府和家庭的负担，保障老年人的生活。

按长期照护的服务机构进行分类，可分为家庭照护、机构照护和社区照护，如美国、日本等发达国家。家庭照护通常包括居家护理、居家康复、餐饮服务等方面；机构照护主要是指由专业人员为老年人提供的专业照护和一般照护；社区照护是对日间无人照顾的老年人提供的专业照护和日常生活照护。

在德国，长期照护是通过长期强制保险计划提供资金的，由投保人和他们的雇主共同来承担。其保障范围是由于疾病或残疾至少 6 个月不能生活自理且有需要的人群。[⑤] 美国的长期照护保险承保被保险人在任何场所（除医院治疗外）因接受具有治疗性质的照护服务及不具有治疗性质的家庭照护、成人日常照护等而发生的照护费用。[⑥]

我国的老年人长期照护主要是提供日常生活照顾和医疗服务，项目包括血压监测、健康咨询、照护者指导、服药指导和心理健康护理，社区服

---

① Seo B H, Cho Y J, Youn J R, et al. Model for thermal conductivities in spun yarn carbons fabric composites [J]. Polymer Composites, 2005 (6).

② 张小娟. 日本长期照护政策及对我国的启示 [J]. 中国卫生政策研究, 2014 (7).

③ OECD. Long Term Care for Older People [M]. Paris: OECD, 2005.

④ Lipson D, Fielding J, Kiefer K, et al. Recent findingson frontline long-term care workers: a research syn-thesis 1999-2003 [R]. US Department of Health and Human Services, 2004.

⑤ Stone R I, Benson W F. Financing and organizing health and long term care services [M] //Prohaska T R, Anderson L A, Binstock R H. Public health for an aging society. Boston: Johns Hopkins University Press, 2012.

⑥ Szebehely. They deserve better: the long-term care experience in Canada and Scandinavia [M]. Ottawa: Canadian Centre for Policy Alternatives, 2009.

务主要是家庭康复、定期探访、帮助配药、家庭护理和健康咨询等。[①] 刘成认为，上海老年人长期照护模式的基本取向是发展机构照护、社区照护，打造多层次的社区照护体系，针对老年人的生活自理能力状况，分别提供器械支持、居家养老、小型社区照护机构、日托中心、社区综合为老服务中心等多种照护方式。[②] 刘乃睿等认为：首先，国家和社会责任必须进一步加强；其次，国家必须为长期照护制度提供必要的资金保障；最后，以个人和用人单位参加强制性的专门保险金计划的方式为长期照护提供资金保障。[③]

通过文献梳理发现，美国、日本、北欧等发达国家和地区的老年人长期照护研究相对比较成熟，而我国对老年人长期照护的研究起步较晚。从文献上来看，我国对老年人长期照护研究的文献多数来源于 2010 年至今，对处于弱势地位的城市社区独居老人的长期照护研究还处于起步状态。在研究的过程中，多数是对老年人的日常生活照料、医疗保健需求等方面的研究，有一部分学者对老年人的心理健康进行关注，但对于老年人尤其是城市社区独居老年人闲暇时间需求方面的研究很少。故笔者拟从经济、医疗保健、日常生活照料、心理健康、闲暇时间安排等方面进行研究，拟构建一个由政府及有关机构、市场、社区、非政府组织、子女、老年人自身等方面共同参与的长期照护体系。在老龄化趋势下，保障独居老人生活质量，促进社会稳定发展。

本研究基于银川市的调查而展开，银川是一个中等发展水平的城市，截至 2015 年底，银川市 60 岁及以上老龄人口的数量达到 26.6 万人，占人口总数的 13.9%，并且每年以约 5.4%的速度增长，高于全国 2 个百分点左右。因此，选择对银川市城市社区老年人口情况进行调查，利用有效的资源，呼吁全社会关注老年群体，从经济、医疗保健、生活照料、心理健康以及闲暇时间安排等方面，提高老年人生活质量，以有效应对“银发浪潮”，促进社会和谐发展。

---

① 蒋虹．我国长期照护保险的发展模式选择［J］．保险天地，2007（1）：61-62.

② 张小娟．日本长期照护政策及对我国的启示［J］．中国卫生政策研究，2014（7）.

③ 叶露，王娟娟．上海老年护理院现状分析与发展前景探讨［J］．中国卫生资源，2008（10）.

第一节 银川市城市社区独居老人生活现状

一、我国城市社区独居老人长期照护的必要性

从全球范围来看，无论是发达国家还是发展中国家，人口结构都在发生巨大的变化，人口老龄化速度的加快对社会和经济的发展造成很大的影响，老年人口占比上升，劳动力人口占比下降，社会老年人口抚养系数随之增加。同时，独居老人数量的增加，对老年人长期照护提出更高的要求。

随着社会结构的变化以及人口老龄化进程的加快，我国城市社区独居老人的数量也在不断增加。当今城市社区的居住方式基本都呈现一种相对比较封闭、单门独户的单元楼居住风格，人与人之间的交往相对较少；加之老年人自身身体条件所限，对老年人的心理造成一定的影响。社会经济水平提高，年轻人向往一种独立的生活空间，并且年轻人的生活方式、价值观念不同，在结婚后多与父母分开居住。对老年人自身而言，他们也希望自己独立生活，不想麻烦子女。在调查的过程中发现，很多独居老人在问及是否想与子女一起生活时，很多人的回答是不想。同时，在我国，老年人的子女多属于劳动年龄人口，面临着职业和工作劳动时间的限制，通常无法为老年人提供及时和足够的照护。[①] 很多社区相应的照护服务不健全甚至缺失。不能为老年人，尤其是独居老人提供相应的长期照护服务，我国有关长期照护保险制度尚处于逐渐完善阶段。根据《中国家庭发展报告（2015 年）》报告显示，我国与配偶一起居住的老年人占老年人口总数的 41.90%，老年人一个人居住的占老年人口总数的 10%。城市社区独居老人也是一个很大的群体，城市社区独居老人长期照护服务很有必要性。家庭结构的变迁在一定程度上增加了老年人对长期照护服务的需求。家庭结构是家庭成员关系、生存方式和家庭功能的直接体现。家庭结构主要由两个基本要素构成：一是家庭人口要素，即一个家庭人数的多少；二是家

① 何伟．试论社区居家养老的必要性［J］．时代经贸，2013（8）．

庭模式要素，即同一家庭成员之间的相互联系模式。[①][②] 家庭结构从核心化转向空巢化，家庭空巢期提前、空巢家庭比重提高是1990年以来我国家庭结构变迁的突出特点。[③]

我国家庭结构变迁的进程是多方面因素共同作用的结果。一是政策因素，计划生育政策实施至今，家庭平均人口数在不断减少，家庭结构逐渐由传统的大家庭向核心家庭和空巢家庭转变。二是人口流动因素，随着社会经济的发展，人口的流动性增加，越来越多的人口向大城市迁移，出现大量的留守老人[④]，家庭结构受到影响。三是家庭观念因素，越来越多的年轻人崇尚独立自由的生活方式，脱离大家庭，组建自己的小家庭，家庭结构越来越趋于小型化。按照系统理论的思想，结构决定功能，家庭结构决定着家庭功能，家庭功能主要包括情感依托功能、社会化功能、生育功能、抚养和赡养功能、经济与保健功能等。[⑤] 家庭的养老功能在家庭结构的巨大变迁中面临更大的挑战，家庭结构的核心化、小型化弱化了家庭的养老保障功能。长期以来中国的养老模式以家庭养老为基础，家庭的主要功能之一是为老人提供经济及情感上的慰藉。随着家庭结构的变迁，家庭的养老功能也随之发生相应的转变，越来越多的独居老人家庭出现，独居老人家庭多体现为夫妻二人一起生活及一个老年人自己生活两种形式。家庭结构变迁导致家庭功能的变化，对传统的家庭养老模式造成很大的冲击。[⑥] 随着社会经济发展、生活节奏加快、家庭结构变迁，老年人和子女

---

① 王跃生．中国城乡家庭结构变动分析——基于2010年人口普查数据［J］．中国社会科学，2013（12）：60-77，205-206.

② 何芸．农村家庭结构变迁及其对养老保障的影响分析［J］．社会保障研究，2011（1）：74-80.

③ 周福林．我国家庭结构变迁的社会影响与政策建议［J］．中州学刊，2014（9）：83-86.

④ 盛亦男．中国流动人口家庭化迁居决策的个案访谈分析［J］．人口与经济，2014（4）：65-73.

⑤ 邓高权．中国家庭结构变迁与养老对策探讨［J］．湖南社会科学，2014（4）：109-112.

⑥ 杨善华．中国城市家庭变迁中的若干理论问题［J］．社会学研究，1994（3）：78-83.

分开居住的现象日渐增多。① 老年人身体机能不断下降，对养老服务的需求也会随之增加。

二、银川市城市社区独居老人现状

（一）银川市老年人口分布

截至 2015 年底，银川市 60 岁及以上老龄人口数量达到 26.6 万人，占人口总数的 13.9%，并且每年以约 5.4%的速度增长，高于全国 2 个百分点左右。预计到 2020 年，银川市 60 岁及以上的老年人口将达到 29 万人左右。银川市老年人口增长速度相对较快，老龄化速度加快。根据银川市老龄工作委员会办公室 2012 年的统计数据可知，银川市兴庆区的老年人口有 7.39 万人，西夏区的老年人口有 3.26 万人，金凤区的老年人口有 2.23 万人（见图 3-1）。

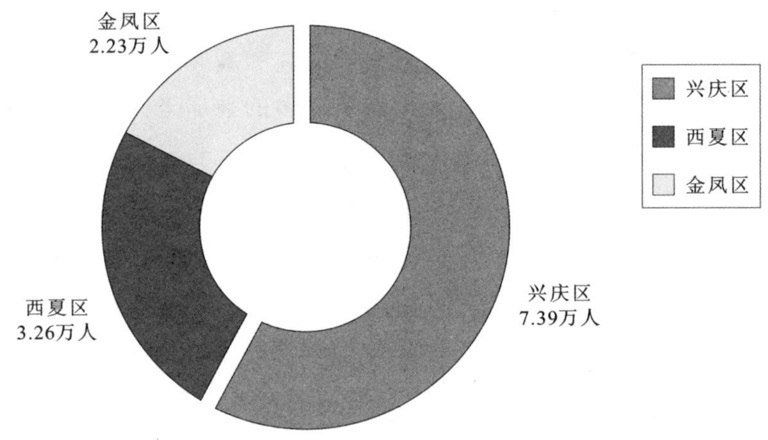

图 3-1　银川市城区老年人分布

（二）银川市城市社区独居老人基本情况

本研究于 2015 年 4 月至 2015 年 12 月通过问卷调查的方式了解银川市城市社区独居老人基本情况，调查对象为 60 岁及以上的老年人。首先，

① 谭英花，于洪帅，史健勇．中国城市独居老人精神慰藉缺失［J］．中国老年学杂志，2015（23）：6959-6961.

选择 4 个社区进行 2 次预调查，预调查共发放问卷 100 份。通过两次预调查，确定银川市城市社区独居老人长期照护调查问卷，在正式调查中共发放问卷 400 份，回收问卷 363 份，其中有效问卷 335 份，问卷有效率为 92.29％。

1. 人口学特征

1）性别构成

通过对银川市城市社区独居老人长期照护的调查发现，在被调查的老人中，男性 169 名，占 50.45％；女性 166 名，占 49.55％。根据银川市统计局公布的数据可以看出，全市常住人口中，男性占 51.77％，女性占 48.23％，银川市男女性别比例基本平衡，男性比例略高于女性比例。由此可知，本研究所选取的样本基本符合银川市人口性别构成。

2）民族构成

从民族构成来看，通过分析发现，调查对象中，汉族 282 名，占 84.18％；回族 49 名，占 14.63％；其他民族 4 名，占 1.19％（见图 3-2）。

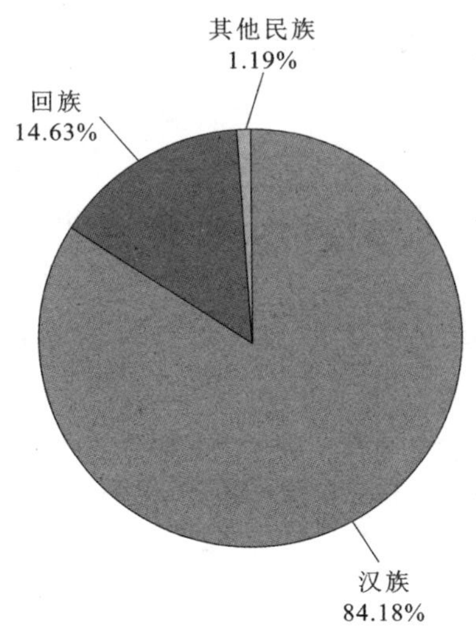

图 3-2　样本老年人民族构成

3）年龄构成

如图 3-3 所示，在调查对象中，60～65 岁的老年人 86 名，占总调查对象的 25.67％，其中男性 46 名，女性 40 名；66～74 岁的老年人 143 名，占总调查对象的 42.69％，其中男性 69 名，女性 74 名；75～84 岁的老年人 95 名，占总调查对象的 28.36%，其中男性 49 名，女性 46 名；85 岁及以上的老年人 11 名，占总调查对象的 3.28%，其中男性 5 名，女性 6 名。从上述数据可以看出，调查对象中低龄老人所占的比重较大，其中 60～74 岁的老年人占样本量的 68.36%，占总调查对象的一半以上，高龄老人占比相对较小（见图 3-3）。

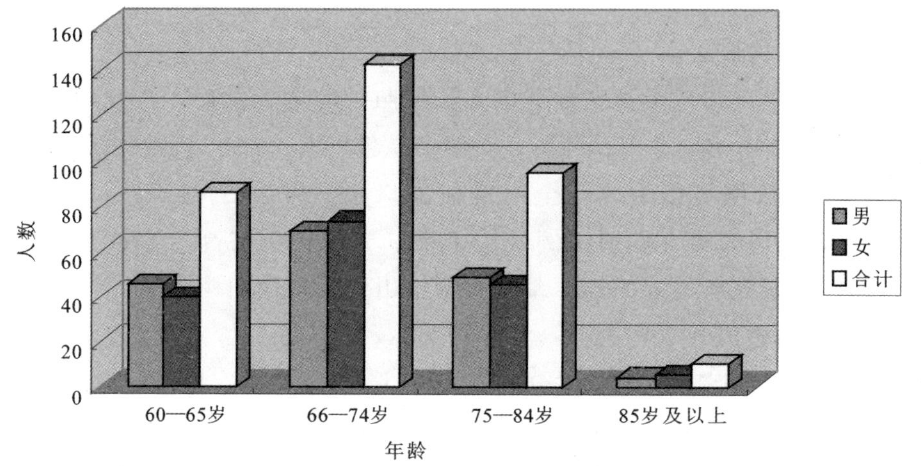

图 3-3　样本老年人年龄构成

4）文化程度

在调查对象中，小学及以下学历的有 198 名，占调查对象的 59.10%；初中学历的有 70 名，占 20.90%；高中或中专学历的有 39 名，占 11.64%；大专学历的有 15 名，占 4.48%；本科及以上学历的有 13 名，占 3.88%。从以上数据可以看出，调查对象中大部分老年人的文化程度较低。

2. 家庭基本情况

1）婚姻状况

从调查对象的婚姻状况来看，未婚老年人 3 名，占调查对象的 0.90%；已婚老年人 251 名，占调查对象的 74.93%；离婚老年人 3 名，占调查对象的 0.90%；丧偶老年人 77 名，占调查对象的 22.99%；分居老年人 1 名，占调查对象的 0.30%。从上述数据可以看出，在被调查的老年人中大部分是与老伴一起生活，这一部分老年人的生活相对有人陪伴，其生活与心理上有配偶的支持；另外，还有约四分之一的老年人没有老伴的支持，他们的日常生活更需要引起关注。

2）孩子数目

如图 3-4 所示，在调查对象中，没有孩子的 8 名，占 2.39%；有 1 个孩子的 34 名，占 10.15%；有 2 个孩子的 83 名，占 24.78%；有 3 个孩子的 117 名，占 34.93%；有 4 个及以上孩子的 93 名，占 27.76%。由此可见，在所调查的独居老人中，有 2 个及以上孩子的约占总调查对象的 87.47%。

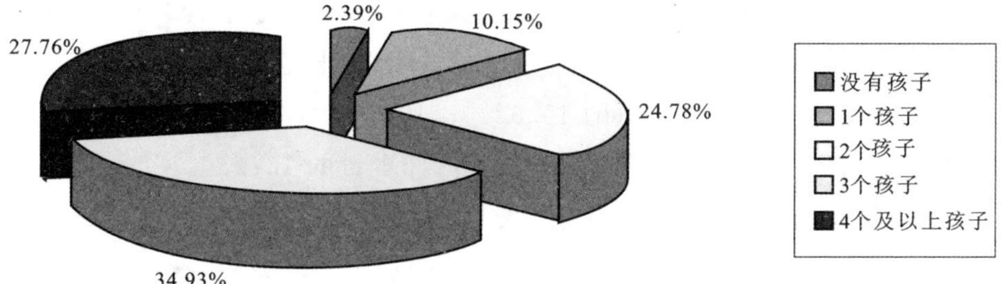

图 3-4　样本老年人孩子数目

3）居住类型

就居住类型而言，夫妻二人一起居住的 249 名，占 74.33%；自己一个人居住的 78 名，占 23.28%；在养老机构居住的 8 名，占 2.39%。

案例 1：M 女士，汉族，80 岁，身体健康，宁夏人

M 女士是大专学历，原来在部队医院工作，后转业到地方某三甲医院，与老伴生活在一起，经济条件相对较好。她有三个儿子，均在外地安家，平时很少来看望老人。老人心态很好，也不愿和孩子一起生活。她认为，现在的年轻人都有自己的生活，在一起居住自己也不自由。就吃饭这一点来说，年轻人的口味与老年人的相差很大，吃不到一起去，不如自己想吃什么就做什么，生活比较自由，与孩子的关系处得也好。

从案例 1 的描述可以看出，老年人在选择自己的居住方式时，更倾向于和老伴一起生活，而不是和子女一起生活。主要原因有二：一方面子女生活比较繁忙，另一方面他们认为不和子女一起生活，起居以及饮食习惯都比较自由。

(三) 银川市城市社区独居老人生活状况

本研究从独居老人的经济、医疗保健、日常生活照料需求、心理健康、闲暇时间安排等五个方面来阐述银川市城市社区独居老人生活状况。

1. 经济状况

老年人的经济状况直接影响着老年人的生活质量。由表 3-1 可知，在调查的样本中，老年人月收入水平在 2000 元及以下的有 143 名，占样本量的 42.69%；2001～3000 元的有 119 名，占样本量的 35.52%；3001～4000 元的有 51 名，占样本量的 15.52%；4001～5000 元的有 16 名，占样本量的 4.78%；5001 元及以上的 6 名，占样本量的 1.79%。

退休前工作单位性质：在行政事业单位的 106 名，占样本量的 31.64%；在国企、外企的 77 名，占样本量的 22.99%；在私营企业的 20 名，占样本量的 5.97%；个体户 11 名，占样本量的 3.28%；打零工的 23 名，占样本量的 6.87%；失地农民 52 名，占样本量的 15.52%；其他 46 名，占样本量的 13.73%。

主要收入来源：主要为养老金的 267 名，占样本量的 79.70%；主要为低保补贴的 14 名，占样本量的 4.18%；主要为政府或社会资助的 6 名，占样本量的 1.79%；主要为子女赡养的 30 名，占样本量的 8.96%；主要为其他的 18 名，占样本量的 5.37%。

主要消费支出：主要用于日常生活支出的 226 名，占样本量的 67.46%；主要用于医疗保健支出的 103 名，占样本量的 30.75%，主要用于休闲娱乐的 1 名，占样本量的 0.30%；主要用于子女的 5 名，占样本量的 1.49%。

经济状况自评：认为够用有结余的 130 名，占样本量的 38.81%；认为大致够用的 173 名，占样本量的 51.64%；认为十分困难的有 32 名，占样本量的 9.55%。

调查对象中月收入水平在 2000 元以上的占 57.31%。在经济状况自评，认为够用有结余的占 38.81%，认为大致够用的占 51.64%。根据国家统计局银川调查队抽样调查资料显示：2014 年，银川市城镇居民人均消费支出水平约为 1700 元，可以看出，调查数据与实际情况基本相符。

表 3-1 样本老年人经济状况

项目		例数	百分比（%）
月收入水平	2000 元及以下	143	42.69
	2001～3000 元	119	35.52
	3001～4000 元	51	15.22
	4001～5000 元	16	4.78
	5001 元及以上	6	1.79
退休前工作单位性质	行政事业单位	106	31.64
	国企、外企	77	22.99
	私营企业	20	5.97
	个体户	11	3.28
	打零工	23	6.87
	失地农民	52	15.52
	其他	46	13.73
主要收入来源	养老金	267	79.70
	低保补贴	14	4.18
	政府或社会资助	6	1.79
	子女赡养	30	8.96
	其他	18	5.37
主要消费支出	日常生活支出	226	67.46
	医疗保健支出	103	30.75
	休闲娱乐	1	0.30
	子女	5	1.49
经济状况自评	够用有结余	130	38.81
	大致够用	173	51.64
	十分困难	32	9.55

如表 3-2 所示，在调查对象中，老年人经济收入状况满意度分为三个等级：满意的有 202 名，占样本量的 60.30%；认为一般的有 103 名，占样本量的 30.75%；不满意的有 30 名，占样本量的 8.96%。

表 3-2 样本老年人经济收入满意度状况

满意度	例数	百分比（%）
满意	202	60.30
一般	103	30.75
不满意	30	8.96

2. 医疗保健状况

老年人随着年龄的增长，身体各项机能在不断下降，对医疗保健的需求更为强烈。就医疗保险而言，其作为一种疾病所产生费用的补偿机制，在老年人发生医疗费用的时候能够给予一定程度的帮助，缓解经济压力。城市社区独居老年人所涉及的医疗保险类型包括城镇职工医疗保险、城乡居民医疗保险、医疗救助以及商业保险等。

由图 3-5 可知，在调查对象中，参加城镇职工医疗保险的占 47.76%，参加城乡居民医疗保险的占 42.69%，享受医疗救助的占 0.60%，参加商业保险的占 0.60%，其他占 8.35%。由上述数据可知，有接近半数的调查对象参加了城镇职工医疗保险。另外，宁夏于 2010 年开始实施城镇居民医疗保险与新型农村合作医疗保险一体化改革，整合城镇居民基本医疗保险和新型农村合作医疗保险，建立全区城乡居民基本医疗保险制度，实现制度框架、管理体制、政策标准、支付结算、信息系统、经办服务“六统一”。因此，在统计过程中，把参加城镇居民医疗保险的老人与失地农村老人合并计入城乡居民医疗保险。

在关于有无慢性病的调查中发现，268 名调查对象有慢性病，占 80.00%；67 名调查对象没有慢性病，占 20.00%。从上述数据可以看出，老年人慢性病患病率很高。老年人慢性病主要有以下几种：在 268 名慢性病患者中，高血压患者占 38.99%，冠心病患者占 13.53%，心肌梗塞患者占 3.44%，哮喘患者占 2.06%，糖尿病患者占 9.86%，关节炎患者占 11.70%，腰椎间盘突出患者占 7.11%，其他慢性病患病患者占 13.31%（见图 3-6）。从数据可以看出，老年人高血压、冠心病、糖尿病、关节炎等慢性病比较高发。

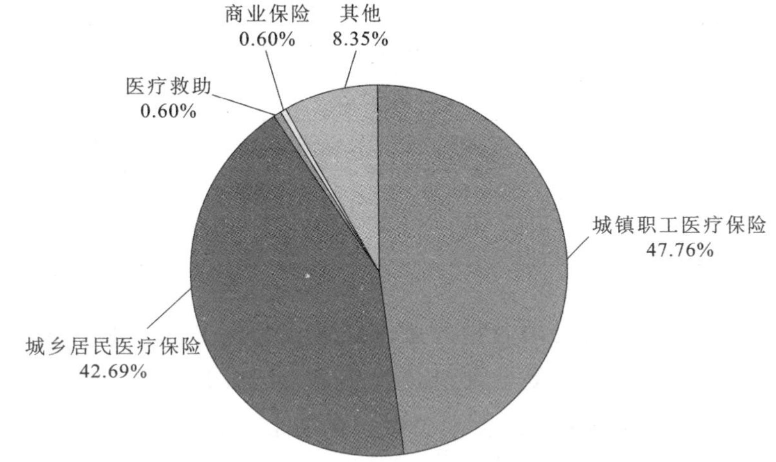

图 3-5 样本老年人参加医疗保险类型

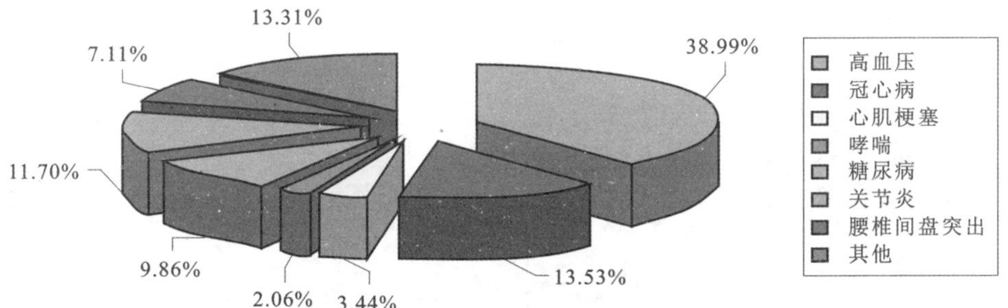

图 3-6 样本人群中慢性病分布情况

如表 3-3 所示，在调查对象中，报销后医疗费用在 500 元以下的有 68 名，占 20.30%；501～1000 元的老年人有 43 名，占 12.84%；1001～2000 元的有 52 名，占 15.52%；2001～4000 元的有 64 名，占 19.10%；4001～6000 元的有 44 名，占 13.13%；6001 元及以上的有 64 名，占 19.10%。由老年人的慢性病患病情况可知，慢性病的发病率较高，并且高血压、冠心病、糖尿病等慢性病需要长期服药，因此老年人的医疗费用是在所难免的。

表 3-3 样本人群医保报销后医疗费用分布情况

项目	例数	百分比（%）
500 元以下	68	20.30
501～1000 元	43	12.84

续表

项目	例数	百分比（%）
1001～2000 元	52	15.52
2001～4000 元	64	19.10
4001～6000 元	44	13.13
6001 元及以上	64	19.10

老年人夜间睡眠状况是老年人身体健康状况的一种表现，良好的睡眠可以让劳累的机体得到恢复，可以缓解疲劳、延缓衰老、增强免疫力。如图 3-7 所示，在调查对象中，夜间睡眠好的有 175 名，占 52.24%；夜间睡眠不好的有 126 名，占 37.61%；总睡不着的有 34 名，占 10.15%。由上述数据可知，调查对象中有近半数的老年人睡眠质量较差。

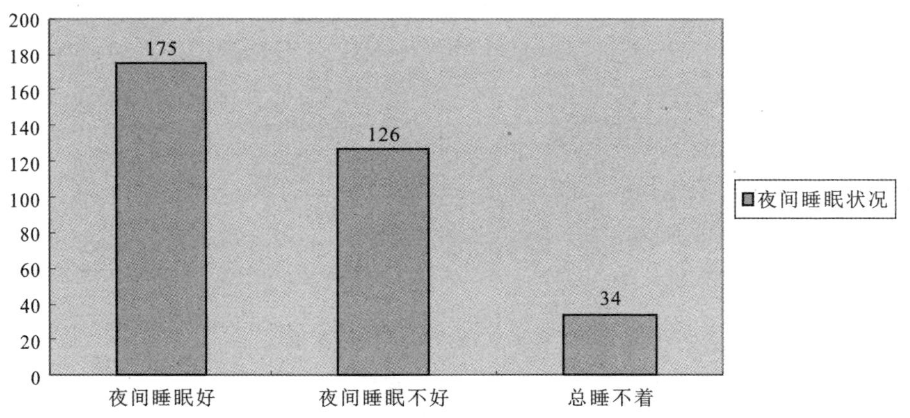

图 3-7　样本老年人夜间睡眠状况

就老年人的饮食偏好而言，如图 3-8 所示，在调查对象中，75.82%的老年人按照个人喜好来选择饮食；11.04%的老年人选择经济方便的饮食方式；只有 12.84%的老年人会按照健康计划来选择饮食；其他占 0.30%。

从被调查对象身体健康状况自我评价（见表 3-4）可以看出，老年人认为自己的身体状况在一般水平以下的共占 42.69%；认为自己的身体健康情况一般的有 26.57%；认为自己的身体健康状况在一般水平以上的有 30.75%。

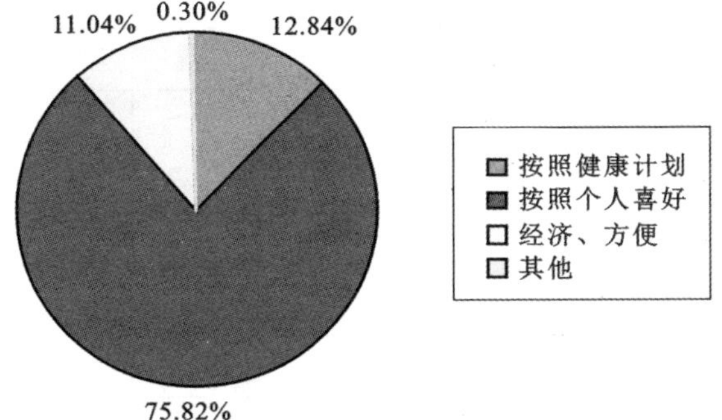

图 3-8　样本老年人的饮食偏好

表 3-4　样本老年人身体健康状况自我评价

自我评价	例数	百分比（%）
很不好	30	8.96
不太好	113	33.73
一般	89	26.57
较好	88	26.27
非常好	15	4.48

3. 日常生活照料需求状况

老年人基本日常生活活动能力（ADL），是指老年人在独立生活的过程中每天必须反复进行的最基本的、具有共同性的身体动作群，即进食、移位、如厕、洗澡、走动、穿脱衣裤鞋袜等基本的动作和技巧。老年人工具性日常生活活动能力（IADL），是指维持老年人独立生活所进行的活动，即上街购物、烹饪食物、家务、洗衣服、使用电话、辨别药物、处理财务等方面的能力，这些活动通常需要一些工具。

由表 3-5 可知，样本老年人基本日常生活活动能力评分整体较高。在基本日常生活活动能力中，老年人洗澡时需要帮助的比例高于其他日常活动的比例。

表 3-5　样本老年人基本日常生活活动能力

项目	需要	百分比（%）	不需要	百分比（%）
进食：吃饭时是否需要帮助？	8	2.39	327	97.61

续表

项目	需要	百分比（%）	不需要	百分比（%）
移位：从床上坐起时是否需要帮助？	13	3.88	322	96.12
如厕：上厕所的过程中是否需要帮助？	13	3.88	322	96.12
洗澡：洗澡时是否需要帮助？	26	7.76	309	92.24
走动：行走 50 米以上是否需要帮助？	15	4.48	320	95.52
穿脱衣裤鞋袜：在此类行为过程中是否需帮助？	12	3.58	323	96.42

由表 3-5 与表 3-6 的对比来看，样本老年人 ADL 与 IADL 情况基本一致，但又存在一定的差异。ADL 是最基本的日常活动，而 IADL 需要借助和使用工具，难度相对较大，因此样本老年人的 IADL 评分比 ADL 整体略低。

表 3-6　样本老年人工具性日常生活活动能力

项目	是	百分比（%）	否	百分比（%）
上街购物：可以独立完成上街购物活动	302	90.15	33	9.85
烹饪食物：可以自己烹饪食物	304	90.75	31	9.25
家务：能完成家务活动	306	91.34	29	8.66
洗衣服：可以自己洗衣服	296	88.36	39	11.64
使用电话：可以独立使用电话	309	92.24	26	7.76
辨别药物：可以清晰地辨别服用的药物	305	91.04	30	8.96
处理财务：可以自己处理财务	305	91.04	30	8.96

如图 3-9 所示，样本老年人不同年龄段 ADL、IADL 的独立完成情况存在差异。随着年龄的增加，ADL、IADL 需要帮助的老年人比例呈现增加趋势。在 6 项 ADL 中各年龄段洗澡需要帮助的比例要高于其他 5 项，85 岁及以上老年人对 6 项 ADL 需要帮助的比例均出现了大幅增加。在 7 项 IADL 中，85 岁及以上老年人的 IADL 需要帮助的比例明显高于其他年龄段的老年人。同年龄段的样本老年人相比，IADL 需要帮助的百分比高于 ADL。就 85 岁及以上老年人而言，IADL 需要帮助的比例更高。老年人年龄增长，身体机能不断下降，自理能力不断下降；同时，高龄老人 ADL、IADL 的帮助需求更高，对长期照护的需求水平也更高。

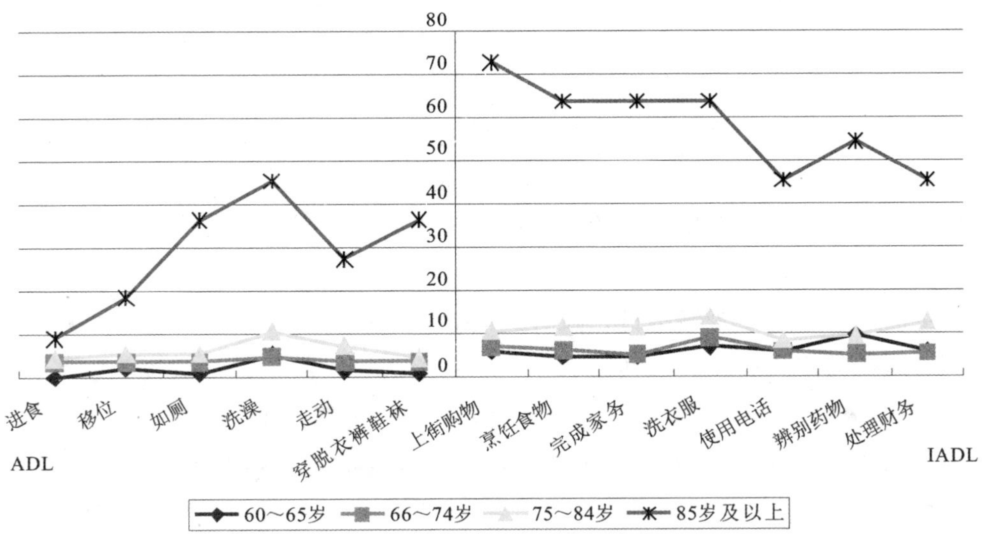

图 3-9 样本老年人不同年龄段 ADL、IADL 不能独立完成的百分比分布

城市社区老年人独自居住的比例越来越高，子女探望、亲朋照顾对老年人日常生活起着重要的作用。由图 3-10 可知，子女探望情况如下：子女经常探望的有 269 名，占 80.30%；子女偶尔探望的有 46 名，占 13.73%；子女很少探望的有 20 名，占 5.97%。亲朋照顾情况如下：经常照顾的有 140 名，占样本量的 41.79%；偶尔照顾的有 142 名，占样本量的 42.39%；很少照顾的有 53 名，占样本量的 15.82%。

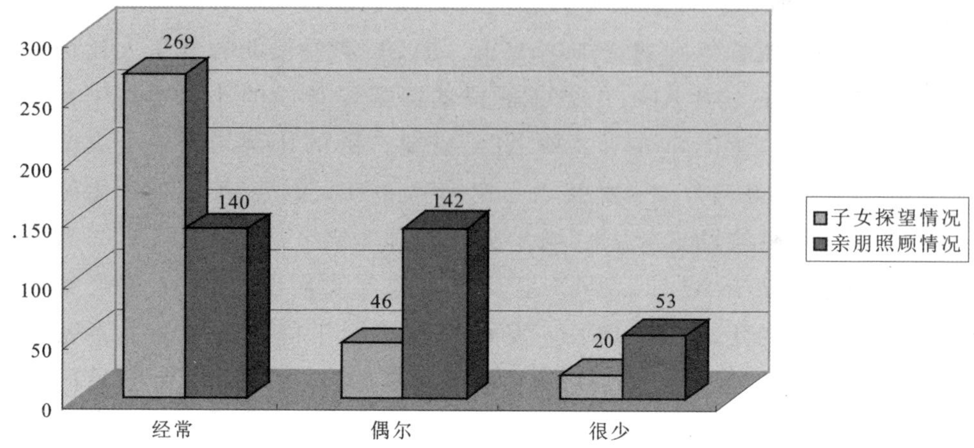

图 3-10 样本老年人子女探望情况与亲朋照顾情况

4. 心理健康状况

老年人随着年龄的不断增长，各项生理机能逐渐衰退，慢性病的患病率高于其他人群。尤其是独居老人，子女不在身边，容易造成老人孤独、抑郁等心理问题，独居老人的心理健康问题值得引起关注。

在调查中发现，不同居住类型的独居老人，其生活满意度是不同的。对生活满意度的三个等级进行赋分：满意＝3 分，一般＝2 分，不满意＝1 分。居住类型为夫妻二人共同居住（“双独居”）的生活满意度平均得分为 2.76 分，自己一个人居住（“单独居”）的老年人生活满意度的平均得分为 2.63 分，住在养老院的老年人生活满意度的平均得分为 2.38 分。由此可以看出，“双独居”的老人由于有老伴的支持与陪伴，其生活满意度高于“单独居”以及住在养老院的老年人，如图 3-11 所示。住在养老院的老年人的生活满意度得分最低，其原因可能是由于老年人传统的叶落归根的思想，越是到老年越是不想离开自己的家，更愿意在家养老；此外，我国现在的机构养老各方面设施、制度不完善，高档的养老院服务费用比较高，并非所有的老年人都能负担得起，而一般的养老院的服务可能还存在一定的缺陷。

如图 3-12，在关于样本老年人日常心理感受情况的调查中发现，38.78％的老年人认为自己不论遇到什么事情都想得开，30.93％的老年人认为自己的生活比较充实，19.39％的老年人在日常生活中自己的事情自

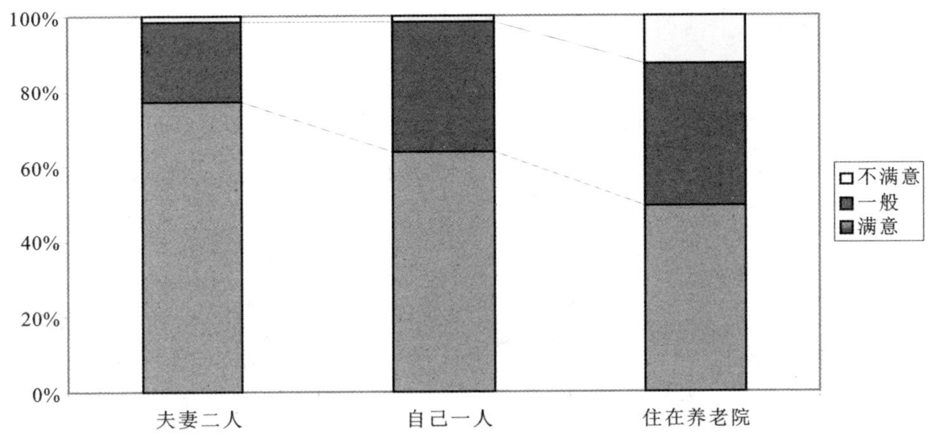

图 3-11 样本老年人生活满意度

已说了算，4.17%的老年人经常感到孤独寂寞，1.60%的老年人经常感到紧张害怕，5.13%的老年人觉得自己越老越不中用。

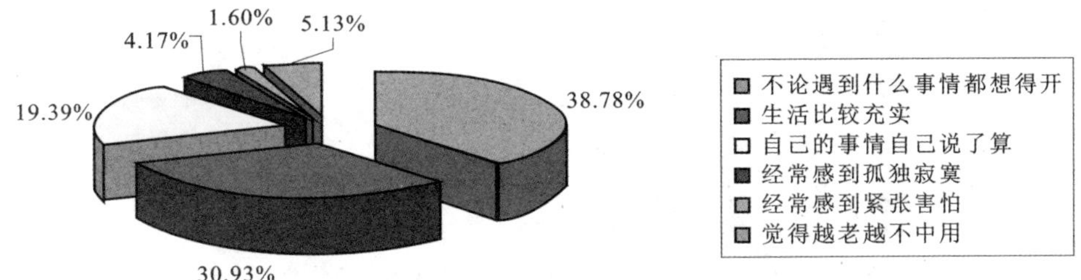

图 3-12 样本老年人心理感受情况

在被调查的独居老人中，42.41%的老年人希望有体检服务，41.35%的老年人希望社区可以为独居老人提供固定的娱乐场所，10.54%的老年人希望社区可以提供心理疏导服务，希望得到其他方面服务的独居老人占5.70%。

与其他老年人交往情况也是衡量老年人心理健康状况的一个重要指标，在调查中发现，经常与其他老年人往来、互相帮助或一起活动的占82.69%，与其他老年人不太往来、只有节日才登门拜访的占8.96%，很少或不往来的占8.35%。

5. 闲暇时间安排状况

闲暇时间是指人们除去工作时间、家务劳动时间等必要时间后，所剩余的个人可以自由支配的时间，它与工作时间、家务劳动时间等必要时间共同构成了人类生活时间系统。[①] 老年人闲暇时间安排情况是老年人幸福感、生活满意度的一个直观体现，会影响到老年人的生理和心理健康。

本研究从看电视，健身，照看孙子孙女，和朋友聊天、打扑克、打麻将，琴棋书画，旅游，以及老年大学等方面来分析老年人的闲暇时间安排。不同性别的城市社区独居老人对闲暇时间的安排存在一定的差异性，在看电视，照看孙子孙女，和朋友聊天、打扑克、打麻将，以及旅游等方面，女性人数高于男性；在健身、琴棋书画、老年大学等方面男性人数高于女性。从图 3-13 中可以看出，城市社区独居老人闲暇时间所从事的活动主要集中在看电视健身以及和朋友聊天、打扑克、打麻将等活动上，其中看电视所占比例最高。

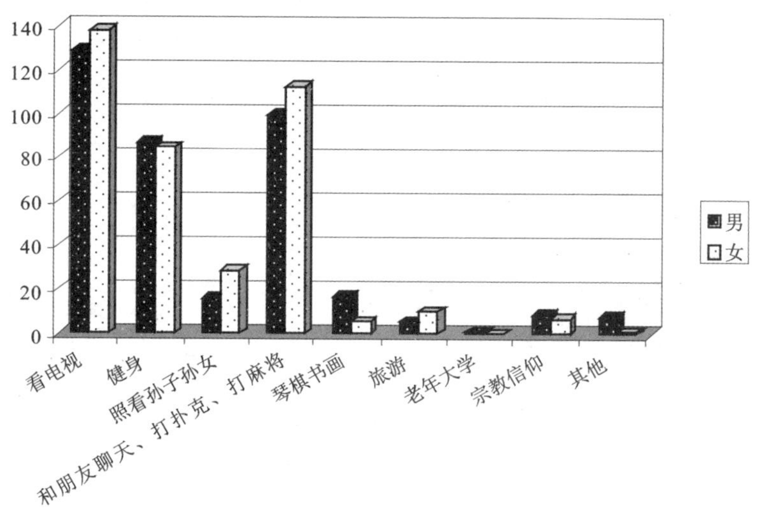

图 3-13 样本独居老人闲暇时间安排

由表 3-7 可知，在关于老年人生活意向与养老意愿的调查中，对关于是否同意社区多为老年人举办活动，56.72%的老年人非常同意；33.13%的老年人比较同意；1.19%的老年人不同意；0.60%的老年人非常不同意；8.36%的老年人不关心。从上述数据可以看出，大部分老年人希望社区多为老年人举办活动，占样本量的 89.85%。

---

① 田翠琴．农村妇女发展与闲暇时间的性别不平等研究［J］．妇女研究论丛，2004，05：25-31.

表 3-7 样本老年人生活意向与养老意愿

项目		例数	百分比（%）
是否同意社区多为老年人举办活动	非常同意	190	56.72
	比较同意	111	33.13
	不同意	4	1.19
	非常不同意	2	0.60
	不关心	28	8.36
更愿意在哪安享生活	与子女一起	67	20.00
	家（不与子女一起）	258	77.01
	在养老院、疗养院	8	2.39
	其他	2	0.60
对周围养老机构的了解	规模较大、设备齐全	13	3.88
	规模小、较为理想	85	25.37
	设备少、只能凑数	28	8.36
	没有这样的场所	68	20.30
	不清楚	141	42.09
步入老年后更希望	返聘继续工作	16	4.78
	照看孙子孙女	33	9.85
	享受老年生活	281	83.88
	其他	5	1.49

关于更愿意在哪安享生活的调查中，愿意与子女一起的有 67 名，占 20.00%；愿意在家（不与子女一起生活）的有 258 名，占 77.01%；愿意在养老院、疗养院的有 8 人，占样本量的 2.39%；其他占 0.60%。

就对周围养老机构的了解情况来看，被调查老年人认为规模较大、设备齐全的占 3.88%；认为规模小、较为理想的占 25.37%；认为设备少、只能凑数的占 8.36%；认为没有这样的场所的占 20.30%；不清楚的占 42.09%。

在步入老年后，4.78%的老年人更希望返聘继续工作，9.85%的老年人更希望在家照看孙子孙女，83.88%的老年人更希望享受老年生活，其他占 1.49%。

老年人的生活意向与养老意愿决定着老年人的闲暇时间安排情况，同时反映出老年人的心理与生活质量情况。应多组织、鼓励老年人参加社区活动，老年人在参加社区活动的过程中，可以保持愉悦的心情，使老年生活更加充实。

（四）银川市城市社区独居老人长期照护服务提供现状

目前我国城市社区独居老年人长期照护服务的提供形式主要有三种：第一，家庭照护，这种形式的照护主要是老年人居住在自己的家中，“双独居”老人由配偶、子女以及亲朋好友为其提供照护服务，“单独居”老人由子女或亲朋好友对其进行长期照护；第二，机构照护，是指由专门的机构和人员为老年人提供相应的服务，主要由养老院、疗养院、老年公寓、福利院等养老机构为独居老人提供照护服务；第三，社区照护，老年人居住在自己的家中，由社区根据其需求为其提供一定的照护服务项目。

1. 家庭照护

本文用费孝通先生提出的差序格局理论，来分析我国老年人家庭照护的类型。费孝通先生认为，差序格局理论是指，以自己为中心，“和别人所联系成的社会关系不像团体中的分子一般大家立在一个平面上的”，而是像水的波纹一样，一圈圈推出去，愈推愈远，也愈推愈薄。[①]

目前，我国还没有建立起完善的老年人长期照护体系，根据差序格局理论模式，现有的老年人家庭照护，对老年人实施长期照护的第一层级是配偶，配偶在老年人的家庭照护中所起到的作用是最重要的。第二层级是老年人的子女。第三层级是老年人的兄弟姐妹。第四层级是老年人的亲朋、邻居等。对于城市社区的独居老人而言，“双独居”老年人，差序格局的第一个层级——配偶在老年人日常生活中起到非常重要的作用，但随着老年人自身身体各项机能的下降，相互照护的能力也会随之下降；“单独居”老年人的家庭照护主要由第二、第三、第四层级来实施。由于独居老人不与子女一起生活，子女忙于工作的同时还要抚养自己的子女，因此，不能及时对老年人进行照护。老年人的家庭照护和亲朋关系的亲疏远

---

① 费孝通．乡土中国［M］．北京：中华书局，2013.

近有很大的关系，关系比较亲近的，能为独居老人提供的照护就更多更及时；关系疏远的，对独居老人的照护就更少更不及时。

另外，家庭照护也是老年人获得精神慰藉的主要来源。根据差序格局理论模式分析老年人精神慰藉提供者的层级，我国现有的老年人精神慰藉的提供者，第一层级是老年人的配偶，第二层级是老年人的子女，第三层级是老年人的兄弟姐妹，第四层级是老年人的亲朋、邻居等，第五层级是养老机构、社会组织等。“双独居”老年人精神慰藉的主要提供者是差序格局中处于第一层级的配偶，“单独居”老人精神慰藉则是由处于第二、第三、第四层级的人员来进行提供。

老年人的精神慰藉多来自家庭成员，但由于对人口老龄化产生的社会经济负担的担忧，人们将很多的注意力放在物质赡养上，对精神、心理需求的关注不够。① 虽然精神慰藉是老年人所必需的，但当子女不能满足老年人的需求时，老年人多会采取一种理解和宽容的态度。②③ 老年人的养老照料及精神慰藉多由配偶来执行，随着老年人年龄的增加，第一层级的功能会越来越弱，第二层级的功能逐渐重要。但是由于家庭结构变迁导致的家庭功能改变，越来越多的老年人不与子女一起生活，子女忙于工作的同时还要抚养自己的子女，不能及时对老年人进行照料。对老年人的养老照料可能会逐渐向第三、第四、第五层级推开，但老年人的养老服务满足情况和亲朋关系的亲疏远近有很大的相关性，关系比较亲近的，能为独居老人提供的服务就更多更及时；关系疏远的，则提供的服务更少更不及时，同时家庭结构的变迁弱化了独居老人精神慰藉的来源。

2. 机构照护

机构照护主要是指由养老院、疗养院、老年公寓、福利院等养老机构，为独居老人提供照护服务。选择机构照护的老年人多是“单独居”老

① 周绍斌．从物质保障到精神保障——老年保障的新趋势［J］．福建论坛（人文社会科学版），2007（7）：128-131.

② 范成杰．代际关系的价值基础及其影响——对江汉平原农村家庭养老问题的一种解释［J］．人口与发展，2012（5）：11-16，10.

③ 杨善华．中国当代城市家庭变迁与家庭凝聚力［J］．北京大学学报（哲学社会科学版），2011（2）：150-158.

年人。据统计，银川市三个区共有养老院、福利院、老年公寓 12 家，其中兴庆区 6 家，金凤区 2 家，西夏区 4 家；在这些养老院中，有 6 家是公办养老院，另外 6 家是民办养老院，共有床位 1617 张。根据民政部的统计数据来看，截至 2014 年底，全国每千名老年人拥有养老床位 26 张。按照银川市老龄委的数据来看，截至 2014 年底，银川市三个区每千名老年人拥有养老床位数为 8 张左右，与全国标准相差甚远。

3. 社区照护

社区照护起源于英国，分为两个层面的照护，主要包括社区内照护和由社区照护。社区内照护是指在社区内的小型服务机构或者住所中，获得专业工作人员的照护，属于正规照护的范畴。由社区照护是指社区内的人，如家人、亲朋、邻居或者志愿者，为需要照顾者提供的照顾，属于非正规照顾的范畴。[①] 本研究所指的社区照护是指社区内照护。社区照护是一种介于家庭照护和机构照护之间的新型养老模式，其自身特点实现了家庭养老与社会养老相结合、居家养老与社区服务相结合。[②] 银川市城市社区有关老年人的社区照护主要由社区卫生服务站、社区老年活动中心、社区老年人日间照料中心提供。

社区卫生服务站是按照国家医改规划而设立的非营利性基层医疗卫生服务机构，秉持以健康为中心、家庭为单位、社区为半径、需求为导向的服务宗旨，建立以预防保健、全科医疗、妇幼保健、康复治疗、健康教育、计划免疫、计划生育指导为主的“六位一体”的连续性、综合性、低成本、高效率、方便群众的卫生服务体系。根据 2014 年宁夏卫生事业发展公报可知，银川市城市社区卫生服务站有 78 所。银川市 2014 年相关统计数据显示，截至 2013 年底，银川市兴庆区、金凤区、西夏区三区总人数为 136.8 万人，其中 60 岁及以上的老年人约 20 万人，平均每 1.75 万人有一个社区卫生服务站。按照每 1 万至 2 万人建立一个社区卫生服务站的标准来看，银川市社区卫生服务站的数量是达标的。在独居老人长期照护

① 徐祖荣．人口老龄化与城市社区照顾模式探析 [J]．济南大学学报（社会科学版），2007（6）：20-24，89.

② 卫小将．社区照顾：中国养老模式的新选择 [J]．太原科技大学学报，2007，28（2）：137-140.

体系中，社区卫生服务站的主要职能是为社区老年人提供一定的健康体检、预防保健、康复治疗等服务。但在调查中发现，多数老年人认为，社区卫生服务站除了可以量血压外，很少开展一些其他有关健康方面的工作。

社区老年活动中心，从银川市老龄办的数据资料得知，银川市共有社区老年活动中心70个，社区老年活动中心可以为老年人提供娱乐的场所，可以开展的活动有棋牌、书法、绘画等活动。在实地调查中发现，并不是每个社区都有这样的老年活动中心，很多社区的老年人希望可以建立这样的室内活动场所或者是固定的活动场所。

老年人日间照料中心，主要是指为社区内生活不能完全自理、日常生活需要一定照料的半失能老年人，提供膳食供应、个人照顾、保健康复、休闲娱乐等日间托养服务的设施。根据银川市老龄办公室的资料数据截至2015年上半年，银川市现有老年人日间照料中心13个，其中有8个日间照料中心在金凤区，西夏区有4个，兴庆区有1个；从日间照料中心的分布来看，半数以上的照料中心分布在金凤区。兴庆区是银川市的老城区，老年人多于其他两个区，独居老人的数量更是多于金凤区和西夏区，而兴庆区只有一个老年日间照料中心。因此，银川市老年人日间照料中心的数量远远未能满足老年人的现实需求。

第二节　影响独居老人长期照护服务需求的因素

一、银川市城市社区独居老人长期照护需求的影响因素

(一) 银川市城市社区独居老人经济需求影响因素

按照Likert积分法设计满意度问卷，其中对城市社区独居老人经济状况满意度指标定义为：1＝满意，2＝一般，3＝不满意。对样本老年人的不同背景指标进行定义和分类，然后检验不同特征样本老年人经济状况满意度的差异，其检验结果如表3-8所示。

表 3-8 不同特征样本老年人经济满意度指标卡方检验结果

变量	变量定义	Pearson 卡方值	P
性别	1=男	0.273	0.872
	2=女		
民族	1=汉族	5.590	0.232
	2=回族		
	3=其他		
年龄	1=60～65 岁	19.506	0.003
	2=66～74 岁		
	3=75～84 岁		
	4=85 岁及以上		
文化程度	1=小学及以下	31.593	0.000
	2=初中		
	3=高中或中专		
	4=大专		
	5=本科及以上		
居住类型	1=夫妻二人	2.708	0.570
	2=自己一人		
	3=养老机构		
月收入	1=2000 元及以下	37.041	0.000
	2=2001～3000 元		
	3=3001～4000 元		
	4=4001～5000 元		
	5=5001 元及以上		
主要收入来源	1=养老金	15.699	0.030
	2=低保补贴		
	3=政府或社会资助		
	4=子女赡养		
	5=其他		

续表

变量	变量定义	Pearson 卡方值	P
退休前工作单位性质	1＝行政事业单位	54.401	0.000
	2＝国企或外企		
	3＝私营企业		
	4＝个体户		
	5＝打零工		
	6＝失地农民		
	7＝其他		
主要消费支出	1＝日常生活支出	4.648	0.590
	2＝医疗保健支出		
	3＝休闲娱乐		
	4＝子女		

注：表中所示均为双侧检验，检验水准 $\alpha=0.05$。

从以上检验结果可以看出，取双侧检验，检验水准 $\alpha=0.05$，样本老年人在性别、民族、居住类型、主要消费支出不同组间经济收入满意度差异无明显统计学意义。而样本老年人在年龄、文化程度、月收入、主要收入来源、退休前工作单位性质等不同组间经济收入满意度具有明显统计学意义（$P<0.05$），说明这些因素对样本老年人的经济收入满意度有显著的影响。

1. 年龄

本研究的调查对象是年龄在 60 岁及以上的人群，对调查对象年龄组的定义如表 3-8 所示。卡方检验显示，银川市城市社区独居老人年龄分组间的经济收入满意度差异具有统计学意义。从整体情况来看，银川市城市社区独居老人的经济收入随着独居老人年龄的增加，其满意度均值呈逐渐下降的趋势。从表 3-9 可知，在随着年龄的增长满意度呈下降趋势的情况下，年龄在 75～84 岁的老年人的经济收入满意度是增加的，其原因可能是由于在这个年龄组的调查对象的选择上过于集中，导致与总体情况之间出现偏差。随着年龄的增加，城市社区独居老人的经济收入满意度呈下降趋势，其原因可能是由于老年人随着年龄的增加，身体各项机能逐渐下降，患病率也会不断增加，医疗费用支出的比例增加；并且随着年龄的增加，独居老人的“单独居”率也在上升，这部分独居老人的经济收入来源有可能会随着“单独居”的出现而下降。

表 3-9 样本老年人不同年龄分组经济收入满意度均值

变量	第一组 60～65 岁	第二组 66～74 岁	第三组 75～84 岁	第四组 85 岁及以上
满意度均值	2.45	2.43	2.72	2.36

2. 文化程度

我们将文化程度划分为小学及以下、初中、高中或中专、大专、本科及以上等选项。不同文化程度的老年人对自己经济收入的满意度不同，从表 3-10 可以看出，学历在本科及以上的独居老人的经济收入满意度最高，其平均值为 2.85；小学及以下文化程度的独居老人的经济收入满意度最低，其平均值为 2.34。

表 3-10 样本老年人不同文化程度分组经济收入满意度均值

变量	第一组 小学及以下	第二组 初中	第三组 高中或中专	第四组 大专	第五组 本科及以上
满意度均值	2.34	2.77	2.69	2.80	2.85

3. 月收入

独居老人的月收入水平对他们的经济收入满意度有着直接影响。在分析中发现，随着城市社区独居老人月收入水平的提高，老年人的经济收入满意度也呈现增加趋势，如表 3-11 所示。

表 3-11 样本老年人不同收入水平分组经济收入满意度均值

变量	第一组 2000 元及以下	第二组 2001～3000 元	第三组 3001～4000 元	第四组 4001～5000 元	第五组 5001 元及以上
满意度均值	2.27	2.64	2.78	2.67	2.83

4. 主要收入来源

卡方检验结果显示，不同收入来源的独居老人经济收入满意度差异具有显著的统计学意义。从表3-12可以看出，收入来源为政府或社会资助的独居老人的经济收入满意度最高；收入来源为子女赡养的独居老人的经济收入满意度最低。

表3-12 样本老年人不同收入来源分组经济收入满意度均值

变量	第一组 养老金	第二组 低保补贴	第三组 政府或社会资助	第四组 子女赡养	第五组 其他
满意度均值	2.57	2.34	2.67	2.17	2.39

5. 退休前工作单位性质

卡方检验结果显示，城市社区独居老人退休前的工作单位性质对经济收入满意度的差异有统计学意义。从表3-13可知，比较退休前不同工作单位性质的独居老人的经济收入满意度均值可以看出，退休前工作单位性质为行政事业单位、国企或外企、个体户的独居老人的经济收入满意度均值相对较高；而私营企业、打零工、失地农民等组的老年人的经济收入满意度相对较低，其中失地农民的经济收入满意度最低。

表3-13 样本老年人退休前工作单位性质分组经济收入满意度均值

变量	第一组 行政事业单位	第二组 国企或外企	第三组 私营企业	第四组 个体户	第五组 打零工	第六组 失地农民	第七组 其他
满意度均值	2.73	2.66	2.35	2.82	2.35	2.06	2.37

(二) 银川市城市社区独居老人医疗保健需求影响因素

按照Likert积分法设计满意度问卷，其中对城市社区独居老人身体健康满意度指标定义为：1=非常不满意，2=不满意，3=一般，4=较满意，5=很满意。对样本老人的不同特征变量进行定义和分类，然后进行卡方检验，其检验结果如表 3-14 所示。

表 3-14 样本老年人不同背景与身体健康满意度指标卡方检验结果

变量	变量定义	Pearson 卡方值	P
年龄	1＝60～65 岁 2＝66～74 岁 3＝75～84 岁 4＝85 岁及以上	22.781	0.030
是否患慢性病	1＝是 2＝否	111.881	0.000
医疗费用支出情况	1＝500 元及以下 2＝501～1000 元 3＝1001～2000 元 4＝2001～4000 元 5＝4001～6000 元 6＝6001 元及以上	86.980	0.000
睡眠情况	1＝夜间睡眠好 2＝夜间睡眠不好 3＝总睡不着 4＝睡眠超过 14 个小时 5＝白天睡眠时间超过晚上	49.570	0.000

注：表中所示均为双侧检验，检验水准 $\alpha=0.05$。

从卡方检验结果看出，取双侧检验，检验水准 $\alpha=0.05$，样本老年人在年龄、是否患慢性病、医疗费用支出情况、睡眠情况等不同组间身体健康满意度分别具有统计学意义（$P<0.05$），说明这些因素对样本老年人的身体健康满意度有显著影响。

1. 年龄

卡方检验结果显示，不同年龄的城市社区独居老人身体健康满意度差异具有显著的统计学意义。由表 3-15 可知，比较不同年龄组城市社区独居老人身体健康满意度平均值，年龄在 60～65 岁的独居老人身体健康满意度均值最高；85 岁及以上的独居老人身体健康满意度均值最低。随着年龄的增加，老年人身体各项机能不断下降，自我照护能力也在不断下降，因此其身体健康满意度均值也会降低。

表 3-15 样本老年人年龄分组身体健康满意度均值

变量	第一组 60～65 岁	第二组 66～74 岁	第三组 75～84 岁	第四组 85 岁及以上
满意度均值	3.02	2.76	2.82	2.55

2. 是否患有慢性病

慢性病是影响老年人身体健康的一个重要因素。从卡方检验结果可以看出，是否患有慢性病对独居老人身体健康满意度差异具有统计学意义。由 3-16 可知，患有慢性病的独居老人的身体健康满意度均值明显低于没患慢性病的独居老人。

表 3-16 样本老年人是否患有慢性病分组身体健康满意度均值

变量	第一组 是	第二组 否
满意度均值	2.57	3.78

3. 医疗费用支出情况

卡方检验结果显示，城市社区独居老人医疗费用支出情况对身体健康满意度差异有统计学意义。从表 3-17 可以看出，医疗费用支出在 500 元及以下的独居老人的身体健康满意度均值最高；医疗费用支出在 6001 元及以上的独居老人的身体健康满意度均值最低。独居老人的身体健康满意度均值基本上是随着医疗费用支出的增加而逐渐下降的。

表 3-17 样本老年人医疗费用支出情况分组身体健康满意度均值

变量	第一组 500 元及 以下	第二组 501～ 1000 元	第三组 1001～ 2000 元	第四组 2001～ 4000 元	第五组 4001～ 6000 元	第六组 6001 元及 以上
满意度均值	3.46	2.98	3.06	2.72	2.41	2.31

4. 睡眠情况

由表 3-18 可知，样本老年人睡眠状况分组中，夜间睡眠好的老年人的身体健康满意度均值最高，白天睡眠时间超过晚上的老年人的身体健康满意度均值也相对较高，而夜间睡眠不好、总睡不着、睡眠时间超过 14 个小时的老年人的身体健康满意度均值相对较低。

表 3-18　样本老年人睡眠状况分组身体健康满意度均值

变量	第一组 夜间睡眠好	第二组 夜间睡眠不好	第三组 总睡不着	第四组 睡眠时间 超过 14 个小时	第五组 白天睡眠时间 超过晚上
满意度均值	3.15	2.58	2.21	2.00	3.00

（三）银川市城市社区独居老人总体生活影响因素

通过对调查数据的分析，可以看出，银川市城市社区独居老人总体生活满意度平均水平为 1.27±0.48，收入满意度平均水平为 1.49±0.66，身体健康满意度平均水平为 1.88±0.85，环境满意度平均水平 1.52±0.65，家庭满意度平均水平 1.20±0.44，现有养老服务满意度平均水平为 1.55±0.67。

利用 SPSS 17.0 进行分析，采用多元线性回归法对银川市城市社区独居老人总体生活满意度的影响因素进行分析。在进行逐步回归之前首先对逐步回归变量进行检验，检验结果是 $R^2=0.647$，调整后的 $R^2=0.643$。对方程进行检验，$F=151.224$，$P=0.000$。在 $\alpha=0.05$ 的检验水准下，P 小于 0.05，因此差异具有统计学意义，可以进行逐步回归。

以银川市城市社区独居老人总体生活满意度 Y 为因变量，以收入满意度 X_1、身体健康满意度 X_2、环境满意度 X_3、家庭满意度 X_4、现有养老服务满意度 X_5 为自变量，通过逐步回归的方式进行回归分析，得到多元线性回归方程系数（见表 3-19）及回归方程：$Y=0.012+0.137X_1+0.170X_2+0.074X_3+0.578X_4+0.160X_5$。

结果表明，银川市城市社区独居老人总体生活满意度的变化与收入满意度、身体健康满意度、环境满意度、家庭满意度、现有养老服务满意度呈线性相关，且均为正相关。家庭满意度对银川市城市社区独居老人总体生活满意度的影响最大。

表 3-19　样本老年人总体生活满意度回归系数估计及检验结果

变量	系数	标准误差	t	P
常数项	0.012	0.055	0.226	0.005
X_1	0.137	0.029	4.763	0.000
X_2	0.170	0.310	4.876	0.000
X_3	0.074	0.027	2.681	0.008
X_4	0.578	0.042	13.744	0.000
X_5	0.160	0.028	5.675	0.000

二、银川市城市社区独居老人长期照护存在的问题与不足

（一）家庭层面存在的问题

1. 家庭结构的变化

从中华民族数千年的历史和传统来看，中华民族历来是崇尚多子女的大家庭。从 20 世纪 70 年代后期开始，我国开始实施“一对夫妻只生一个孩子”的计划生育政策。随之，家庭结构也在发生变化，从之前的联合家庭、主干家庭向核心家庭逐步转变，在这样的家庭结构中，一对夫妇要赡养 4 个老人和 1 个或 2 个孩子，这样的家庭结构使得夫妇的压力增大，很难兼顾到生活的方方面面。另外，我国城市化进程的推进，大大促进了人口的流动，许多年轻人因为工作的原因离开父母。即使年轻人与其父母在同一城市，他们也不愿意和父母一起居住，而是倾向于选择自由度更高的生活。

2. 家庭照护者能力有限

中国社会科学院对老年人的调查发现，在老年人照护中儿女照护缺位现象十分普遍，超过 50%的 70 岁及以上高龄老人是自己照顾自己，或者

由配偶照顾自己。[1] 子女由于家庭、地域、工作等原因，不能对老年人进行照护。并且老年人长期照护的周期很长，家庭照护者对城市社区独居老人的照护能力更为有限。健康长寿成为当今提高老年人生活质量的主要目标，家庭照护者提供的家庭照护属于非正式照护，在对老年人的生活进行照护的同时可能会忽略一部分老年人的心理需求。

（二）养老机构存在的问题

1. 供需不平衡

从民政部统计的全国每千人名老年人拥有的养老床位数 26 张来看，银川市截止到 2014 年底，兴庆区、金凤区、西夏区三个区每千名老年人拥有的养老床位数仅为 8 张，与全国平均水平相差甚远。宁夏最大的老年服务中心——阅海老年服务中心是于 2009 年开始实施的一项民生工程，老年公寓于 2013 年底开始投入运营，在一开始就出现了“一床难求”的局面。

案例 2：L 男士，回族，75 岁，宁夏人，企业退休职工

L 男士的老伴已经去世，有一个儿子，现在是一个人居住，老人说：“自己一个人住，回到家后也感觉挺孤单，儿子也多次提出要他搬过去一起居住。但是自己总感觉不方便，年轻人有年轻人的生活，打算以后去住养老院。现在好点的养老院费用太高，自己的退休金负担不起，也转了几个私立的养老院，又感觉相对来说条件差了点……”老人希望政府能够加大公立养老机构建设和对民营养老机构的扶持力度。

案例 2 反映的是一个普遍存在的问题，银川市的养老机构所提供的床位数不能满足现有老年人的需求。银川市公立养老机构“一床难求”，同时，部分民营养老机构收费较高，普通经济条件的老年人住不起，一些民营机构设施条件较差，不如公立养老院齐全。从而出现公立养老院“一床难求”，民营养老院入住率偏低的现象。

---

① 穆光宗. 老年人口大国的照料之难［J］. 中国社会工作，2011（8）：59.

2. 服务专业性欠缺

从养老机构所提供的服务项目来看，养老院所提供的服务除去基本生活上的照护外，关于老年人心理和娱乐上的服务相对欠缺，真正实现老年人长期照护服务医养结合模式的养老机构非常少。并且现有的养老机构提供的服务只涉及本养老院内老年人的服务，对其辐射区域的城市社区独居老人所提供的服务极少。从长期照护提供者的角度来看，我国的长期照护行业需要大量从事老年人长期照护工作的专业人员，而现有的从事老年人长期照护的工作人员多为下岗工人或进城务工人员。

3. 资金支持不可持续

银川市养老机构资金来源比较单一，公立养老机构资金有财政支持，但随着老龄化进程的加快，政府财政压力增大。民营养老机构面临的最大问题是资金短缺。宁夏于 2014 年发布的《关于加快发展养老服务业的实施意见》指出，建立财政保障机制和彩票公益金投入机制，每年统筹安排一定资金用于公立养老机构建设，对民营养老机构提高床位一次性补助。这为养老机构资金的来源提供了保障，但在调查中发现，部分养老院在资金的落实上存在缓慢和不到位的情况。

（三）社区存在的问题

1. 社区资源整合度较低，管理体制不健全

社区在独居老人的长期照护中起着重要作用，银川市现有的社区老年人日间照料中心比较分散，不能满足当前的养老需求。在调查中发现，在现有的老年人中独居老人占有很大比例，老年人对社区娱乐场所的需求比较高。

案例 3：H 女士，汉族，68 岁，宁夏人，国企退休职工

H 女士是国企退休职工，有一个女儿，现在美国工作。平时就自己和老伴两人一起生活，患有高血压和哮喘等慢性病。平时干完家务后就下楼在小区内转一转，和同小区的老年人一起活动。听小区的老年人反映：“平时在小区散步的时候，要是想去卫生间的话就只能回到自己的家中，腿脚本来就不太灵活的老年

人回家去卫生间基本上就不会再出来了，要是小区里有公共卫生间的话，那就方便多了……”针对社区老年人服务的建议是，希望所居住的社区能提供公共卫生间。同时小区内没有专门的老年人活动场所，在天气暖和的时候出来活动活动还可以；当天气特别寒冷或炎热的时候，小区里的老年人出来活动的就特别少了。如果有了固定的室内活动场所，就可以多组织一些老年人的相关活动了。

从案例3可以看出，老年人对社区公共服务场所和设施的需求比较高。社区是老年人生活的主要场所，社区环境与公共服务设施的建设对提高老年人的生活质量起着重要的作用。

2. 社区居家养老服务专业化程度低、覆盖面小

通过与社区工作人员的访谈发现，大部分社区现有独居老人长期照护服务主要是由社区卫生站承担，主要负责老年人的血压的测量，缺乏专业工作人员和服务体系。调查发现，并不是每个社区都有老年活动中心，很多社区的老年人希望可以建立室内活动场所。从老年日间照料中心的分布来看，半数以上的老年日间照料中心分布在金凤区，作为老城区的兴庆区的老年日间照料中心较少。因此，银川市老年人社区居家养老服务的覆盖面还远远不能满足老年人的需求。

（四）相关制度层面存在的问题

1. 长期照护政策的制定和落实缺乏依据

老年人长期照护是老年服务发展的关键，相对于发达国家而言，我国的老年人长期照护服务业的发展滞后于我国老龄化水平。国务院2013年印发《关于促进健康服务业发展的若干意见》，随后一些省、区、市也相继出台了相应的政策。总体来看，这些政策多为指导性的政策意见，具体操作过程没有参照标准和监督机制，缺乏针对性。

2. 长期照护保险的出台面临诸多制约因素

我国尚未建立老年人长期照护保险，而一些发达国家建立了专门的

老年人长期照护保险，其主要为因年老、疾病等造成生活不能自理而在家中或养老机构生活的老年人提供相应的生活照料、康复治疗和护理等方面的帮助和支持。老年人长期照护保险尤其对城市社区的独居老人而言更能起到积极的作用。但老年人长期照护保险的出台面临着诸多因素的制约。首先，受传统养老观念的影响，社会化的养老服务还没能被普遍认识和接受，“养儿防老”的传统观念占据重要位置。其次，老年人长期照护保险的出台需要政府政策的支持和相关部门的协调。再次，经济发展水平制约老年人长期照护保险的出台，构建老年人长期照护保险需要强有力的经济基础做后盾，而我国经济发展存在行业和地域的不平衡性，要建立统一的老年人长期照护保险存在一定的困难。最后，专业长期照护人员缺乏，老年人长期照护保险的实施需要一批专业长期照护人员，而我国老年人长期照护人员的准入机制不健全，专业从事老年人长期照护的人员数量很少。

3. 商业保险参与长期照护举步维艰

对于商业保险而言，2011 年全国老龄办曾指出，要利用制度空白倒逼商业保险公司先行实施长期照护保险。由于受传统观念的影响，人们参加商业保险的意愿不够强烈，并且商业保险和社会保险相比存在一定的营利性，费用较高，对于经济能力较差的老年人来说起不到保障作用，而这部分人恰好也是长期照护保险应该重点保障的人群。

第三节　国内外老年人长期照护经验及启示

一、国外长期照护保险服务体系

（一）国外长期照护保险制度的产生

随着经济的发展和社会的进步，以及医疗水平的上升，人类的平均预期寿命在不断延长，世界人口老龄化问题不断加剧。2005 年，联合国发布的预测数据显示，世界 60 岁及以上老年人口比例将由 2000 年的 10.0%，上升到 2025 年的 15.1%，2050 年的 21.7%。由于老龄人口的增加、老年人身体各项机能的转变以及为老服务周期长的特点，老年人长期照护服务要求具有更强的专业性、持续性。

美国是世界上率先建立长期照护保险制度的国家，日本、德国、英国等发达国家也相继建立了长期照护保险制度。从世界发达国家的长期照护保险的运行情况来看，长期照护保险在保障老年人长期照护需求方面起着重要的作用。一些发展中国家相继探索适合自己自身实际情况的长期照护服务发展道路。

（二）国外长期照护保险模式比较

世界上现行的长期照护保险模式主要有三种：一是以德国和日本为代表的属于社会保险范畴的长期照护保险模式；二是以瑞典为代表的福利性长期照护保险模式；三是以美国为代表的采用商业保险形式的长期照护保险模式。

日本的长期照护保险属于社会保险范畴，日本的长期照护保险规定，65 岁及以上的年金领取者必须参加长期照护保险，40～64 岁的参加医疗保险的人群必须参加长期照护保险。从范围上来看，日本的长期照护保险在覆盖面上有所欠缺，日本政府实施护理救助制度作为长期照护保险的补充。德国是高福利国家，已经建立了一套比较完善的老年人长期照护体系，根据职能将养老院划分为老人居住院、老人院和老人护理院三种类型，满足不同类型和健康状况的老年人的服务需求。

瑞典被称为“福利国家的橱窗”，经过半个多世纪的努力，瑞典已经建立了比较完善的长期照护服务体系。基于地方自治团体，依托国民保险制度运转，以国家税收为主要资金来源，政府为居家老年人提供福利家政服务。

美国的老年人长期照护保险的主要资金来源是 Medicare 和商业保险。由于长期照护保险主要由老年人自己承担或通过商业保险承担，其费用相对较高，市场化的运作导致不同收入水平的被保险人所享受的长期照护服务不同。也有些被保险人因为经济能力有限而退出长期照护保险。美国已经开始对社区养老资源进行整合，但其体制相对来说还不够健全。

二、国内不同地区长期照护服务体系

国内的长期照护服务体系相对来说比较欠缺，起步较晚，目前还没形成较为完善的长期照护服务体系。一些地区根据自己的特点采取了相应的措施来推行老年人长期照护工作。北京宣武区（现西城区）采取政府扶持、社区构建、社会参与等多方协同的方式于2005年开始推行老年人长期照护工作，为老年人提供基本生活照料、文化休闲娱乐等项目。西安莲湖区于2009年启动居家养老服务工作，并建立了养老服务信息中心，通过政府来整合社会资源，建立以社区为依托、引进专业家政服务机构的老年人长期照护服务。上海市是我国较早步入老龄化行列的城市，也是我国老龄化程度较高的城市，是我国较早发展老年人长期照护的城市之一。上海市于2014年发布的《关于调整本市社区居家养老服务相关政策的通知》规定，提高老年人养老服务补贴标准，尤其是独居老人补贴标准；为老年人提供居家养老服务以及餐饮服务等为老服务项目，并且要求各相关部门做好监督与检查工作。

三、经验借鉴及启示

从国外发达国家以及国内发达地区的长期照护服务实施情况来看，这些国家和地区结合自身的特点和社会背景建立了适合自身发展的老年人长期照护服务体系。给我们的启示主要有以下几点。

第一，建立完善相关法律法规，为长期照护保险提供法律保障和政策依据。老年人长期照护服务是为老服务体系的重要内容，有了相关法律法规的支持，可以保障长期照护服务市场的健康有序发展。

第二，建立多方筹资的长期照护服务体系。老年人长期照护服务具有周期长的特点，对资金的需求量相对较大，贯彻多方筹资的长期照护保险筹资原则，有利于长期照护服务持续平稳发展。

第三，结合社会保险和商业保险的优点，建立满足不同需求层次的长期照护服务体系。我国各地经济发展水平不一，并且老年人身体健康状况各有不同，建立以社会保险为基础、商业保险为补充的老年人长期照护服务体系，可以满足不同层次老年人的服务需求。

第四节　构建城市社区独居老人长期照护体系的思考

银川市城市社区独居老人长期照护研究的主要目的是提高银川市城市社区独居老人的生活质量，改善他们的生活环境。截至 2013 年底，银川市 60 岁及以上老年人口达 23.66 万人。[①] 预计到 2020 年，银川市 60 岁及以上老年人口将达到 29 万人左右，随着社会和家庭结构的变化，越来越多的老年人不和子女一起生活，建立城市社区独居老人长期照护服务体系，保障老年人的生活质量，应从家庭、机构、社区以及老年人自身层面着手。

一、家庭层面

“双独居”的老年人总体生活满意度高于“单独居”的老年人，“单独居”的老年人总体生活满意度高于住在养老院的老年人。建立城市社区独居老人长期照护体系，从家庭层面而言要做到以下几点。

一是积极倡导中国传统孝道。随着社会的发展，家庭结构的变化，独居老人的比例在不断增加，倡导中国传统孝道，可使独居老人享受到来自家庭的温暖。

二是子女为年老的父母提供支持和帮助。由于各种原因不能与父母一起生活的子女，要尽可能为父母提供生活上的帮助，在物质生活上提供帮助的同时，要在精神上给予引导和慰藉。

三是与专门的居家养老服务中心建立合作关系。子女由于家庭、地域、工作等原因，不能对老年人进行照护。在条件允许的情况下，子女作为家庭成员可为独居老人购买专业的居家养老服务，定期为独居老人提供相应的家政、医疗、心理健康等方面的服务，提高城市社区独居老人的生活质量。

---

① 银川市老龄办．宁夏步入老龄化社会，呼吁老龄事业同步跟进［EB/OL］. http：//www.cncaprc.gov.cn/contents/20/12032.html，2010-05-04.

二、机构层面

（一）积极扶持养老机构的发展

银川市的养老基础相对来说比较薄弱，现有养老机构不能满足社会的需求。公立养老机构功能较为齐全，但出现“一床难求”的现象。而对于民营养老院来说，有一些条件较好，但费用高于经济条件一般的老年人的承受能力。另外，还有一些民营养老院由于受到资金等方面的限制，入住率偏低，发展举步维艰。专门根据城市社区独居老人而开展的特色服务很少，在积极发展公立养老机构的同时，也要给予民营养老机构相应的扶持。发展以公立养老机构为基础、以福利院为托底、以民营养老机构为补充的养老机构服务形式，可以为经济能力较差的独居老人提供保障服务，为一般经济水平的独居老人提供服务，同时也可以为经济条件相对较好的老年人提供更好的服务。在积极扶持机构养老的同时，老年人日间照料中心、老年人活动中心等老年人活动场所，形成“三种机构＋两个中心”的基本养老机构服务框架。

（二）提高养老机构的专业性，积极推进医养结合

城市社区独居老人长期照护是一项周期长、专业性比较强的服务，要求对老年人进行长期照护的人员具有一定的专业性。为提高老年人长期照护事业的发展以及老年人的生活质量，应当积极引进和培养老年人长期照护服务专业人才，开展老年人长期照护人员培训。使其进行基础护理、心理学等方面知识的学习，进行专业培训后再上岗。同时，要积极推进医养结合的养老方式，养老机构除配有专业的长期照护服务人员外，还要有配套的医疗服务机构。医养结合主要有以下三种模式。第一，整合照料，主要以两种形式体现：一种是具备养老功能或提供老年护理服务的专业医疗机构；另一种是具备配套医疗服务的养老机构。第二，联合运营，主要是养老机构与医疗机构之间建立合作关系，为老年人提供更好的服务。第三，支撑辐射，这种方式主要是养老机构和医疗机构合作为社区居家养老的老年人提供服务。对于银川市城市社区独居老人长期照护服务而言，医养结合更为适用，通过养老机构和医疗机构

的合作，城市社区独居老人可以居住在自己家里，以社区为依托，享受到医养结合的长期照护服务。

（三）建立家庭、机构、社区相互补充的长期照护服务模式

城市社区独居老人是一个特殊的群体，需要呵护与关爱。可建立一种家庭为基点，社区为依托，机构服务为支撑相互结合、相互补充的城市社区独居老人长期照护服务模式。银川市的老龄化水平在不断加深，银川市城市社区独居老人的数量也在不断上升。因此，建立合理的城市社区独居老人长期照护服务体系，是提高老年人生活质量、促进社会健康发展的有力保障。

三、社区层面

（一）整合社会资源、健全管理体制

在社区内设立专门的老年人活动场所，丰富老年人的日常生活。为老年人提供“老年饭桌”服务。调查发现，银川市城市社区“老年饭桌”的供给远远小于需求。社区可以通过政府、社会组织等整合社会资源，本社区内待业在家的人员组织起来，积极开展社区“老年饭桌”服务。这不仅可以给独居老人带来方便，也可以解决一部分人员的就业问题。在社区居委会的基础上建立社区老年服务站，为社区内的老年人提供服务，有针对性地满足城市社区独居老人的服务需求，使城市社区的管理体制更为规范。

（二）积极引进养老服务机构进驻社区

银川市现有的养老服务机构数量不能满足现有的养老需求。银川市应当积极引进适合社区发展的专业养老服务机构。可以采用先行试点、逐步推广的方式。专业性养老服务机构可以根据本社区独居老人的实际情况制定合适的老年人长期照护服务方案，为本社区的老年人提供经济、方便、快捷、有针对性的长期照护服务。社会工作的主要作用是协助个人、家庭适应环境，增强或恢复其社会功能，为服务对象提供专业性的服务，预防或缓解社会问题。因此，可以在社区建立社会工作志愿

者服务站，为独居老人提供照护服务。同时，社区也可以和高校进行对接，安排社会工作专业的实习生到社区进行实习，为社区独居老人提供专业性长期照护服务。

（三）扩大社区卫生服务站的服务范围

社区卫生服务站的主要职能是为社区老年人提供一定的健康体检、预防保健、康复治疗等服务。银川市的社区卫生服务站针对老年人业务来说，一般是提供测量血压之类的基本公共卫生服务，进行老年人健康状况管理等工作。老年人健康状况测评工作主要是以电话随访的方式进行的。近年来，银川市加大基本公共卫生服务项目的投入，建立以社区卫生服务站辖区居民健康档案为基础的慢性病以及老年人保健等基本公共卫生服务项目。在健全公共卫生服务体系的同时，也要加强公共卫生服务信息化建设，引进智能养老系统。对社区的独居老人而言，在家里遇到突发事件时，其可以通过智能养老系统直接传输到社区卫生服务站，以便及时为社区独居老人提供帮助和服务。

四、老年人自身层面

城市社区的独居老人是长期照护服务体系最直接的参与者，老年人积极参与长期照护服务体系，对长期照护服务体系的发展至关重要。首先，要树立老龄化意识，养成健康的生活方式。城市社区独居老人，养成健康的生活方式，有利于缓解身体各项机能的衰老，减少慢性病的发生；以积极的心态生活，可以提高生活质量。其次，积极参与体育锻炼以及适宜老年人的娱乐活动，可以延缓老年人身体机能的退化，是老年人基本生活能力的有力保障。

第五节　银川市社区居家养老服务问题与应对机制研究

目前我国已快速进入老龄化社会，我国老年人口到 2025 年将突破 3 亿人，2053 年将达到峰值 4.87 亿人，我国将面临越来越突出的养老问题。银川市是在 2008 年进入老龄化城市的，虽然比全国的老龄化进程晚了10年，但是近年来全市老龄化进程加快，银川市老龄人口每年约以5.4%的速度递增，高出全国约2个百分点，社会养老问题也越来越突出。

一、社区居家养老服务发展背景

（一）全国社区居家养老服务发展背景

随着我国家庭结构的日趋小型化，家庭养老功能日渐衰落。而我国老年人深受传统观念的影响，依旧更愿意选择在熟悉的家庭环境中安享晚年，所以社区居家养老服务模式应运而生。同时，民政部根据我国老人的现实需求情况确定“9073”养老服务模式发展格局。国务院发布了《“十三五”国家老龄事业发展和养老体系建设规划》，其中明确指出要初步形成以居家为基础、社区为依托、机构为补充、医养相结合的养老服务体系。提出大力发展居家社区养老服务，加强社区养老服务设施建设，到2020年，60%以上城市社区具备老年宜居社区基本条件，40%以上农村具备老年宜居社区基本条件，大部分老年人的基本公共服务需求能够在社区得到满足。①

（二）银川市社区养老服务发展背景

银川市地区经济发展水平不一、老龄化程度各有差别。银川市市辖三区两县一市，共有街道办事处23个、乡6个、镇20个、社区243个、村委会281个。截至2016年底，银川市户籍老年人口约26.6万。其中，空巢、独居、失独老人约3万人，占11.3%；失能、半失能、失智和中度以上残疾老年人约0.8万人，占3.0%。预计到2020年，银川市60岁及以上老年人将突破30万人。②

根据目前民政部制定的“9073”养老服务模式发展格局，即90%的老人在社会化服务的协助下居家养老，7%的老人依托社区照护养老，3%的

① 国务院关于印发“十三五”国家老龄事业发展和养老体系建设规划的通知（国发〔2017〕13号）[EB/OL]．全国老龄工作委员会办公室官网，http：//www.cncaprc.gov.cn/contents/2/179240.html，2017-03-06.

② 武树森．加快银川市居家养老服务业发展的调研报告[J]．宁夏老龄工作，2017，73：18-21.

老人在机构养老，由政府“保基本、兜底线”。银川市也由此发展“9073”养老服务模式，市政府统筹社会各方资源，大力发展社区居家养老服务，将发展社区居家养老服务作为解决银川市养老问题的重要突破口。

二、银川市社区居家养老服务的发展概况

（一）银川市推进社区居家养老服务的政策措施

在国务院颁布《关于加快发展养老服务业的若干意见》（国发〔2013〕35 号），以及宁夏发布《关于加快发展养老服务业的实施意见》之后，银川市于 2015 年出台了《银川市人民政府关于加快推进养老服务业发展的实施意见》（银政发〔2015〕8 号）等政策性文件。其中，8 号文件就推进社区居家养老服务的发展提出了按照就近便利、小型多样、功能配套的要求，在推进社区居家养老服务中心（站）建设方面，做到有人员、有场地、有经费、有服务项目，并制定建设和运营补贴、政府购买服务等扶持政策，提出采取社会投资、市场化运作、政府资助并监管的方式推进智能化社区养老服务信息平台建设。文件分 2015 年、2017 年、2020 年三个时间阶段确定了养老服务业发展的总体目标，其中包括全市社区居家养老服务的日间照料中心和老年活动中心的建设覆盖率、养老护理员的岗前培训率及持证上岗率等，明确提出保障任务和工作措施，并规定各相关部门的职责分工、完成时限、牵头单位等，促进政策的实施。①

（二）银川市社区居家养老服务建设情况

据银川市老龄办发布的数据，银川市社区居家养老服务建设主要有以下成果。首先，在养老服务场所及设施建设方面，截止到 2017 年，银川市在社区建设老年活动中心 82 个、日间照料中心 15 个，设置日间照料床位近 300 张，建立社区居家养老服务站 231 个、配餐中心 3 个、老年助餐点 43 个，完成县级信息服务平台 5 个，安装居家养老服务呼叫器的有

① 《银川市人民政府关于加快推进养老服务业发展的实施意见》［EB/OL］．银川市民政网，http：//www.ycmca.gov.cn/zcfg/wlfw_2141/201505/t20150504_82618.htm，2015-05-04．

11929户，村委会建设农村幸福院165个、农村“老饭桌”95个；其次，在养老服务人力配备方面，配备居家养老服务公益性岗位人员173人；再次，在社区为老建设方面，建立了6支社区老龄服务队伍，分别是社区低保服务队、专业服务队、低龄老人志愿服务队、志愿者服务队、专职服务队及市场化运作队伍，形成了多元服务供给主体；最后，在政府购买养老服务方面，银川市投入576.4万余元，为2952名生活困难老年人购买了居家养老服务，为1122名困难老人提供了助餐补贴，为794名困难老人提供了助餐服务。[①]

按照8号文件的目标规定，到2017年，银川市居家养老服务设施建设实现城镇社区全覆盖，60%以上行政村建立农村幸福院。目前的实现情况是，建立社区居家养老服务站231个，覆盖率达95%；农村幸福院165个，覆盖率达58.7%，在规模上基本完成了建设目标，但仍存在诸多问题。

三、银川市社区居家养老服务业发展中存在的问题

（一）社区居家养老服务发展不平衡

首先是地区间发展不平衡。银川市辖三区两县一市，地区经济发展水平不一，这在不同程度上影响到养老服务业的发展。由于资金、人才和场地的制约，多数社区在开展居家养老服务时，不能满足老年人多元化的需求，甚至有的社区只是在硬件上设有居家养老服务站点，但还没有开展实质性的居家养老服务。其次是社区之间发展不平衡。不同社区得到的来自单位和社会的投入与支持不同，导致不同社区居家养老服务发展存在明显差异。以笔者所调查的两个社区比较来看，A社区是某大型国有企业的职工家属社区，社区内住房属于单位福利性住房，单位福利较好，社区服务功能齐全，基础设施完善，社区环境优雅，单位对社区居家养老服务的投入也相对较多。各养老服务的基础设施如老年活动室、书画室、棋牌室、助餐点等相对较完善，养老服务形式多样、内容丰富，且建有医养结合型

---

① 关于对市政协十二届四次会议第4-19号提案的答复［EB/OL］．银川市民政网，http：//www.ycmca.gov.cn/zwgk/zxfw/201612/t20161207_206852.htm，2016-08-17．

的全天候智能居家养老服务中心，为老年人提供上门医疗、护理服务。这些相对完善的社区居家养老服务被视为其单位福利的一种形式。而B社区只是普通的商品住宅社区，来自企业和单位的支持较少，大多数居家养老服务还停留在文化活动和上门家政服务上，对老年人的日间照料、医疗保健、精神慰藉、法律援助等服务无法开展，难以满足老年人的实际需要。

（二）社区居家养老服务场所布局不合理

目前银川市建设的社区老年活动室、日间照料中心在建设数量和规模上已经达标，但由于一些老年人口较多的老旧社区，在建设之初并没有为老年人服务设施规划安排建设用地，导致这部分小区养老服务设施选址困难，造成养老服务设施建设布局不合理。比如兴庆区的老年人口虽然已突破10万人大关，但是由于很多老人居住在老旧社区，导致养老服务站点很难选点建设。另外，笔者在调研中发现金凤区的一个日间照料中心，因为地理位置相对偏僻，周边居民较少，老年人的日间照料需求很小，导致很长一段时间内处于闲置状态，功能没有得到发挥，最后不得不转型为短期的托护中心。

（三）特殊老年群体无政策保障

目前政府补贴主要集中在高龄和“三无”以及低收入家庭的失能老人群体，但是根据调研发现，银川市还存在很大一部分老年特殊、弱势群体，如空巢、独居老人。这部分老人独自居住在银川市老旧社区，小区设施老化，功能不够健全，影响了老年人的生活质量。而且这些老人生活方式单一、社会交往贫乏。笔者在访谈独居老人的过程中了解到，部分老人在退休后容易感到空虚无聊，感觉失去了生活的意义。其中一位李奶奶，在退休前是一名石油工人，退休后独居在单位干休所，老伴在几年前就已经过世，儿女在外地工作，不能经常回来照看。李奶奶说感觉生活无聊，现在唯一的乐趣就是和小区院子里的老同事们一起打牌、聊天。她说自己老了腿脚不太方面，也没法出远门活动，加上有高血压，晚上一个人睡觉的时候总是担心万一发生意外没有人及时发现。而让她最不安的是感觉自己老了身体不行，需要有人照顾但又不想给忙碌的子女添加麻烦，觉得自己老了不中用。笔者发现这部分老人普遍缺乏精神慰藉，一旦遭遇生活变故，如自身患病或者老伴离世，则很容易陷入精神萎靡、生活无望的困难境地。另外，部分失能、半失能老人失去了生活自理能力，需要有人悉心照料才能维持其生活，但是现实中这部分老人确实也存在困难。例如调研中遇到的半失能老人杨爷爷，杨爷爷半年前因为糖尿病而导致截肢，他患糖尿病已经 20 多年，但因为以前脾气太倔，吃喝从不忌口，也不愿意去医院治疗，最后发展到四肢溃烂，手指和脚被部分截肢。截肢后一直卧床让老伴照顾，但是最近两个月老伴由于劳累过度也住进了医院，杨爷爷的两个孩子白天要去工作无暇照顾老人，无奈只能请专业护工照顾杨爷爷。但是护工的收费至少在 3000 元/月，这还不算平时的医药费，而杨爷爷的退休工资只有 2000 元/月，这给杨爷爷一家的生活带来了不小的负担。通过调研，笔者发现：一方面，随着家庭规模的小型化，年轻一代子女工作压力大、时间紧，很难抽出精力给予老人悉心照护；另一方面，失能老人的护理等费用支出较大，目前护理机构或者家庭护理的月护理费用普遍在 3000 元以上，且护理费用呈逐年上升趋势，但是银川市退休人员养老金平均水平不超过 3000 元/月，导致家庭养老护理费用负担较重。而目前银川市对于这些特殊、弱势老年群体还未形成明确、规范的生活保障措施。

（四）社区医养结合养老服务短缺

由于银川市医养结合发展刚刚起步，所以政策保障不足，医养结合的医保和养老政策由于政府财力限制往往难以落实，对失能、高龄老人的医疗保障不够，很多养老护理项目难以纳入医保。并且医养结合服务分属民政和卫生两大系统，医保报销和支付又属于社保部门管理，存在管理混乱、效率低下的问题。这些在一定程度上影响了银川市医养结合养老服务的发展。另外，社区卫生服务机构医疗设施不完善，缺乏资金、人力以及相应的医疗设施，无力为老年人提供上门护理服务，只能为老人提供简单的健康管理和咨询服务。

（五）社区居家养老服务行业发展不成熟

第一，养老服务专业人才不足。由于养老服务工作强度大、工作待遇相对较差、社会地位较低，所以很难吸引到高质量的专业人才，导致养老护工流失率较高。而目前银川市社区居家养老服务人员主要是享受低保人员、农村进城务工人员以及一些公益性岗位人员，这部分人大多是文化水平不高的“40 后”“50 后”，并且性别结构不合理，女多男少；另外，这些养老护工缺乏专业、正规、系统的培训，只能做一些简单的家政和生活照料服务，专业化程度不够，且随意性较大。

第二，社区居家养老服务内容不健全，养老服务供需出现矛盾。调查结果显示，老年人在社区服务需求方面，排名前五的依次是上门看病或护理、上门做家务、康复治疗、老年人服务热线、“老年饭桌”或送饭①，这显示出老年人的社区服务需求包含生活的方方面面。但是，现在银川市大部分社区养老服务中心所提供的养老服务，主要以文化娱乐为主，并辅之以部分家政服务，而对于老人急需的医疗服务、生活照料服务以及助餐服务虽有开展但覆盖面较小。

第三，整个社区居家养老服务发展未成体系。目前银川市养老服务市场发展还不成熟，养老服务企业数量不多且鱼龙混杂，服务质量参差不齐，缺乏有资质、有品牌、有诚信的养老服务企业和中介平台，养老服务发展未形成行业标准和规范。

四、促进银川市社区居家养老服务发展的对策措施

(一) 建立系统、完善、协作、高效的养老服务政策执行体系

养老服务政策的落实是一个动态发展的过程，是一个计划、执行、控制的过程，也是一个制定、实施、反馈、修正、再实施的过程。为了更好地落实养老服务政策，首先，建议政府在政策建立之初，要确立明确、可行的养老服务扶持政策，确定具体、透明的社区养老服务申请、审批制度，为政策的落实提供切实的依据；其次，在政策实施和执行的过程中，要建立反馈和监督机制，对于政策中界定模糊、职责不清的地方，要给予及时的反馈和修正，及时与相关部门协调解决；最后，对于社区养老服务政策的落实情况要建立考核机制，对于落实过程中存在的问题，要经过考核后给予修正再落实，最终建立一个系统、完善、协作、高效的政策执行

① 王红艳．银川市人口老龄化问题调查与研究［C］//2014 年宁夏社会学会学术年会论文集［C］．宁夏社会科学界联合会，宁夏社会学会，2015：23.

体系，推动政策的具体化、可操作化、透明化、系统化，促进养老服务政策的落实。

（二）统筹规划、整体布局，促进社区为老设施均衡发展

针对为老设施建设布局不合理的问题，首先，对于已建成的老旧社区不能满足老人需要时，可以通过别的方式进行为老设施的建设，比如购置、置换、租赁等。其次，在新建社区为老服务设施时，政府在规划布局与建设上，应当统筹国土局、规划局、发改委等相关部门，结合各区域老年人口分布格局和实际需求，合理规划为老设施建设。对于经济发展相对落后的区域，加大政府投入力度，以此促进养老设施的均衡发展。

（三）积极推进医养结合养老服务模式

目前医疗、养老两大服务体系尚未实现在社区的融合，社区难以满足老年人的医疗服务需求。针对这一问题，建议由政府卫生部门牵头、民政局配合，推动政府出台有关医养结合进入社区的政策性文件，为社区医养结合养老服务提供人、财、物的支持，并积极鼓励社会力量参与其中，出台医保卡在社区医养结合机构的使用政策，最后逐步建立起“治病在医院，康复、护理在社区或家庭病床”的综合、连续的医养结合养老服务模式。

（四）出台特殊、弱势老年群体的社区养老服务保障政策

为特殊、弱势老年群体建立明确、规范、全面、系统、可行的养老保障体系。针对空巢、独居老人，建立健全社区照护体系，形成多元供给主体和供给方式的老年人生活保障体系。既包含对老人生活起居的照料，也包含老年人的精神慰藉和法律援助体系，并引入智能化的居家养老社区服务信息平台，为老人提供方便、快捷的社区居家养老服务。针对失能老人，需要全天候、全方位照料但又无力承担费用，给家庭造成沉重负担的，建议政府集中人、财、物，建设一批设施完善、服务齐全的社会福利护理机构，解决特殊困难家庭失能老人的养护问题。而对于尚能负担得起医护费用的失能老人，建议建立家庭病床，提供上门医疗护理服务。同时，政府应加快建立老年人长期照护保险，并建立护理的分级、分类补贴机制，优先解决失能、半失能老人的医护费用，并逐步扩大保险覆盖人群。

（五）实施社区为老建设标准化，完善其服务内容和形式

针对社区开办居家养老服务站受资金、人才和场地的限制，尚未满足老年人多元化需求的问题，建议政府加大投入力度，实施社区养老服务的标准化建设，对社区养老服务站点的为老服务硬件设施和软件方面（如服务人员等）进行标准化规划建设，明确规定社区养老服务应当包含的服务内容和形式以及服务的频次，着力解决老年人医疗保健、生活照料、文化娱乐等方面的服务需求，保障社区养老服务的实质性开展，并确保养老服务质量。

（六）加大投入和监管力度、引入市场机制，提高养老服务行业整体水平

一方面，政府要加大对社区养老服务的支持力度，提高对社区福利性服务的投入，并鼓励社会优质资本进入养老服务行业，引入市场竞争机制。做到既“保底”又“扶高”，既通过政府福利性的养老服务为老年人提供“保底”服务，又通过鼓励社会资本进入为老年人提供营利性的优质服务。另一方面，加强养老服务行业的队伍建设和监督，为养老服务人员提供专业培训，充实养老服务机构的专业人才，支持和鼓励医生、护士、营养师、康复师、心理咨询师、社会工作者等专业人才进入养老服务行业，借助地方高校以校企合作的形式培养养老服务行业专业人才，提供包含康复护理、医疗保健、精神慰藉、临终关怀等内容的专业化养老服务。尽快设立培训补贴和岗位津贴制度，提高养老服务从业人员待遇，并建立健全养老服务考核制度，逐步提高养老服务行业的整体水平。

银川市老龄化进程的迅速推进，对银川市社会养老提出了较大挑战，同时也促进了银川市社区居家养老服务体系的完善。银川市相关部门充分发挥家庭和社区的功能，促进家庭养老与社会养老相结合，着力构建居家为基础、社区为依托、机构为支撑的社会养老服务体系。而在这一发展过程中遇到的各种困境和不足，需要银川市政府相关部门相互配合、相互协作，逐步从政策、资金、人才等方面完善社区居家养老服务体系建设，最终建立起适合银川市实际特点的社区居家养老服务体系。

第四章

银川市失能老年人社会支持研究

人口老龄化是世界各国面临的共同难题。随着全球死亡率的下降，人类整体预期寿命明显提高，从1950年的46.9岁提高到2000年的67.1岁，2050年将提高到75.9岁，2100年将提高到81.8岁。[①] 人民生活水平的提高使高龄老人在生活中越来越常见，而高龄老人的增多必然伴随着老年人失能率、患病率的升高。我国第六次全国人口普查资料显示，老年人在60岁时失能率为0.68%，70岁时失能率为2.15%，80岁时失能率达到6.49%，90岁、百岁以上老年人的失能率分别达到18.56%和29.19%。第四次中国城乡老年人生活状况抽样调查结果显示，2015年我国失能、半失能老年人约有4063万人，占老年人口的18.3%。[②] 其中，完全失能老年人达到1239.7万人，城镇完全失能老年人数量达到410.8万人。[③] 预计到2020年，中国失能老年人数量将超过4200万人（见图4-1）。截至2016年底，银川市户籍老年人口约26.6万人。其中，空巢、独居、失独老人约3万人，占11.3%；失能、半失能、失智和中度以上残疾老人约0.8万余

---

① 刘文．人口老龄化的全球发展趋势［J］．劳动经济评论，2015（1）：84-106.

② 三部门发布第四次中国城乡老年人生活状况抽样调查成果［EB/OL］. www. mca. gov. cn.

③ 庄绪荣，张丽萍．失能老年人养老状况分析［J］．人口学刊，2016，38（3）：47-57.

人，占3.2%。[①]

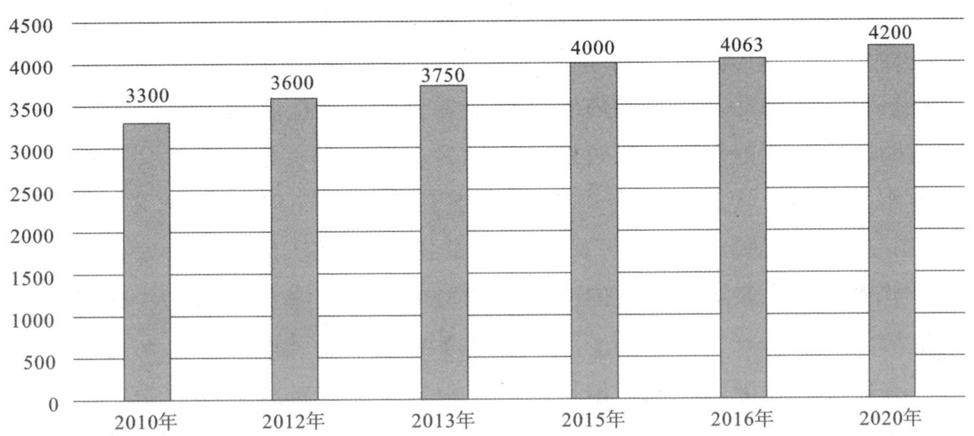

图4-1　2010—2020年中国60岁及以上失能老人数量（单位：万人）

与身体健康的老年人相比，失能老年人所面临的最大困难是因失能而导致的生活不能自理，日常生活起居需要照料，同时需要家人、朋友的陪伴和关怀。至2015年底，我国养老机构358.1万张床位中，收住老年人214.7万人，其中失能、半失能老年人为63.7万人。[②] 众多失能老年人未能享受专业机构的养老服务。同时，我国老年人的总体健康状况并不乐观，慢性病患病率高、患病人口数量多、残疾率高以及失能、半失能发生率高是我国老年人群身体状况的主要特点。在我国，长期以来家庭承担着照顾老年人生活的主要职责。但伴随着家庭规模小型化，家庭照料的功能逐渐弱化，单靠家庭支持已不足以解决失能老年人的照料问题。良好的社会支持不仅能有效帮助失能老年人面对生活困境，还能通过社会各界的努力来改善失能老年人的生活状况。可以说，社会支持在缓解失能老年人的心理压力、增进其心理健康、方便其日常生活等方面具有重要的作用。

社会支持首先出现在精神病学研究中，主要集中在以下三方面：第一，关注社会支持概念的发展与完善；第二，试图发现影响个人发展、个

① 银川市民政局．关于对市政协十三届一次会议第4—23号提案的答复［EB/OL］. http：//www. yinchuan. gov. cn.

② 成绯绯．从第四次全国城乡老年人生活状况抽样调查数据看养老服务业发展五大趋势［EB/OL］. http：//www. people. com. cn/.

人社会支持利用的因素；第三，研究社会支持对个人心理状态机制的影响，特别是压力、社会支持与心理健康之间的因果关系。在心理学中，通常将社会支持分为正式支持和非正式支持。Barrera 等在对社会支持体系进行研究后，将社会支持的内容进行了划分，将社会支持具体分为物质上的帮助、行为上的援助、亲密的交往行为、指导以及积极的社会交往等五个方面。Lakey 认为，社会支持是影响健康和个人幸福感的重要因素。Butcher 等通过研究阿尔兹海默症病人的家庭发现，良好的家庭、社会帮助能够协助病人亲近正常人的生活，减轻因疾病带来的压力，并获得良好的生活状态。Gardner 等分析了社会支持的作用，讨论了社会支持影响因素的有效支撑和屏障功能。他指出，在服务于家庭的诸多功能中，社会支持功能是最重要的，它能够维护家庭的稳定与和谐。Chiriboga 阐述了非正式社会支持应该为家庭照顾者提供必要的社会帮助，并说明照顾者在为患者提供护理服务的同时还要维持自己的生活质量，为其提供社会支持是很有必要的。Stewart 将社会网络成员的互动和关系分为支持关系和非支持关系，通过研究发现社会支持影响社会成员的身心健康状况、卫生服务利用和健康行为，得到社会支持的社会网络成员拥有更好的身体状态。Sangalang 等探讨了来自家庭和朋友的社会支持和压力是否与个体的抑郁、焦虑有关，他认为，社会支持虽有益于心理健康，但这些支持未必始终有利。Turner 等认为，社会支持与社会的关系是密不可分的。他总结了社会支持与一般健康和心理健康相关的证据，并指出社会支持是压力与心理健康关系的调节者。关于老年人社会支持方面，近年来国外学者主要有以下探讨。Harvey 等发现女性老年人对自身在衰老过程中的预测主要来自朋友的社会支持，不同的社会支持对女性老年人的健康促进作用不同。Durbin 等认为，现今老年人的健康状况下降，在已知社会支持已被证明与老年人的各种积极健康结果有关的基础上，探讨社会支持是否能够有效预防老年人的跌倒现象。Shvedko 等探讨了体育活动对老年人社会孤独感及社会支持的干预作用，研究结果显示老年人日常体育活动对其孤独感、社会支持、社会网络构建和社会功能有影响，老年人的社会交往对老年人的社会支持产生较大影响。[①]

失能老年人属于社会弱势群体，近年来我国学者在失能老年人的社会支持方面主要做了如下研究。彭展琼以失能老年人照护者为研究对象，运用社会支持理论阐释失能老年人照护者面临的压力和困难。研究发现：照护者在照护过程中承担着巨大的心理压力和经济压力，影响其身心健康和工作质量；对照护者的社会支持主要来自失能老年人的家人、亲友。[②] 张国琴、王玉环分析了影响失能老年人心理健康状况的相关因素，并探讨改善其心理健康的干预措施，认为社会支持是影响失能老年人心理健康状况的重要因素，并提出社区相关人员应重视社会支持系统调节失能老年人心理健康的作用，拓宽其现有的社会支持渠道，提高失能老年人的身心健康水平。[③] 郑培培等提出，构建良好的社会支持体系，不仅能为失能老年人提供全面护理服务，还能提升其晚年生活质量。[④] 袁泉、姚文兵认为，与未失能老年人相比，失能老年人得到的社会支持相对较低，造成这种现象的原因可能是失能老年人机体活动能力降低，对自身的健康自我评价较差，社会交往匮乏，易产生自卑、抑郁等负性情绪，不能有效利用社会支持系统。[⑤]

国外对于社会支持、社会支持网的研究主要集中于心理学、社会病理学、社会支持与心理健康的相关性等方面，对于老年人的社会支持研究主要集中于身体健康方面。Barrera 等对于社会支持内容的划分具有很强的参考价值，为后续关于社会支持内容方面的研究提供了范本。Turner 等提出社会支持是导致健康问题与心理健康问题的根本原因。但是我们不难发现国外学者涉及老年人的社会支持研究是比较有限的。

---

① Shvedko A, Whittaker A C, Thompson J L. Physicalactivity interventions for treatment of social isolation, loneliness or low social support in older adults: a systematic review and meta-analysis of randomised controlled trials [J]. Psychology of Sport and Exercise, 2018, 34: 128-137.

② 彭展琼. 失能老年人照顾者的社会支持研究 [D]. 天津：天津师范大学，2010.

③ 张国琴，王玉环. 失能老年人社会支持与心理健康状况的相关性 [J]. 中国老年学杂志，2011，31 (11)：70-71.

④ 郑培培，等. 失能老年人生活质量及社会支持体系应对分析 [J]. 卫生职业教育，2017，35 (8)：157-158.

⑤ 袁泉，姚文兵. 老年失能患者的生活质量及社会支持 [J]. 中国老年学杂志，2017，37 (19)：4909-4910.

我国学者对社会支持研究主要集中于社会支持的概念，社会支持对于家庭的影响，社会支持与生活满意度、心理健康状况的关系，以及不同人群的社会支持影响因素，其主体分布于青少年、大学生以及老年人。对于老年人的社会支持研究集中于城市社区老年人、身患疾病老年人以及农村老年人，研究方向集中于怎样构建老年人良好的心理状态、社会支持与老年人心理健康问题的相关性等方面。

本研究针对银川市的三个主城区即兴庆区、金凤区、西夏区，依据各区人口数量，从中分别抽取15、10、12个社区，采取问卷调查的方法对这些社区的失能老年人进行调查。同时对银川市主要养老机构的失能老年人进行问卷调查。为全面了解失能老年人社会支持来源以及内容，对政府机构有关工作人员、社区工作人员、失能老年人子女、失能老年人配偶、养老机构工作人员采用访谈法了解情况。了解银川市失能老年人的社会支持现状，有助于探究他们获得社会支持的主要途径及内容，分析影响失能老年人社会支持的因素，发现失能老年人社会支持方面存在的问题和不足，并为其提供必要的服务。

第一节 银川市失能老年人社会支持现状

失能老年人作为老年人中的特殊群体，是否能够享受到社会经济发展所带来的便利，需要得到全社会的关注。社会支持是通过人与人之间的联系、交流感知彼此的需求，给予关心、接纳、爱与认同，并在他们需要时给予必要的帮助。[①] 一个人所拥有的社会支持网络越大，则能更好地应对生活中的各种挑战。失能老年人由于机体活动受限，很难通过自身摆脱生活困境，构建完善的失能老年人社会支持体系尤其为重要。完善的社会支持体系可以帮助失能老年人解决日常生活中的问题，减少抑郁、焦虑等负面情绪的产生，促进失能老年人形成积极的心态，提升安全感、幸福感和获得感。

① 程虹娟，龚永辉，朱从书．青少年社会支持研究现状综述［J］．健康心理学杂志，2003（5）：351-353.

一、银川市老年人分布情况

银川市女性老年人数量多于男性老年人。兴庆区辖 2 乡 2 镇、11 个街道办事处和 1 个管委会，有 90 个社区，常住人口 69.7 万人。60 岁及以上老年人 8.8 万人，其中，80 岁及以上老年人 1.2 万人，90 岁及以上老年人 700 余人，百岁老年人 14 人。金凤区辖 46 个社区、23 个行政村。60 岁及以上老年人 5.16 万人，其中，80 岁及以上老年人 3600 人，空巢老年人 15183 人，失能、半失能老年人 2906 人，残疾老年人 1011 人。西夏区 60 岁及以上老年人 4.46 万人，其中，80 岁及以上老年人 1.29 万人，百岁老年人 7 人。在银川市主城区中，兴庆区拥有老年人口最多，其次是金凤区、西夏区。

二、失能老年人基本人口学特征

本研究采用问卷调查了解银川市失能老年人的基本情况，共向银川市失能老年人发放问卷 413 份，回收问卷 381 份，问卷回收率 92.25%，有效问卷 360 份，问卷有效率 94.49%。本研究从性别、年龄、月收入、主要收入来源、文化程度、退休前职业情况等方面描述银川市失能老年人基本人口学特征，详见表 4-1。

表 4-1　失能老年人基本人口学特征

名称		人数	构成比（%）
性别	男	160	44.4
	女	200	55.6
年龄	60～65 岁	28	7.8
	66～70 岁	10	2.8
	71～75 岁	43	11.9
	76～80 岁	69	19.2
	81～85 岁	141	39.2
	86～90 岁	60	16.7
	90 岁以上	9	2.5

续表

名称		人数	构成比（%）
月收入	1000元及以下	29	8.1
	1001～2000元	73	20.3
	2001～3000元	109	30.3
	3001～4000元	59	16.4
	4001元及以上	90	25.0
收入来源	养老金	326	90.6
	子女赡养	19	5.3
	最低生活保障	10	2.8
	其他	5	1.4
文化程度	小学以下	117	32.5
	小学	71	19.7
	初中	105	29.2
	高中或中专	38	10.6
	大学及以上	29	8.1
退休前职业情况	教师	33	9.2
	公务员	39	10.8
	企业办事人员	43	11.9
	服务人员	8	2.2
	企业工人	68	18.9
	无业人员	7	1.9
	个体户	6	1.7
	自由职业者	84	23.3
	技术人员	24	6.7
	销售人员	8	2.2
	医生	34	9.4
	其他	6	1.7

（一）性别构成

在被调查的失能老年人中，男性为 160 名，占样本的 44.4%；女性为 200 名，占样本的 55.6%。银川市女性失能老年人数量多于男性。根据全国第六次人口普查中老年人的健康状况可知，我国老年人口的总失能率为 2.95%，其中男性失能率为 2.52%，女性为 3.35 %，女性失能率明显高于男性。[①] 由上可知，本次调查所选取的样本符合我国老年人失能率女高男低的基本情况。

（二）年龄

在被调查的失能老年人中，60～65 岁的老年人有 28 名，占 7.8%；66～70 岁的老年人有 10 名，占 2.8%；71～75 岁的老年人有 43 名，占 11.9%；76～80 岁的老年人有 69 名，占 19.2%；81～85 岁的老年人有 141 名，占 39.2%；86～90 岁的老年人有 60 名，占 16.7%；90 岁以上的老年人有 9 名，占样本总量的 2.5%。由此可知，银川市失能老年人的年龄主要分布在 81～85 岁，详见图 4-2。

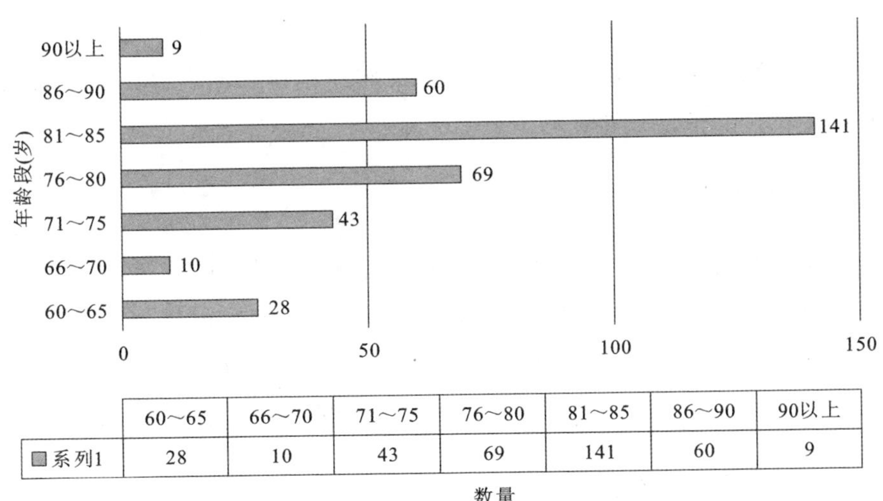

	60～65	66～70	71～75	76～80	81～85	86～90	90以上
■系列1	28	10	43	69	141	60	9

图 4-2 失能老年人年龄分布情况

① 潘金洪，等．中国老年人口失能率及失能规模分析——基于第六次全国人口普查数据 [J]．南京人口管理干部学院学报，2012，28（4）：3-6，32.

（三）文化程度

在被调查的失能老年人中，小学以下的有117名，占32.5%；小学的有71名，占19.7%；初中的有105名，占29.2%，高中或中专的有38人，占10.6%；大学及以上的有29名，占8.1%。由此可见，银川市失能老年人中小学以下的人数最多，其次是初中的，高中或中专、大学及以上的占比较少，银川市失能老年人总体文化水平不高。

（四）退休前职业情况

银川市失能老年人退休前职业情况为：教师有33人，占9.2%；公务员有39人，占10.8%；企业办事人员有43人，占11.9%；服务人员有8人，占2.2%；企业工人有68人，占18.9%；无业人员有7人，占1.9%；个体户有6人，占1.7%；自由职业者有84人，占23.3%；技术人员有24人，占6.7%；销售人员有8人，占2.2%；医生有34人，占9.4%；其他有6人，占1.7%。在被调查对象自评退休前体力劳动情况中，有167人认为自己退休前从事重体力劳动，占46.4%；有112人认为自己退休前从事轻体力劳动，占31.1%；有81人认为自己退休前是脑力劳动者，占22.5%。银川市失能老年人退休前职业状况以自由职业者占比最高，且从事重体力劳动者居多。

（五）月收入

银川市失能老年人月收入为：1000元及以下的有29人，占8.1%；1001～2000元的有73人，占20.3%；2001～3000元的有109人，占30.3%；3001～4000元的有59人，占16.4%；4001元及以上的有90人，占25.0%。可见，月收入在2001～3000元之间的失能老年人最多。

（六）主要收入来源

主要收入来源中，依靠养老金的失能老年人数量最多，为326人，占90.6%；依靠子女赡养的有19人，占5.3%；依靠最低生活保障的有10人，占2.8%；其他有5人，占1.4%。可见，大多数失能老年人的主要收入来源为养老金。

三、银川市失能老年人基本家庭情况

（一）婚姻状况

在被调查的银川市失能老年人中，配偶健在的有160人，占44.4%；丧偶的有195人，占54.2%；离异的有3人，占0.8%；与老伴分居的有2人，占0.6%。可见，银川市丧偶的失能老年人数量多于未丧偶的失能老年人。

（二）居住情况

从银川市失能老年人的居住情况来看，独自居住的有114人，占31.7%；只与老伴同住的有136人，占37.8%；与老伴和子女同住的有12人，占3.3%；只与子女同住的有38人，占10.6%；住在养老机构的有60人，占16.7%。详见表4-2。

表4-2 银川市失能老年人居住情况表

居住类型	人数	构成比
独自居住	114	31.7%
只与老伴同住	136	37.8%
与老伴和子女同住	12	3.3%
只与子女同住	38	10.6%
住在养老机构	60	16.7%

（三）孩子数量

由图4-3可知，在被调查的360份有效样本中，没有孩子的有3人，占0.8%；1个孩子的有11人，占3.1%；2个孩子的有101人，占28.1%；3个孩子的有166人，占46.1%；4个孩子的有44人，占12.2%；5个孩子及以上的有35人，占9.7%。可见，有2～3个孩子的失能老年人数量较多，两者合计267人，共占样本总量的74.2%。

银川市失能老年人基本家庭情况为：在婚姻状况方面，银川市失能老年人中丧偶的数量较多；在居住情况方面，独自居住和只与老伴居住的失能老年人占多数；在孩子数量上，拥有2～3个孩子的失能老年人占多数。

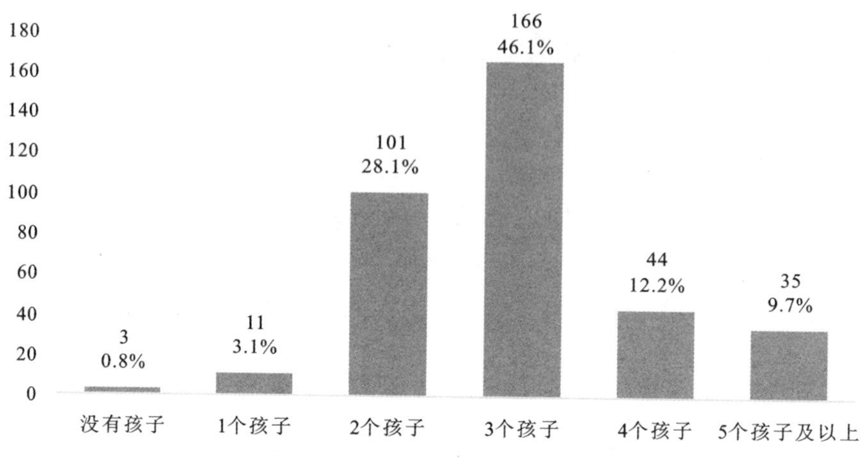

图 4-3 银川市失能老年人子女数量情况

四、银川市失能老年人失能情况

下面主要从银川市失能老年人的失能状况，失能原因及失能年数，以及接受康复治疗情况等方面介绍银川市失能老年人失能情况。

（一）失能状况

依据国际通行的基本日常生活能力量表（ADL），在进食、穿衣、上厕所、上下床、室内走动和沐浴 6 项指标中，不能完成 1～2 项的定义为“轻度失能”，不能完成 3～4 项的定义为“中度失能”，不能完成 5～6 项的定义为“重度失能”。就银川市失能老年人的失能状况而言，轻度失能老年人有 43 人，占 11.9%；中度失能老年人 264 名，占 73.3%；重度失能老年人 53 名，占 14.7%。

据图 4-4 所示，在进食、穿衣、上厕所、上下床、室内走动（平地独立行走 45 米）和沐浴 6 项指标中，失能老年人能够独立完成进食这一项目的比例较高，有 343 人，占 95.3%；其次是穿衣，有 316 人，占 87.8%；能够独立上下床的有 176 人，占 48.9%；能够独立完成在室内走动的有 246 人，占 68.3%。对失能老年人日常生活影响较大的为上厕所与沐浴，在这两项中，能够独立完成上厕所的有 69 人，占 19.2%；能够独立完成沐浴的有 54 人，占 15.0%。很多失能老年人表示卫生间地面遇水后更加湿滑，不能独立完成沐浴，需要子女帮助才能完成。

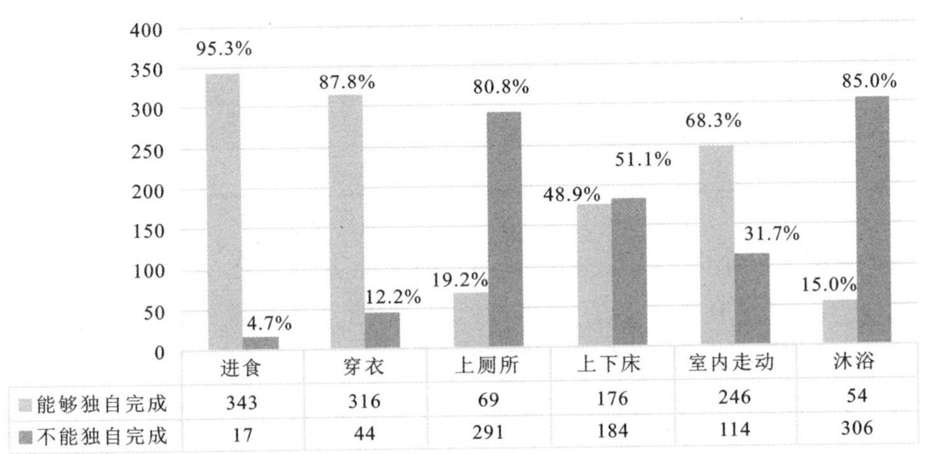

图 4-4 银川市失能老年人失能状况

(二) 失能原因及失能年数

就样本失能老年人的失能原因而言，因为自身机体老化而导致失能的老年人数量最多，共 153 人，占 42.5%，其中以膝关节功能下降为主要诱因。因意外伤害导致失能的有 92 人，占 25.6%，其中以地面湿滑摔倒所导致的盆骨骨裂、尾骨骨裂、踝关节挫伤以及胫腓骨骨干骨折、骨裂较为多见，少部分老年人因年轻时受到工伤而导致失能。因先天性疾病失能的老年人有 15 人，占 4.2%，主要先天性疾病为小儿麻痹症、先天性脑膜炎。因心血管疾病导致失能的老年人有 46 人，占 12.8%，以脑卒中为主。因患癌症导致失能的有 22 人，占 6.1%；因其他病变导致失能的老年人有 32 人，占 8.9%。详见表 4-3。同时，在调查中发现，被调查对象失能部位以下肢为主，少部分为完全失能老年人，因上肢活动受限而导致失能的老年人数量极少。

表 4-3 失能原因及失能年数情况表

失能原因	人数	构成比（%）	失能年数	人数	构成比（%）
机体老化	153	42.5	1 年及以下	31	8.6
意外伤害	92	25.6	2～3 年	178	49.4
先天性疾病	15	4.2	3～5 年	108	30.0

续表

失能原因	人数	构成比（%）	失能年数	人数	构成比（%）
心血管疾病	46	12.8	5～8年	23	6.4
癌症	22	6.1	8年以上	19	5.3
其他病变	32	8.9			

在被调查对象中，失能1年及以下的失能老年人有31人，占8.6%；失能2～3年的有178人，占49.4%；失能3～5年的有108人，占30.0%；失能5～8年的有23名，占6.4%；失能8年以上的老年人有19人，占5.3%。由此可见，失能2～3年的失能老年人数量最多。

（三）接受康复治疗情况

康复治疗对于失能老年人是十分必要的，不仅能够促进失能老年人恢复一定的机体功能，使他们尽可能地恢复基本生活能力，还可以改善其心理健康状态。据图4-5可知，银川市失能老年人接受过康复治疗的人较少。接受过康复治疗的有89人，占24.7%；未接受过康复治疗的有271人，占样本量的75.3%。将机构中失能老年人与居家失能老年人分开来看，机构中失能老年人接受康复治疗率较高，在60名失能老年人中，有47人接受过康复治疗，占78.3%；居家养老的300名失能老年人中，有42人接受过康复治疗，仅占14.0%。由此可见，银川市失能老年人总体接受康复治疗率较低，机构失能老年人接受康复治疗率高于居家失能老年人。

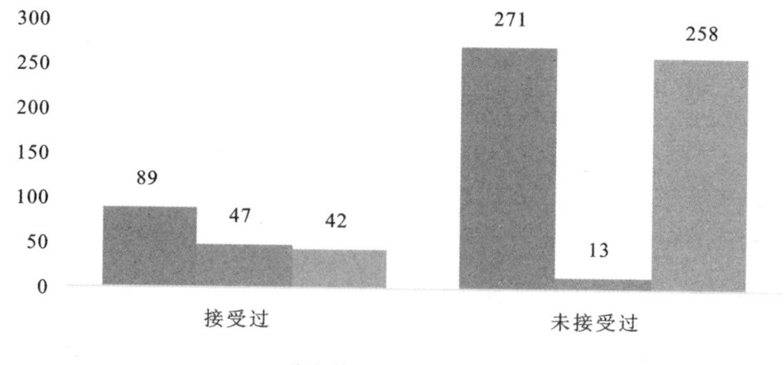

图4-5 样本失能老年人接受康复治疗情况

五、银川市失能老年人社会支持现状

(一) 基于社会支持 (SSRS) 量表的社会支持得分情况

根据肖水源社会支持量表（SSRS）测量银川市失能老年人的社会支持得分。大量研究已经证实，肖水源（1994）编制的此量表具有较好的信度和效度，并已经在国内得到广泛应用。量表共计 10 个条目，每个条目从无支持、极少支持、一般支持、全力支持，由低到高分 4 个等级，分别计 1～4 分，第 6、7 条目回答“没有任何来源”则计为 0 分，选项有几项来源则计几分。评分包括客观支持得分（第 2、6、7 条目之和）、主观支持得分（第 1、3、4、5 条目之和）、支持的利用度（第 8、9、10 条目之和），共 3 个维度及社会支持总得分（10 个条目之和）。社会支持总得分范围在 12～64 分，客观支持的得分范围在 8～32 分，主观支持的得分范围在 4～20 分，对支持的利用度的得分范围在 3～12 分。笔者根据调查对象的实际情况调整了原量表中的个别内容，得到表 4-4。

表 4-4　社会支持量表

名称	选项
1. 您有多少关系密切，可以得到支持和帮助的朋友？	A. 一个也没有　B. 1～2 个　C. 3～5 个　D. 6 个或 6 个以上
2. 近一年来您	A. 远离家人　B. 住处经常变动　C. 在养老机构居住　D. 与家人一起居住
3. 您与邻居之间	A. 相互不交往，只是点头之交　B. 遇到困难可能稍微关心　C. 有些邻居很关心您　D. 大多数邻居都很关心您
4. 您与居委会工作人员之间	A. 相互不交往，只是点头之交　B. 遇到困难可能稍微关心　C. 有些工作人员很关心您　D. 大多数工作人员都很关心您
5. 您所获得的支持和照顾	A. 配偶　B. 父母　C. 儿女　D. 兄弟姊妹　E. 其他家庭成员（分四个程度）

续表

名称	选项
6. 当您遇到紧急情况时，获得的经济支持或实际帮助来自	A. 没有任何来源 B. 来自（多选）：a. 配偶 b. 其他家人 c. 朋友 d. 亲戚 e. 居委会 f. 养老机构、工会、政府等官方或半官方组织 g. 工作单位 h. 宗教组织、社会团体等非官方组织 i. 其他
7. 当您遇到紧急情况时，获得的安慰和关心来自	
8. 您遇到烦恼时的倾诉方式	A. 从不向任何人倾诉 B. 只向关系极为密切的几个人倾诉 C. 如果朋友主动询问您会说出来 D. 主动倾诉自己的烦恼，获得支持和理解
9. 您遇到烦恼时的求助方式	A. 只靠自己不接受别人帮助 B. 很少请求别人帮助 C. 有时请求别人帮助 D. 经常向家人、亲友等求助
10. 对于团体组织活动，您	A. 从不参加 B. 偶尔参加 C. 经常参加 D. 主动并积极参加

根据社会支持量表计算银川市失能老年人的社会支持得分情况，社会支持评分越高，说明银川市失能老年人获得的社会支持越多；得分越低，说明其获得的社会支持越少。

银川市失能老年人社会支持三个维度的得分情况如表 4-5 所示。银川市失能老年人在客观支持、主观支持、对支持的利用度上的得分及总分均不高，且低于全国常模（$P<0.05$）。失能老年人因长期卧床、走动不便等，缺少与外界交流的可能性，不能较好地利用社会团体、社区等对其提供的支持与帮助，导致其在客观支持及对支持的利用度上的得分较低。

表 4-5 银川市失能老年人社会支持得分情况

名称	得分情况（$n=360$）	全国常模（$n=370$）	t 值	P 值
客观支持	7.42±2.45	12.68±3.47	−8.932	0.012
主观支持	18.86±3.47	23.81±4.75	−6.698	0.022

续表

名称	得分情况（n＝360）	全国常模（n＝370）	t 值	P 值
对支持的利用度	6.11±2.02	9.38±2.40	－16.484	0.004
总分	32.39±6.06	44.34±8.38	－8.922	0.012

（二）银川市失能老年人社会支持内容及来源

社会支持内容主要包括物质支持、行为支持与情感支持，社会支持的主体主要涉及家庭、朋友、养老机构、社区、政府、社会团体等。每位失能老年人的具体情况有所不同，社会支持的来源体现了他们社会关系的差异，在社会上获得的经济、情感等支持能够帮助失能老年人减少在生活中的困扰，从而提高其晚年生活质量。本研究将失能老年人的社会支持内容分为物质支持、行为支持、情感支持，从这三方面探讨失能老年人社会支持内容，通过整理社会支持量表中的第 6、7 条目，可以知晓经济支持以及精神支持的主要来源，从而对银川市失能老年人社会支持的主要来源有整体的掌握。

统计相关数据后发现，在经济支持方面，98.9％的失能老年人表示在遇到经济困难的时候能够得到支持。在经济支持来源方面，94.2％的老年人能从其他家人处获得经济支持，39.7％的老年人能够从配偶处获得经济支持，其他能够获得经济支持的途径是朋友、亲戚，分别占样本含量的6.4％、23.6％。老年人基本不能从居委会、工作单位、养老机构、工会、政府等官方或半官方组织，以及宗教组织、社会团体等非官方组织处获得经济支持。在失能老年人的精神支持方面，老年人表示自己在遇到紧急情况时，获得的安慰和关心主要来自配偶及其他家人。与经济支持不同的是，老年人还可以从朋友处获得较多的精神支持，占 72.2％，能够在养老机构、工会、政府等官方或半官方组织获得精神支持的失能老年人占 18.3％。

银川市失能老年人的经济支持、精神支持主要来自非正式支持体系中的其他家人，在这里主要指的是失能老年人的子女等。来自正式支持体系的经济支持极为有限，相比经济支持，精神支持的来源更加广泛，详见表 4-6。

表 4-6 银川市失能老年人社会支持来源

经济支持	人数	构成比	精神支持	人数	构成比
有/无支持			有/无支持		
有	356	98.9%	有	358	99.4%
无	4	1.1%	无	2	0.6%
支持来源			支持来源		
配偶	143	39.7%	配偶	160	44.4%
其他家人	339	94.2%	其他家人	353	98.1%
朋友	23	6.4%	朋友	260	72.2%
亲戚	85	23.6%	亲戚	141	39.2%
居委会	0	0	居委会	21	5.8%
工作单位	0	0	工作单位	28	7.8%
养老机构、工会、政府等官方或半官方组织	4	1.1%	养老机构、工会、政府等官方或半官方组织	66	18.3%
宗教组织、社会团体等非官方组织	0	0	宗教组织、社会团体等非官方组织	0	0
其他	2	0.6%	其他	2	0.6%

1. 物质支持

物质，哲学上指不依赖于人的主观意识而存在的客观实在。简单来说，物质是指金钱、生活资料等实体存在的事物。对失能老年人的物质支持主要表现在资金支持和实物支持两个方面。资金支持主要包括向失能老年人直接提供金钱帮助，如发放救济金、生活保障金、护理补贴金、过节费等；还包括间接为失能老年人家庭照护者提供补助金，为老年人缴纳水电费、垫付医疗费用等。实物支持则主要指为失能老年人提供生活所需要的实际物品，例如粮食、护理仪器、轮椅、衣物、生活用品等。

从调查结果可以得知，银川市失能老年人物质支持主要来自非正式支持体系，成员通常包括老年人的子女、配偶、亲戚、朋友等。对于失能老年人，家庭成员代际经济转移极其重要，尤其是当他们需要经济帮助时，通常是由家庭成员发挥相当重要的支持作用，如分摊老年人的医疗费用、水电费等。子女依然是失能老年人的首要求助对象，在失能老年人物质支持中发挥着不可取代的作用。此外，子女还为失能老年人提供必要的日常生活用品，购买药品、食品、水果、康复器械等对其进行实物支持。部分物质支持还体现在每日三餐的供应方面，在失能老年人配偶健在的情况下，从配偶方面得到的物质支持的内容最为多样化，也减少了子女对失能老年人的照护负担。较多失能老年人能够从配偶处得到经济支持，失能老年人的衣物、药品、生活用品、三餐均能从配偶处得到支持。除子女与配偶外，失能老年人偶尔也能从亲戚、邻居、朋友处获得物质支持。

在正式支持方面，失能老年人所能获得的物质支持极为有限。调查中了解到，被评定为二级以上残疾的失能老年人每月能够获得 80 元护理补助，支持来源于残疾人联合会。在过年过节时，社区工作人员会探望辖区内部分重度失能老年人，并给予米、面、油等实物支持。

2. 行为帮助

行为帮助是指失能老年人在不能独立完成日常活动或在日常活动受限时，失能老年人的社会支持系统对其在日常行为上的支持和帮助。在家庭中主要包括帮助失能老年人处理个人生活、卫生问题，例如帮助失能老年人喂食、翻身、修剪指甲、上下床、上厕所、洗浴等，还包括为失能老年人做家务、清洗衣物、修理电器等。除家庭外，老年人的生活环境还应包括社会环境，而失能老年人因行动受限，其生活环境缩小，改变这一状况还需要社会为失能老年人提供社交、出行的可能，主要体现在帮扶失能老年人出行、推抬轮椅等，在失能老年人需要医疗帮助时及时将其送往附近医院，以及进行日常诊断工作、医疗急救等。

在被调查的失能老年人中，其行为支持主要来自家庭、亲戚、保姆等构成的非正式支持体系。尤其在为失能老年人处理个人卫生方面，子女、配偶作为失能老年人家庭照护责任的主要承担者，起着不可或缺的作用。在家庭中，女性在照顾失能老年人起居方面更为细心，故帮助老年人处理卫生多由女儿或者儿媳承担。但在为失能老年人穿衣、擦身、洗澡时，由于老年人思想观念守旧，在涉及隐私方面男性失能老年人希望同性照护者来完成，有时不会顺从女性照护者的要求。帮助老年人（主要为重度失能者）上下床、维修家庭中设备仪器、搭建起重设备、改造马桶等多由儿子、女婿以及孙子承担。

在正式支持方面，生活在养老机构的失能老年人能够较多地获得来自养老机构工作人员的行为支持。但部分老年人认为这种行为支持只是一种服务，是自己与养老机构进行等价交换后用金钱换来的支持，并不是对方主动提供的。在调查中仅有4名居家养老的老年人表示曾有志愿者为自己擦窗洗衣，需要满足"三没"条件（年龄在80岁及以上，没有行动能力、没有配偶、子女无法提供该项劳动）并前往所在居委会进行申请才能享有该服务。

3. 情感支持

失能老年人不仅经历着生活不能自理的障碍，同时还忍受着病痛的折磨，经常缺少陪伴与关怀，也面临着精神层面的压力，极大地影响了失能老年人的生活质量。与一般老年人相比，失能老年人的心理健康状况更差，长期不愉快的情感体验导致抑郁的可能性也更大。情感是人们对客观事物是否符合自己的需求而产生的主观体验和感受。[①] 根据马斯洛需求层次理论，一个人在满足自身生理与安全需求后，就会渴望得到友谊、亲情、归属感等情感方面的满足。情感需求是失能老年人的基本需求之一。为失能老年人提供情感支持的方式主要以倾听、谈话为主，在沟通时了解其生活困境，给予适当的心理疏导。情感支持不仅包括配偶、子女、亲戚、朋友等对失能老年人嘘寒问暖，还包括社区、社会组织等对失能老年人进行探望。对于很难通过自身努力获取情感支持的失能老年人来说，家庭以及社会给予失能老年人的精神慰藉是其情感支持的重要来源。

在调查样本中，银川市失能老年人精神支持主要来自非正式支持体系。老年人表示在日常生活中遇到紧急情况时，获得的安慰和关心主要来自家人与朋友，配偶健在的失能老年人还能够获得来自配偶的关心。与物质支持和行为支持不同的是，失能老年人可以从朋友及亲戚处获得较多的精神慰藉。在失能老年人看来，需要家人的照护已经为家庭带来了一定的

---

① 魏萍．当代大学生情感需求及其情感教育［J］．前沿，2007（3）：178-180.

负担，虽然他们强烈渴望情感上有所寄托，但其不愿再为家庭增添负担，有时会选择沉默。在回答“您遇到烦恼时的倾诉方式”时，26.1%的老年人表示自己从不向任何人倾诉；51.1%的老年人表示只会向关系极为密切的几个人倾诉，倾诉对象多为自己的家人；仅有14.7%的失能老年人会主动倾诉自己的烦恼，获得支持和理解。

在正式支持方面，失能老年人也较难从社区、居委会及社会组织等方面获得精神支持。样本中有28名老年人能够从退休前工作单位处获得关心，其方式多为电话沟通或上门探望老年人身体状况，在老年人无法正常沟通的情况下与其照护者进行交谈以了解老年人身心状况。获得这种精神支持的失能老年人中有一部分是在退休前工作中因工伤导致失能的。可见，失能老年人的精神支持同样较为匮乏。

第二节 银川市失能老年人社会支持的影响因素分析

社会支持程度的不同受到不同因素的影响。为了解银川市失能老年人社会支持的影响因素，笔者对影响银川市失能老年人社会支持程度的因素进行单因素分析及多因素分析，选择可能对银川市失能老年人社会支持产生影响的13个因素，与4个社会支持维度得分分别进行单因素与多因素分析，试图更加深入地剖析银川市失能老年人社会支持现状。

以往学者对老年人社会支持影响因素的研究因变量多选择老年人的自身条件情况，与普通老年人不同的是，失能老年人的社会支持情况可能还受到其失能因素的影响。故根据失能老年人的特性，笔者选择性别、文化程度、年龄、月收入情况、生活来源情况、退休前职业情况、孩子数量、婚姻状况、居住情况、失能程度、失能年数、失能原因、康复训练情况等13个因素，分别进行银川市失能老年人社会支持的影响因素分析，详见表4-7。

表4-7 变量的赋值情况表

变量名称	赋值情况
自变量	
性别	男=1，女=2

续表

变量名称	赋值情况
文化程度	小学以下＝1，小学＝2，初中＝3，高中或中专＝4，大学及以上＝5
年龄	60～65岁＝1，66～70岁＝2，71～75岁＝3，76～80岁＝4，81～85岁＝5，86～90岁＝6，90岁以上＝7
月收入情况	1000元及以下＝1，1001～2000元＝2，2001～3000元＝3，3001～4000元＝4，4001元及以上＝5
生活来源情况	最低生活保障＝1，养老金＝2，子女赡养＝3，工作收入＝4，其他＝5
退休前职业情况	教师＝1，公务员＝2，企业办事人员＝3，服务人员＝4，企业工人＝5，无业人员＝6，个体户＝7，自由职业者＝8，技术人员＝9，销售人员＝10，医生＝11，其他＝12
孩子数量	没有孩子＝0，1个孩子＝1，2个孩子＝2，3个孩子＝3，4个孩子＝4，5个孩子及以上＝5
婚姻状况	丧偶＝1，离异＝2，分居＝3，配偶健在＝4
居住情况	独自居住＝1，只与配偶居住＝2，与配偶和子女一起居住＝3，只与子女居住＝4，养老机构＝5
失能程度	轻度失能＝1，中度失能＝2，重度失能＝3
失能年数	1年及以下＝1，2～3年＝2，3～5年＝3，5～8年＝4，8年以上＝5
失能原因	机体老化＝1，意外伤害＝2，先天性疾病＝3，心血管疾病＝4，癌症＝5，其他病变＝6
康复训练情况	未接受过＝1，接受过＝2
因变量	
客观支持得分	社会支持量表中第2、6、7条目之和
主观支持得分	社会支持量表中第1、3、4、5条目之和
支持利用度得分	社会支持量表中第8、9、10条目之和
社会支持总得分	社会支持量表中10个条目之和

一、影响失能老年人社会支持的单因素分析

对影响银川市失能老年人社会支持水平的因素进行单因素分析，因涉及因素数量较多，故将影响因素分为个人因素、家庭因素和失能因素。其中，个人因素包括性别、文化程度、年龄、月收入情况、生活来源情况、退休前职业情况；家庭因素包括孩子数量、婚姻状况、居住情况。失能因素包括失能程度、失能年数、失能原因、康复训练情况。利用 SPSS 23.0 对样本进行均值比较及单因素方差分析，对两样本比较采用 t 检验，检验水准 $\alpha=0.05$。

（一）个人因素

个人因素中，选择失能老年人的性别、文化程度、年龄、月收入情况、生活来源情况、退休前职业情况进行单因素分析。结果如表 4-8 所示，在个人因素对社会支持的单因素分析中，失能老年人的年龄、月收入情况、生活来源情况、退休前职业情况均对其社会支持总得分产生影响，而性别的不同不能对老年人的社会支持造成影响，差异具有统计学意义（$P<0.05$）。年龄、月收入情况、退休前职业情况对失能老年人的客观支持、主观支持产生影响。文化程度、月收入情况、退休前职业情况对失能老年人的支持利用度产生影响。6 个个人因素指标中，月收入情况及退休前职业情况对失能老年人的客观支持、主观支持、支持利用度及总分均有影响。

表 4-8　个人因素与社会支持的单因素分析结果

项目	内容	客观支持	主观支持	支持利用度	总分
性别	男	7.56±2.46	19.06±3.42	5.96±1.81	32.57±5.87
	女	7.31±2.45	18.71±3.51	6.24±2.17	32.25±6.21
	t	0.964	0.943	−1.329	0.499
	P	0.336	0.346	0.185	0.618
文化程度	小学以下	7.32±2.46	18.79±3.42	5.83±2.09	31.94±6.34
	小学	7.08±2.33	18.63±3.29	6.37±2.10	32.08±5.45
	初中	7.72±2.61	19.05±3.90	6.16±1.93	32.93±6.65

续表

项目	内容	客观支持	主观支持	支持利用度	总分
文化程度	高中或中专	7.45±2.37	18.79±3.16	6.66±2.25	32.89±5.22
	大学及以上	7.45±2.31	19.17±2.98	5.72±1.28	32.34±5.14
	F	1.033	1.412	3.162**	1.017
	P	0.417	0.139	0.002	0.444
年龄	60～65岁	7.46±2.33	17.75±4.25	5.89±2.37	31.11±6.48
	66～70岁	8.80±2.30	18.70±3.74	6.60±1.77	34.10±6.04
	71～75岁	6.52±2.37	18.73±4.33	6.12±2.09	31.36±7.37
	76～80岁	7.67±2.44	19.33±3.38	6.35±2.15	33.35±5.98
	81～85岁	7.69±2.54	19.23±2.81	6.10±1.99	33.02±5.39
	86～90岁	6.98±2.23	19.43±3.34	5.83±1.72	32.25±5.74
	90岁以上	5.44±1.66	14.78±4.38	5.78±1.71	26.00±6.48
	t	3.084**	3.472**	0.589	3.481**
	P	0.006	0.002	0.739	0.002
月收入情况	1000元及以下	6.72±2.03	17.38±3.03	5.72±2.49	29.83±6.10
	1001～2000元	7.15±2.44	18.90±3.54	6.77±2.08	32.82±6.06
	2001～3000元	7.37±2.49	19.02±3.31	5.69±1.91	32.07±5.83
	3001～4000元	7.73±2.13	19.17±3.77	6.97±2.17	33.86±5.86
	4001元及以上	7.71±2.72	18.92±3.50	5.66±1.49	32.29±6.25
	F	2.143*	2.192**	2.026*	1.610*
	P	0.017	0.006	0.043	0.034
生活来源情况	最低生活保障	6.40±2.80	18.20±3.58	5.30±2.75	29.90±8.05
	养老金	7.47±2.39	18.87±3.41	6.11±2.03	32.45±5.90
	子女赡养	7.28±3.16	19.44±4.29	6.39±1.65	33.11±7.41
	工作收入	7.28±3.16	19.44±4.29	6.39±1.65	33.11±7.41
	其他	5±0	11±0	6±0	22±0
	F	1.344	1.047	1.711	2.567***
	P	0.198	0.406	0.095	0.000

续表

项目	内容	客观支持	主观支持	支持利用度	总分
退休前职业情况	教师	9.12±2.48	20.97±3.68	5.73±1.07	35.82±6.46
	公务员	7.85±1.60	18.44±3.16	6.38±1.97	32.67±4.91
	企业办事人员	9.53±2.37	18.95±2.08	6.14±1.15	34.63±4.77
	服务人员	8.75±1.49	21.63±4.78	8±1.41	38.38±5.68
	企业工人	6.84±2.18	19.04±3.39	6.76±2.36	32.65±6.17
	无业人员	5.71±0.76	17.14±4.18	8.14±3.02	31±5.92
	个体户	7.33±1.86	22±1.10	6.67±1.03	36±1.10
	自由职业者	6.45±2.29	16.93±3.27	5.18±2.07	28.56±5.77
	技术人员	6.63±2.39	19.08±3.40	6.29±1.68	32±5.61
	销售人员	8.50±2.83	22.50±1.85	6.50±1.41	37.50±3.63
	医生	6.56±2.20	19.62±3.07	5.97±2.02	32.15±4.91
	其他	7±1.55	19.67±3.50	6±2.68	32.67±5.68
	F	5.738^{***}	2.608^{**}	2.382^{*}	2.204^{**}
	P	0.000	0.001	0.016	0.001

说明：$^{*}P<0.05$，$^{**}P<0.01$，$^{***}P<0.001$。

在失能老年人社会支持总得分上，年龄分组在66～70岁的失能老年人的社会支持总得分最高。在月收入情况上，月收入在3001～4000元的失能老年人的社会支持总得分最高。在生活来源情况上，由子女赡养和靠工作收入的失能老年人的社会支持总得分最高。在退休前职业情况上，失能老年人的社会支持总分有明显差别，职业为服务人员的失能老年人的社会支持总得分最高，其次是销售人员、个体户、教师、企业办事人员，社会支持总得分最低的是自由职业者。

（二）家庭因素

家庭因素中，选择失能老年人的孩子数量、婚姻状况以及居住情况为自变量，进行失能老年人家庭因素与社会支持的单因素分析。如表4-9所示，在社会支持的4项得分当中，不同的婚姻状况、居住情况下，失能老年人社会支持各项得分不完全相等，差异具有统计学意义（$P<0.05$）。婚姻状况、居住情况两者为四者的共同影响因素。此外，失能老年人社会支

持总得分还受到孩子数量的影响，差异具有统计学意义（$P<0.05$）。

表 4-9　家庭因素与社会支持的单因素分析结果

项目	内容	客观支持	主观支持	支持利用度	总分
孩子数量	没有孩子	6±0	15.33±0.58	4.33±1.15	25.67±0.58
	1个孩子	6.18±1.83	17.09±4.18	5.73±2.41	29±6.68
	2个孩子	7.93±2.68	19.18±3.27	6.39±1.93	33.50±6.05
	3个孩子	7.46±2.46	19.30±3.34	6.02±1.98	32.78±5.83
	4个孩子	6.77±2.12	17.89±3.65	5.75±1.73	30.41±6.06
	5个孩子及以上	7.06±2.09	17.97±3.77	6.49±2.57	31.51±6.12
	F	1.616	1.519	1.104	1.670*
	P	0.092	0.096	0.360	0.025
婚姻状况	丧偶	6.58±2.17	17.90±3.42	6.12±2.10	30.60±5.83
	离异	7±0	19.67±2.52	6.67±2.52	33.33±5.03
	分居	7±0	24±0	10±0	41±0
	配偶健在	8.45±2.43	19.96±3.19	6.04±1.89	34.45±5.64
	F	7.040***	2.606**	3.506**	3.467***
	P	0.000	0.001	0.001	0.000
居住情况	独自居住	6.62±2.55	18.12±3.63	5.52±1.70	30.26±6.30
	只与配偶居住	8.68±2.46	20.29±2.94	6.07±1.83	35.03±5.27
	与配偶和子女一起居住	6.50±1.57	17.58±3.20	7.92±2.94	32±6.56
	只与子女居住	7.26±2.15	19±2.81	7.16±2.30	33.42±5.04
	养老机构	6.35±0.86	17.22±3.56	6.32±2.14	29.88±5.26
居住情况	F	10.104***	3.515***	2.942**	3.744***
	P	0.000	0.000	0.003	0.000

说明：* $P<0.05$，** $P<0.01$，*** $P<0.001$。

单因素分析结果显示，孩子数量仅对失能老年人社会支持的总得分造成影响，拥有2个子女的失能老年人的社会支持总得分最高。婚姻状况对失能老年人社会支持4项得分均造成影响，样本中配偶健在的失能老年人的社会支持总得分较高，分居的失能老年人社会支持总得分最高。造成这一现象的原因可能是分居的失能老年人的样本数量有限，其次，他们认为虽然与配偶分居但仍可以获得安慰与关心，同时能够收到子女与养老机构的关心，使其社会支持总得分升高。从失能老年人的居住情况也可以看出，只与配偶居住的失能老年人社会支持得分较高，可见配偶对失能老年人的社会支持具有重要作用。

（三）失能因素

失能因素中，选择失能老年人的失能程度、失能原因、失能年数以及康复训练情况为自变量，进行失能因素与社会支持的单因素分析。结果如表 4-10 所示，在失能因素对社会支持的单因素分析中，对失能老年人客观支持产生影响的因素有失能程度、失能原因；对失能老年人主观支持产生影响的因素有失能原因、失能年数；在支持利用度及总分方面，失能老年人不同的失能程度、失能原因、失能年数以及康复训练情况得分不完全相同，差异均具有统计学意义（$P<0.05$）。失能原因为四者的共同影响因素。

表 4-10　失能因素与社会支持的单因素分析结果

项目	内容	客观支持	主观支持	支持利用度	总分
失能程度	轻度失能	6.70±1.45	17.63±3.79	5.68±2.13	30±5.57
	中度失能	6.81±2.71	18±3.76	6.24±2.25	31.04±6.86
	重度失能	8.16±1.84	20.23±3.53	6.63±1.57	35.02±5.23
	F	1.971*	1.573	3.877***	2.005**
	P	0.030	0.079	0.000	0.003
失能原因	机体老化	6.73±2.27	17.61±3.48	5.78±1.85	30.12±6.15
	意外伤害	9.30±2.51	20.04±3.36	6.09±1.77	35.43±5.82
	先天性疾病	7.47±1.85	21±3.16	7.60±2.20	36.07±5.32
	心血管疾病	7.76±2.13	19.83±3.05	6.34±2.16	33.92±4.98
	癌症	8.45±2.26	17.50±1.63	6.09±1.85	32.05±4.03
	其他病变	6.28±2.64	20.31±3.43	6.41±2.42	33±6.36
	F	4.815***	4.938***	7.927***	3.679***
	P	0.000	0.000	0.000	0.000
失能年数	1 年及以下	6.35±2.35	20±3.69	6.94±1.69	33.29±5.64
	2～3 年	7.25±2.40	18.61±3.19	6.26±1.97	32.12±5.80

续表

项目	内容	客观支持	主观支持	支持利用度	总分
失能年数	3～5 年	8.32±2.40	19.68±3.21	5.64±1.72	33.64±5.74
	5～8 年	7.78±1.95	19.78±2.33	7.61±2.78	35.17±3.50
	8 年以上	5.16±1.68	13.53±3.26	4.26±1.56	22.95±4.59
	F	1.126	8.495***	6.974***	4.288***
	P	0.339	0.000	0.000	0.000
康复训练情况	未接受过	7.29±2.54	18.76±3.42	5.90±1.94	31.95±6.06
	接受过	7.80±2.15	19.19±3.63	6.74±2.14	33.73±5.88
	F	2.864	1.05	11.86**	5.855*
	P	0.091	0.306	0.001	0.016

说明：* $P<0.05$，** $P<0.01$，*** $P<0.001$。

由单因素分析结果可知，失能因素均对失能老年人的社会支持总得分造成影响。重度失能的老年人社会支持总得分最高，可知其从社会上所获得的支持最多，主要体现在客观支持中。失能原因也是影响失能老年人社会支持的重要因素之一。社会支持总得分显示，因机体老化导致失能的老年人的社会支持总得分最低，因先天性疾病导致失能的老年人社会支持总得分最高，差异主要体现在主观支持方面。机体老化是不可避免的，因此造成的身体机能下降也是无法逆转的，可能社会给予这部分老年人的关心不足。而对因先天性疾病导致失能的老年人，照护人员长期给予其更多的关注和护理，其所接受的精神慰藉可能更多。

由此可见，银川市失能老年人社会支持不受失能老年人性别的影响。单因素分析结果显示，月收入情况、退休前职业情况、婚姻状况、居住情况、失能原因是影响失能老年人 4 项得分的共同因素。除此之外，失能老年人客观支持还受到年龄、失能程度的影响；失能老年人主观支持还受到失能年数的影响；失能老年人的社会支持利用度还受到年龄、文化程度、失能程度、失能年数、康复训练情况的影响；失能老年人的社会支持总得分还受到年龄、生活来源情况、孩子数量、失能程度、失能年数以及康复训练情况的影响。

二、影响失能老年人社会支持的多因素分析

为进一步探究银川市失能老年人社会支持的影响因素，本研究继续选择失能老年人的个人因素、家庭因素、失能因素为自变量，老年人社会支持的总得分为因变量进行多因素分析。

就研究方法来看，宁艳花等（2011）将银川市老年人社会支持程度分为高分组和低分组，并对老年人的年龄、民族、文化程度等 10 个因素进行社会支持影响因素的 Logistic 回归分析。[①] 李磊等（2014）拟合多重线性回归模型对成都市老年人的社会支持与个人基本特征进行多因素分析。[②] 朱晨曦等（2018）选择社会支持的四项得分作为因变量，就其中对单因素有意义的因素进行多元线性回归分析，探讨失独家庭父母的社会支持影响因素。[③] 可见，对于社会支持的多因素分析，以往学者所使用的统计学方法主要为多元线性回归分析。在自变量的选择上，本研究选择各项得分对单因素有意义的因素作为自变量，选择银川市失能老年人社会支持的四项得分，分别作为因变量进行多元线性回归分析。除月收入情况、文化程度、失能情况、失能年数、孩子数量为有序变量未设置哑变量外，其余自变量均以哑变量形式纳入回归方程。利用逐步回归法对各自变量进行筛选，入选标准为 0.05，剔除标准为 0.10（$\alpha_{入}=0.05$，$\alpha_{出}=0.10$）。通过观察回归系数可以得知各自变量对失能老年人社会支持的影响，当回归系数大于 0 时，回归方程曲线单调递增，自变量对因变量产生的影响为正；当回归系数小于 0 时，回归方程曲线单调递减，自变量对因变量产生的影响为负。检验水准 $\alpha<0.05$。

（一）客观支持的影响因素分析

以社会支持量表中银川市失能老年人的客观支持得分（第 2、6、7 条目之和）为因变量，以年龄、月收入情况、退休前职业情况、婚姻状况、

---

① 宁艳花，等．老年糖尿病患者社会支持现状及影响因素分析 [J]．中国公共卫生，2011，27（7）：834-836.

② 李磊，等．城市社区老年人社会支持现状及影响因素分析 [J]．中国卫生事业管理，2014，31（6）：412-415，428.

③ 朱晨曦，等．失独家庭父母的社会支持状况及影响因素研究 [J]．中国全科医学，2018，21（16）：1938-1943.

居住情况、失能程度、失能原因共 7 个因素为自变量，进行多元线性回归。对回归变量进行检验，检验结果显示 $R^2=0.575$，调整后 $R^2=0.562$；对方程进行检验，$F=47.156$，$P=0.000$。分析显示回归方程均有显著意义，说明变量之间存在直线回归关系，可以进行逐步回归。

表 4-11 的回归结果显示，失能老年人的月收入情况、退休前职业情况、婚姻状况、居住情况、失能原因以及年龄对银川市失能老年人的客观支持产生影响，结果具有统计学意义（$P<0.05$）。根据回归系数可知，对失能老年人的客观支持产生正向影响的因素为月收入情况、婚姻状况中的配偶健在因素，表明这两个因素能够使失能老年人得到更多的客观支持；对失能老年人的客观支持产生负向影响的因素为居住情况、退休前职业情况、失能原因以及年龄。

表 4-11　银川市失能老年人客观支持多元回归分析

客观支持	回归系数	标准误	标准回归系数	t 值	显著性	95%置信区间
（常量）	10.306***	0.961	0	10.727	0.000	[8.416，12.196]
月收入情况	0.932***	0.082	0.447	11.313	0.000	[0.77，1.094]
退休前职业情况（教师=参照组）						
自由职业者	−1.292***	0.285	−0.171	−4.539	0.000	[−1.852，−0.732]
服务人员	−1.151	0.598	−0.069	−1.924	0.055	[−2.327，0.026]
婚姻状况（丧偶=参照组）						
配偶健在	0.765*	0.302	0.156	2.536	0.012	[0.172，1.359]
居住情况（只与配偶居住=参照组）						
养老机构	−0.830**	0.299	−0.104	−2.771	0.006	[−1.418，−0.241]
独自居住	−0.582	0.316	−0.115	−1.843	0.066	[−1.203，0.039]
失能原因（意外伤害=参照组）						
机体老化	−1.044***	0.276	−0.142	−3.786	0.000	[−1.586，−0.501]
年龄（90 岁以上=参照组）						
71～75 岁	−1.008***	0.196	−0.193	−5.143	0.000	[−1.393，−0.622]
65～70 岁	−1.044***	0.292	−0.134	−3.572	0.000	[−1.618，−0.469]

备注：$R^2=0.575$，调整后 $R^2=0.562$；$F=47.156$，$P=0.000$。

说明：* $P<0.05$，** $P<0.01$，*** $P<0.001$。

(二) 主观支持的影响因素分析

以社会支持量表中银川市失能老年人的主观支持得分(第 1、3、4、5 条目之和)为因变量,以月收入情况、退休前职业情况、婚姻状况、居住情况、失能原因、失能年数共 6 个自变量进行多元线性回归。对回归变量进行检验,检验结果显示 $R^2=0.59$,调整后 $R^2=0.572$;对方程进行检验,$F=32.953$,$P=0.000$。分析显示回归方程均有显著意义,说明变量之间存在直线回归关系,可以进行逐步回归。

表 4-12 的回归结果显示,失能老年人的年龄、退休前职业情况、婚姻状况、居住情况、失能原因对失能老年人的主观支持产生影响,结果具有统计学意义($P<0.05$)。根据回归系数可知,对失能老年人的主观支持产生正向影响的因素为年龄(86~90 岁)、退休职业前职业情况(销售人员、公务员、企业办事人员)、婚姻状况、居住情况,表明这些因素能够使失能老年人得到更多的客观支持;对失能老年人的主观支持产生负向影响的因素为年龄在 85 岁以下、退休前职业情况为自由职业者、失能原因,这些因素可能使失能老年人获得的主观支持减少。

表 4-12 银川市失能老年人主观支持多元回归分析

主观支持	回归系数	标准误	标准回归系数	t 值	显著性	95%置信区间
(常量)	29.606***	3.450	—	8.583	0.000	[22.821, 36.391]
年龄(90 岁以上=参照组)						
86~90 岁	3.042***	0.686	0.252	4.437	0.000	[1.693, 4.39]
81~85 岁	−1.963**	0.675	−0.167	−2.909	0.004	[−3.291, −0.636]
76~80 岁	−2.602***	0.671	−0.252	−3.880	0.000	[−3.922, −1.283]
71~75 岁	−3.425***	0.625	−0.396	−5.480	0.000	[−4.654, −2.196]
65~70 岁	−3.629***	0.716	−0.281	−5.066	0.000	[−5.038, −2.22]
退休前职业情况(教师=参照组)						
销售人员	2.671***	0.374	0.278	7.150	0.000	[1.936, 3.405]
公务员	1.146*	0.486	0.088	2.356	0.019	[0.189, 2.103]
企业办事人员	1.349**	0.479	0.108	2.814	0.005	[0.406, 2.291]

续表

主观支持	回归系数	标准误	标准回归系数	t 值	显著性	95%置信区间
自由职业者	−1.387*	1.025	−0.050	−1.353	0.017	[−3.402，0.629]
婚姻状况（丧偶=参照组）						
配偶健在	1.870***	0.298	0.230	6.266	0.000	[1.283，2.456]
居住情况（只与配偶居住=参照组）						
与配偶和子女一起居住	1.243**	0.409	0.114	3.038	0.003	[0.438，2.048]
失能原因（意外伤害=参照组）						
心血管疾病	−1.797***	0.455	−0.148	−3.950	0.000	[−2.692，−0.902]
机体老化	−1.419***	0.351	−0.152	−4.048	0.000	[−2.109，−0.730]
先天性疾病	−1.987**	0.744	−0.098	−2.670	0.008	[−3.450，−0.523]

备注：$R^2=0.590$，调整后 $R^2=0.572$；$F=32.953$，$P=0.000$。

说明：* $P<0.050$，** $P<0.010$，*** $P<0.001$。

（三）社会支持利用度的影响因素分析

以社会支持量表中银川市失能老年人支持利用度得分（第 8、9、10 条目之和）为因变量，以年龄、文化程度、月收入情况、退休前职业情况、婚姻状况、居住情况、失能程度、失能原因、失能年数以及康复训练情况共 10 个因素为自变量进行多元线性回归。对回归变量进行检验，检验结果显示 $R^2=0.434$，调整后 $R^2=0.421$，此方程决定系数偏低；对方程进行检验，$F=33.627$，$P=0.000$。分析显示回归方程均有显著意义，说明变量之间存在直线回归关系，可以进行逐步回归。

表 4-13 的回归结果显示，月收入情况、失能程度、退休前职业情况、居住情况对银川市失能老年人的社会支持利用度产生影响，结果具有统计学意义（$P<0.05$）。根据回归系数可知，对失能老年人社会支持利用度产生正向影响的因素为月收入情况、退休前职业情况为公务员、与配偶和子女一起居住，这些因素能够使失能老年人的社会支持利用度更高；对失能老年人支持利用度产生负向影响的因素为失能程度、退休前职业情况为自由职业者以及居住在养老机构，这些因素可能会降低失能老年人的社会支持利用度。

表 4-13 银川市失能老年人支持利用度多元回归分析

支持利用度	回归系数	标准误	标准回归系数	t 值	显著性	95%置信区间
（常量）	8.216***	1.343		6.117	0.000	[5.575，10.858]
月收入情况	1.145***	0.094	0.518	12.175	0.000	[0.960，1.330]
失能程度	−1.800**	0.584	−0.124	−3.082	0.002	[−2.949，−0.651]
退休前职业情况（教师＝参照组）						
公务员	0.910***	0.256	0.148	3.555	0.000	[0.407，1.413]
自由职业者	−1.289	0.728	−0.073	−1.770	0.078	[−2.722，0.143]
居住情况（与配偶居住＝参照组）						
与配偶和子女一起居住	0.238*	0.114	0.088	2.097	0.037	[0.015，0.461]
养老机构	−1.488***	0.345	−0.176	−4.317	0.000	[−2.166，−0.810]

备注：$R^2=0.434$，调整后 $R^2=0.421$；$F=33.627$，$P=0.000$。

说明：* $P<0.05$，** $P<0.01$，*** $P<0.001$。

（四）总的社会支持的影响因素分析

以社会支持量表中银川市失能老年人社会支持总得分（10 个条目之和）为因变量，以年龄、月收入情况、生活来源情况、退休前职业情况、孩子数量、婚姻状况、居住情况、失能年数、失能原因、康复训练情况共 10 个变量进行多元线性回归。对回归变量进行检验，检验结果显示 $R^2=0.639$，调整后 $R^2=0.626$；对方程进行检验，$F=48.672$，$P=0.000$。分析显示回归方程均有显著意义，说明变量之间存在直线回归关系，可以进行逐步回归。

表 4-14 的回归结果显示，年龄、月收入情况、孩子数量、婚姻状况、居住情况、退休前职业情况、失能程度、失能原因、失能年数、生活来源情况对银川市失能老年人社会支持总得分产生影响，结果具有统计学意义（$P<0.05$）。根据回归系数可知，对失能老年人社会支持总得分产生正向影响的因素为月收入情况、孩子数量、退休前职业情况为销售人员、婚姻状况、年龄（86～90 岁）；对失能老年人社会支持总得分产生负向影响的

因素为失能年数、退休前职业情况（自由职业者、医生）、居住在养老机构、年龄（85 岁以下）以及生活来源情况为最低生活保障，这些因素可能使失能老年人的总的社会支持减少。

表 4-14 银川市失能老年人社会支持的多元回归分析

总的社会支持	回归系数	标准误	标准回归系数	t 值	显著性	95%置信区间
（常量）	56.844***	5.711		9.953	0.000	[45.611，68.077]
月收入	2.753***	0.223	0.427	12.342	0.000	[2.315，3.192]
失能年数	−0.332	0.248	−0.043	−1.340	0.181	[−0.819，0.155]
孩子数量	0.965***	0.205	0.138	4.713	0.000	[0.562，1.368]
退休前职业情况（教师＝参照组）						
销售人员	2.549***	0.590	0.142	4.317	0.000	[1.388，3.711]
自由职业者	−3.420*	1.564	−0.066	−2.187	0.029	[−6.497，−0.344]
医生	−1.494	0.823	−0.058	−1.814	0.071	[−3.113，0.126]
婚姻状况（丧偶＝参照组）						
配偶健在	3.766***	0.470	0.248	8.005	0.000	[2.841，4.691]
居住情况（只与配偶居住＝参照组）						
养老机构	−3.410***	0.777	−0.138	−4.375	0.000	[−4.929，−1.871]
年龄（90 岁以上＝参照组）						
86～90 岁	2.584*	1.069	0.115	2.417	0.016	[0.481，4.688]
81～85 岁	−2.308*	1.057	−0.105	−2.183	0.030	[−4.387，−0.228]
76～80 岁	−2.959**	1.029	−0.154	−2.874	0.004	[−4.983，−0.934]
71～75 岁	−4.529***	0.963	−0.280	−4.702	0.000	[−6.423，−2.634]
65～70 岁	−4.635***	1.108	−0.192	−4.182	0.000	[−6.815，−2.455]
60～64 岁	−5.477***	1.542	−0.177	−4.850	0.000	[−10.509，−4.444]
生活来源情况（养老金＝参照组）						
最低生活保障	−4.125*	1.886	−0.064	−2.187	0.029	[−7.834，−0.416]

备注：R^2＝0.639，调整后 R^2＝0.626；F＝48.672，P＝0.000。

说明：* $P<0.05$，** $P<0.01$，*** $P<0.001$。

（五）讨论

通过社会支持量表的10个条目得分相加可以了解银川市失能老年人社会支持的总得分情况。利用多因素分析发现，以下因素对失能老年人社会支持产生正向作用，能够提高失能老年人社会支持得分情况。第一，失能老年人的月收入情况对其社会支持起着正向作用，这与客观支持、支持利用度分析结果相一致。月收入较高的失能老年人能够满足自己的生活所需，对社会资源的利用更有主动权。而经济能力不足时，失能老年人的生活成本将会转嫁给家庭，家庭生活负担沉重可能造成失能老年人生活较为拮据，不愿主动获取社会支持。第二，除配偶外，子女在失能老年人社会支持方面也起到十分重要的作用。子女能使失能老年人获得更多的物质支持，还可能让其得到更多的行为帮助与精神慰藉。第三，与社会支持利用度分析结果相同，退休前职业为销售人员的失能老年人交际范围可能更为广泛，并且知晓如何利用自身资源获得他人的帮助，及时诉说出自己的苦闷，获得更多的社会支持。第四，分析结果还显示，高龄失能老年人获得的社会支持相较于低龄失能老年人更多，能够得到更多的社会支持，这与客观支持、主观支持的分析结果相一致。

以下因素可能使失能老年人的社会支持减少。首先，失能年数过长可能导致失能老年人与社会脱节，社会互动网络逐渐缩小，能够获得的社会支持也越来越少。其次，退休前职业为自由职业者的失能老年人所获得的社会支持最少，月收入情况、文化程度、社会交往情况、社会关注情况等方面的不利因素均限制了该群体对社会支持的利用程度。在多种因素共同作用下，该群体社会支持得分较低。再次，居住在养老机构的失能老年人相较于同配偶居住获得的社会支持更少。虽然在养老机构能够得到专业的康复训练，获得更多的帮助，同护理人员的沟通使其能够获得更多的情感支持，但老人通常会认为这种社会支持是一种等价交换，不是由护理人员主动提供的，反而对失能老年人的社会支持起到反向作用。最后，分析结果发现，低龄失能老年人所获得的社会支持低于高龄失能老年人，这与客观支持、主观支持的分析结果一致。

配偶对失能老年人的社会支持起重要作用，不仅体现在失能老年人的生活起居照料上，还体现在对失能老年人的精神慰藉、社会支持资源利用上，配偶健在、与配偶居住能够使失能老年人获得更多的社会支持。独自居住、孩子数量较少、失能程度重可能导致失能老年人所获得的社会支持减少。退休前职业为自由职业者成为影响失能老年人获得社会支持的主要因素，对失能老年人的社会支持起负向影响，社会地位较低、文化程度较低、人际关系相对薄弱可能是造成这一现象的主要原因。

第三节　城市失能老年人社会支持存在的问题

通过对银川市失能老年人社会支持的调查，发现银川市失能老年人社会支持体系并不健全，下面结合多因素分析结果对社会支持存在的问题与不足进行探讨。

一、正式支持体系不健全

街道和社区作为城市的基层机构，是构成社会整体的子系统，具有服务社区、服务群众的职能，对于社区中的失能老年人来说，是他们社会生活的基本单元。失能老年人理应在街道和社区得到更多的支持，但是通过对银川市三个主要城区的走访发现，街道和社区给失能老年人提供的支持十分有限。社区工作人员表示，社区的人力、物力资源有限，并且社区对管辖范围内的失能老年人的了解情况也无法做到面面俱到，为每一位失能老年人提供支持是不可能实现的。因此，社区只能根据目前掌握的情况，为最需要支持的重度失能老年人优先提供支持。样本中，经常接受街道、社区等正式支持体系支持的老年人仅有 4 位，占样本的 1.1%；从未接受过帮助的达 243 位之多，占样本的 67.5%。当问到是否接受过志愿者、社会工作者的支持时，仅有 13 位老年人表示经常接受，表示从未接受的有 291 位。有些老年人甚至不知道何谓社会工作者。就支持内容来看，接受过精神支持的占多数，99 位老年人认为所接受的支持对自己的作用并不是很大。可见，社区虽然能够为失能老年人提供一些社会支持，但其覆盖率和多样性仍有待加强。详见表 4-15。

表 4-15 银川市失能老年人接受社区等社会支持情况

项目	人数	构成比（%）	项目	人数	构成比（%）
街道、社区、工会			志愿者、社会工作者		
经常接受	4	1.1%	经常接受	13	3.6%
偶尔接受	113	31.4%	偶尔接受	56	15.6%
从未接受	243	67.5%	从未接受	291	80.8%
所接受帮助的项目			是否对您有作用		
未接受过	219	60.8%	未接受过	219	60.8%
生活照料	18	5.0%	作用很大	0	0
紧急情况援救	16	4.4%	有作用	22	6.1%
精神慰藉	59	16.4%	一般	99	27.5%
物质帮助	48	13.3%	没作用	20	5.6%

二、养老机构中失能老年人情感支持缺乏

在人口老龄化与家庭小型化的共同驱动下，家庭已经不能完全解决老年人的养老问题，同时因为失能老年人的特殊性，选择在养老机构生活的失能老年人比例逐渐增高。早期我国的养老机构作为社会福利机构，主要救助社会上病残、无儿无女、孤身等老年人，老年人属于被动接受救济与服务。随着社会的进步与经济的发展，养老机构逐步专业化、正规化，不断扩大服务范围，为自费的老年人提供帮助与服务。[①]养老机构因专业性强能够为失能老年人提供专业化的护理服务，是失能老年人提高养老质量的较好选择。观察中发现，养老机构重视对老年人行为上的支持，而缺乏对其情感、精神上的支持与慰藉。养老机构工作人员能提供一些行为上的帮助，如吃饭、洗澡、喂药、如厕、康复训练、按摩推拿等，但在精神慰藉方面提供的支持十分有限，所开展的集体性娱乐活动也很少。

① 张昊．上海市机构养老存在的问题与对策研究［J］．中国集体经济，2018（36）：165-167．

案例 1：某位奶奶，85 岁，丧偶，因糖尿病基本失明，机体老化，腿脚不便，YH 养老院

老人来养老院已经有 3 年之久。她表示自己刚来时心情还不错，感觉养老院的生活充满新鲜感。但时间长了之后，会感觉孤单寂寞、无人陪伴。老人患有糖尿病，眼睛基本看不见东西，工作人员每天为老人穿衣、扶老人走路、为老人喂饭。除此工作人员外，其他老人几乎不与该老人主动聊天，仅在路过时打一声招呼。老人重复着每天同样的生活，自己坐在轮椅上听一听周围的声音。生活在“关爱楼”的都是腿脚不方便的老人，每天基本都是躺着，只有当吃饭时大家才聚在一起，饭后又会进行午休。

因养老机构房屋资源有限，除患有精神性疾病的失能失智老年人单独居住外，其他均是少则两位、多则四位失能老年人同住一屋。老年人在亲情支持方面的缺失需要用友情来弥补，同住的室友是失能老年人在日常生活中接触最为频繁的人，也理应是其最好的沟通对象，但居住在养老机构的很多失能老年人并未能妥善处理好与室友的关系。造成这一现象的原因可能是老年人的生活习惯、兴趣爱好各有不同，居住在同一空间内，老年人要放弃自己原有的爱好，相互做出妥协，容易产生矛盾。不少老年人反映自己很渴望与室友友好相处，但其往往不知道该采取何种方式。老年人在养老机构中生活，缺乏相互扶持、嘘寒问暖的交流沟通对象，长期如此可能导致失能老年人情绪低落、易怒、不愿与他人沟通，严重时可能引起老年人抑郁。

案例 2：苏爷爷，83 岁，丧偶，因意外使盆骨骨裂，导致重度失能，NXTL 疗养院

“我在这住了将近 2 年，来了一拨又走了一拨，现在他们（室友）具体住在哪里、哪来的、家有几个孩子我都不太清楚。我晚上睡眠不好，老容易醒，新住进来的室友晚上睡觉打呼噜，我就更睡不着了，白天血压就升上去了。咋说呢？没法说！人在屋檐下哪有不低头的，大家也都是可怜的人，相互忍忍吧。”

三、社会关注度低

一个完善的社会支持体系，不应该只有政府与家庭，社会各界都应参与其中。老年人尤其是缺乏劳动能力和生活自理能力的老年人，是特殊困难群体，他们需要得到更多的支持与帮助。2016 年底，银川市社会组织总共有 535 家。而事实上，银川市几乎没有社会组织、社会企业关注失能老年人的社会问题，更谈不上提供专业的支持。社区及社会未能给失能老年人及护理人员提供有针对性的服务及培训，失能老年人逐渐成为“被社会遗忘的群体”。

四、家庭承受失能老年人社会支持压力大

在“十一五”规划期间，上海市就率先提出了“9073”的养老布局，是指 90%身体健康状况较为良好的老年人以家庭为基础实现老年照顾，7%的老年人依托社区居家养老服务提供日间照料，剩余 3%的老年人通过机构给予养老保障，通过家庭自我照顾、社区居家养老服务、机构养老服务相结合，为老年人提供高质量的养老保障。失能老年人身心都很脆弱，需要专业照顾人员提供服务，理应属于“9073”中依靠社区居家养老或机构养老照护的范畴，但由于基础设施建设尚未完善，养老机构资源十分有限，在家庭养老仍是很多失能、半失能老年人首选的养老方式。

调查中发现，选择在家中养老的失能老年人能从其配偶、子女处获得一定的日常生活照料、精神慰藉，但内容及来源都非常有限。并且由于失能老年人的生活范围狭窄，其难以从除家人以外的社会群体获得支持，因此家庭面临的养老压力巨大。

案例 3：孙奶奶，72 岁，因第二次突发脑血栓导致重度失能，生活完全不能自理，需要家人全天陪护

她告诉笔者，自己有 2 名子女、3 名孙子女，老伴比自己大 7 岁，腿脚不利索，同样需要有人照顾。平时主要是女儿（李阿姨，46 岁）负责照顾自己的饮食起居，儿子主要提供经济支持，自己重度失能给家庭带来了极大的影响。她的外孙今年考大学，她未失能时主要由自己为外孙提供午饭、晚饭。现在她完全丧失

了行动能力，双手颤抖得厉害，拿起筷子都很费劲。女儿为了照顾她已经辞去工作，仅剩女婿在外挣钱养家，工作很忙，没时间照顾家庭和孩子。李阿姨在照顾孩子的同时还要照料父母，每天忙里忙外，没有时间与朋友、原同事相聚，离原有的社交网络越来越远。

失能老年人的配偶、子女及子女的配偶是失能老年人照护的主要支持来源，失去配偶或子女较少的老年人所获得的社会支持较少。同时在家庭照护养老中，老年人的子女往往还需要顾及工作、自己的子女、家中琐事，承受着照护老年人与照顾晚辈的双重负担。

五、行为支持来源单一，照护者护理负担严重

对失能老年人的照护是对其行为支持中最为重要的环节，受到我国传统孝文化影响，子女照顾家中失能老年人责无旁贷。除少数家庭照护者为被雇佣者，实际中多数失能老年人家庭由子女、配偶承担老年人的照护责任，行为来源极为单一。失去配偶的失能老年人，其子女承担的照护责任更加繁重。失能老年人因身体活动范围严重受限，又可能受到某些疾病的困扰，需要专业的护理服务。尤其对于重度失能老年人来说，生活起居需要他人帮助，不能主动前往卫生间解手，失禁的大小便、口涎，以及长期卧床所产生的汗味、皮肤疾病等问题，往往被视为“肮脏污染源”，需要及时进行清洁处理，对照护服务的需求更大。但其家庭照护者在此过程中一直扮演着“非专业护理人员”，长时间的照料工作通常使家庭照护者感到巨大的压力与无奈[①]，可能造成其护理负担。护理负担是照护者长期处在照护老年人的情境中，面对日复一日的护理工作所产生的压力与角色的不适应，主要来自照护者对护理活动、护理工作的感受。对于家庭来说，失能老年人的照护问题是不可避免的，而在照顾失能老年人的同时，家庭照护者不仅承担着照护、经济压力，还需要面临社会地位的改变及社交网络缩小等问题。

---

① Butcher Howard Karl，Holkup Patricia A，Buckwalter Kathleen Coen. The experience of caring for a family member with Alzheimer’s disease [J]. Western Journal of Nursing Research，2001，23 (1)：33-55.

案例 4：尤奶奶（失能老年人家庭照护者），70 岁，8 年前老伴（73 岁）因脑卒中右侧身体偏瘫，后因康复治疗不及时导致完全失能

问：您平时自己一个人照顾爷爷吗？

答：恩，都是自己一个人照顾他。家里孩子工作忙，还有一个在外地，过年过节的时候才能回来。

问：您在闲暇时间都做些什么？

答：哪有什么闲暇时间，我得全天守着，一会想尿啦，一会想拉啦，一会又要喝水，每天就知道折磨我。有的时候天气暖和了，推他出去晒晒太阳，外面老年人聊天就去说两句。平时我和谁也不来往。（老年人顿了顿说）就连买菜都是等他睡了着急忙慌地买回来，不然拉裤子、尿裤子还要擦洗，麻烦得很。

问：您现在遇到的主要困难是什么？

答：主要的困难啊，子女不在身边，自己照顾他挺难。前几年还好，现在自己也老了，力不从心了。每天帮助他上下床都很困难，前年装了两个起重机，花了好几千元。时常会想这种日子什么时候是个头啊，不过也没办法，毕竟夫妻一场。万一哪天我走在他前面了，唉，那他可怎么办啊。

调查发现，银川市失能老年人的行为支持来源单一还体现在以下两个方面。第一，承担家庭照护工作的人员多数未曾受过专业护理培训，而社会上也缺少专业培训机构，社会缺乏直接或间接为失能老年人及其照护者提供行为支持。其次，为老年人提供洗衣、做饭、理发等服务的主体也都为其自身家庭，即便是在亲朋好友中也很难找到除子女、配偶以外的家庭照护者，邻居之间能够提供帮助的寥寥无几。当家庭照护者买菜、办事不在老年人身边时，失能老年人如厕、行走、出门散心等行为都会受到较大的制约。

六、街坊邻里关系淡漠，缺乏有效互助

和睦友爱的邻里关系不仅是中华民族的优良传统，也是社会主义精神文明建设提倡的美德，热情善良的邻居不仅能在生活上相互照应，还能在

情感上互相慰藉。[①] 社会的进步和发展带来了电子通信的新时代，从“大杂院”到“单元楼”的居住形式的改变，使居民面对面的接触机会减少。马克思认为，人是社会关系的总和，人只有在与他人的社会交往中才能实现自己的目标。社会交往以及由此构成的社会网络能够为失能老年人提供物质上、情感上的支持和帮助。如今，邻里间关系疏远、社区缺乏活力、社会关系冷漠，成为现代城市社区普遍存在的一种“反传统”的社会镜像。[②] 孤独感是老年人常见的负向情绪体验，失能老年人更是如此，他们丧失了主动与社会交流的条件，精神娱乐活动较少，遇到困难无人帮助，邻里之间的非正式支持匮乏。

霍曼斯认为，人际关系的本质是一种交换的过程，其中包括情感、物质等方面，只有当交换过程互惠平衡时，才能维持和谐的人际关系。失能老年人作为社会的弱势群体，在与邻居的交往中，处于社会支持的接受者。因其所拥有的社会资源极为有限，很少能为邻居提供“等价回报”，邻里在为失能老年人提供各种帮助时也会在心中权衡得失。因此，失能老年人邻里关系淡漠，当其遇到生活问题、需要情感支持时，很少有邻居会主动为老年人提供支持与帮助。调查中，13.5%的失能老年人表示与邻居相互交往仅是点头之交，51.7%的老年人认为遇到困难时邻居可能会稍微关心。但失能老年人家属表示，在需要帮助时往往不会主动告知邻居，认为自己难以获得其有效帮助且无以回馈其帮助。

第四节 城市失能老年人社会支持体系的构建

通过对银川市失能老年人的调查发现，当前城市失能老年人的社会支持体系仍不健全。家庭作为失能老年人单一的支持来源，为失能老年人提供物质、行为以及情感上的支持。正式支持体系不完善，缺乏失能老年人社会福利政策支撑，社会各方面也未能有效整合社会福利资源为失能老年

---

① 廖常君．城市邻里关系淡漠的现状、原因及对策［J］．城市问题，1997（2）：37-39.

② 沙彦奋．“复活”的传统资源：城市社区社会关系建构模式研究——以 WZ 市城市社区“邻居节”为个案［J］．人口与社会，2018，34（1）：64-73.

人提供支持。因此，构建多元的养老服务体系，让政府、社会组织、社区、市场、社会志愿者、老年人群体自身、家庭等各个主体充分发挥其作用，是养老事业发展的重中之重[①]，也是解决失能老年人社会支持问题的有效措施。拓宽其社会支持渠道、丰富社会支持内容，构建社会各方共同参与、资源共享、合作互助的城市失能老年人社会支持体系。

一、完善失能老年人福利政策、监督体系

政府作为失能老年人正式社会支持体系中的主要支持主体，在关于失能老年人相关政策的拟定和执行中发挥着重要作用。[②] 相关研究表明，自2012年以来，我国修订《老年人权益保障法》，出台了《关于加快发展养老服务业的若干意见》《“十三五”国家老龄事业发展和养老体系建设规划》等70多项政策文件，初步建立养老法规政策体系。[③] 社会政策主要是以促进社会公共利益，特别是帮扶弱势群体为目标的政策。对于失能老年人来说，构建“支持和维护家庭”的政策体系显得十分重要，不仅能为我国当前养老服务体系指明方向，还可以通过相关家庭政策安排，支持和维护家庭在解决失能老年人护理服务和精神慰藉方面的问题。[④] 支持失能老年人的家庭养老服务，根据各地经济社会发展水平、人口老龄化程度，因地制宜地制定失能老年人的补贴政策，制定具体可行、有针对性的补贴方案，注重提高补贴政策的实效。缓解失能老年人的家庭照护难题，帮助减轻失能老年人家庭的养老负担。[⑤] 设立监管部门，定时、定期对失能老年人进行走访，了解政策落实现状，接受社会的舆论监督。从政策上为失能老年人获得行为、物质、精神支持保驾护航。

---

① 宋言奇．打造多元化的养老服务体系——基于江苏的养老服务发展实践［J］．现代城市研究，2012，27（8）：45-50.

② 张国琴，王玉环．失能老年人社会支持与心理健康状况的相关性［J］．中国老年学杂志，2011，31（11）：70-71.

③ 中华人民共和国国务院新闻办公室．改革开放40年中国人权事业的发展进步［N］．人民日报，2018-12-13（13）.

④ 李珍．完善养老服务体系的思考与建议［N］．中国人口报，2018-12-14（3）.

⑤ 财政部 民政部 全国老龄工作委员会办公室关于建立健全经济困难的高龄、失能等老年人补贴制度的通知［EB/OL］http：//www. mof. gov. cn/ l.

二、完善社区养老，为失能老年人提供实际帮助

2013 年，国务院发布的《关于加快发展养老服务业的若干意见》提出，到 2020 年，全面建成以居家为基础、社区为依托、机构为支撑的，功能完善、规模适度、覆盖城乡的养老服务体系。① 如今，我国以居家为基础、社区为依托、机构为支撑、医养结合的养老服务体系已经初步形成。社区照护源于 20 世纪 50 年代的英国，指专业性的社区工作者动员和调动社区资源，运用正式的和非正式的支持网络，联络社区内的政府机构和非政府机构，通过合作和协调，以正式合法的社会服务机构和服务网络来为有需要的人所提供的援助性服务。②

党的十九大报告指出，要加强社区治理体系建设，推动社会治理重心向基层下移，发挥社会组织作用，实现政府治理和社会调节、居民自治良性互动。对于失能老年人来说，在原有住宅中持续居住，不仅能够保持其较好的社会网络，熟悉的生活环境还可以给其带来归属感，使失能老年人能够在社区中安享晚年。社区在失能老年人社会支持方面发挥着举足轻的作用，社区参与失能老年人的社会福利服务供给，利用社区资源为失能老年人提供必要的支持，既便于失能老年人在家中享受社会福利服务，又能充分调动社区资源。通过社区，为失能老年人提供范围广泛的预防性、补救性和发展方面的服务。③ 以失能老年人的家庭为核心，在社区中引入专业的养老服务团队，为失能老年人群提供真实、可靠、便捷的日常护理、打扫家务和精神慰藉等服务，改变提供“面子”服务的现状。完善社区基础设施建设，增设无障碍通道，加大轻度、中度失能老年人与社区其他老年人交往互动的可能性。同时，社区工作人员应积极调动社区内居民参与失能老年人帮助工作。据统计，英国参加社区养老志愿服务活动的民众，

---

① 于建明，陈雪楠，段祥伟．构建并完善以居家和社区养老为主体的养老服务体系势在必行［J］．中国民政，2018（21）：12.

② 周沛．社区照顾：社会转型过程中不可忽视的社区工作模式［J］．南京大学学报（哲学·人文科学·社会科学版），2002（5）：20-27.

③ 解芳芳．日本社区居家养老模式的经验及启示［N］．中国人口报，2018-06-11（3）.

每年占志愿者总数的48%。[①] 社区应充分发挥群众力量，调动社区居民积极为失能老年人提供行为支持，从而有效减轻社区工作人员服务压力，创建互帮互助的良好社区环境。

三、发展社会力量，丰富失能老年人社会支持内容

伴随着失能老年人口数量的增多以及家庭养老功能的弱化，失能老年人对晚年生活的福利服务需求增大。对于失能老年人及其家庭来说，来源于社会各界的支持显得更加迫切。所以，打破家庭对失能老年人社会支持的垄断，由政府、社会组织、志愿者、社会工作者等共同承担社会支持内容的提供义务尤为重要。

（一）政府层面

政府在动员社会力量的参与中作用巨大，且由于身份的特殊性，具有很强的公信力和号召性，能够更快速、有效地动员社会企业、社会组织及社区携手合作，共同参与建设失能老年人的社会支持体系。对于银川市政府而言，应从宏观政策方面引导当地企业、社会组织发展养老服务产业，鼓励社会力量积极参与失能老年人帮扶工作，充分调动社会实现失能老年人社会支持的相互弥补。吸引民间投资发展社会养老产业，并给予税收优惠、简化审批流程、专项基金支持等政策支持。在失能老年人服务方面，政府要支持建立以企业和机构为主体、社区为纽带、满足失能老年人各种生活服务需求的居家养老服务网络。[②] 联合银川市医科院校、医院及社会培训机构对失能老年人家庭照护者进行专业化的护理培训服务。营造人人为社会养老做贡献的良好社会氛围，倡导社会组织等开展“社会养老服务志愿行”活动，加大对失能老年人提供支持的宣传力度，促进慈善机构、公益组织等投入到失能老年人社会支持的供给中。[③]

---

① 郑少卿．英国社区养老模式对我国的启示［J］．商场现代化，2012（20）：394-395.

② 于建明，陈雪楠，段祥伟．构建并完善以居家和社区养老为主体的养老服务体系势在必行［J］．中国民政，2018（21）：12.

③ 王晨，施国庆，孙璐．融合与可持续：社会养老服务的支持体系［J］．中国劳动，2015（8）：69-73.

（二）社会组织层面

失能老年人社会支持体系的社会化仅靠政府单方面的引导是远远不够的，还需要社会各界的共同参与。Baruah 认为，当政府不能提供完善的社会公共服务时，这些公共事务会转移至企业和个人等；当志愿组织或者市场失灵时，则通过多元主体的协商合作来弥补“失灵”。[①] 企业、社会组织在失能老年人社会支持供给方面占据着不可取代的地位，在实际中企业或社会组织却并未主动参与到帮助失能老年人的队伍中。失能老年人长期护理的需求日益增长，家庭规模小型化、家庭护理不专业等原因，造成失能老年人的长期护理需求很难在家庭内部得到满足。长此以往，这种家庭内部需求就会外溢成为社会需求，社会帮扶失能老年人将成为必然。

失能老年人的活动受到极大的限制，对社会帮助就更加需要。“老吾老，以及人之老”，企业员工、社会组织工作人员在闲暇之余可以走访失能老年人家庭，帮助失能老年人家庭照护者打扫家庭卫生。在有条件的情况下，发挥各自资源优势，对失能老年人进行物质支持。这就需要社会培训机构积极培养专业护理人员，为失能老年人家庭照护者提供专业化的培训服务。可以采取走进社区开展培训讲座、印刷护理常识手册、提供护理示范视频等方式，还可以通过网络视频连接失能老年人家庭，指导其进行护理服务。

（三）志愿者层面

美国学者莱维特提出，人们往往将社会组织简单分为政府部门与私营部门。其实在这两者之外还存在着一部分社会组织，即第三部门。[②] 第三部门是处于政府与私营企业之间的社会组织，是不以营利为目的、主要开展各种志愿性的公益或互益活动的非政府的社会组织。[③] 志愿者组织是一

---

① Bipasha Baruah. Energy services for the urban poor：NGO participation in slum electrification in India［J］. Environment and Planning C：Politics and Space，2010，28（6）：1011-1027.

② 李道霞．第三部门视域下高校公益社团的发展之路［J］．文教资料，2018（31）：110-111.

③ 王名．非营利组织概论［M］．北京：中国人民大学出版社，2002：2.

种典型的非营利性社会组织，能够增强人们之间的交往和关怀，其最主要的特点就是其无偿性。志愿服务对于失能老年人来说是必不可少的支持来源，不仅能够为失能老年人带来行为上的帮助，还能为其带来精神上的关怀。完善银川市志愿服务工作，增大社会互帮互助的可能性，加强银川市志愿者服务队伍、慈善组织的建设，改变志愿者服务空有其表的假象。可以采取正向的强化措施激励组织成员参与到对失能老年人的行为帮助中。帮助失能老年人打扫家务、维修家用电器、日常出行，提供专业的护理技术指导。在时间允许的情况下经常与失能老年人交流，提供情感支持与慰藉。在为失能老年人提供实际帮助的同时传递爱心，鼓励越来越多的人参与到服务失能老年人的队伍中。

（四）社会工作者层面

专业社会工作从其诞生之日起就秉持着帮助弱势群体、解决社会问题的双重社会责任。[①] 在加拿大，专业化的社会工作被视为帮助新移民获得正式社会支持、促进社会融合的一种有效途径和方法。[②] 社会工作的核心理念是“助人自助”，本质是通过社会工作者的协助，增强案主的独立性和自主性。银川市社会工作事业发展较为落后，应积极培养专业的社会工作者。在建设失能老年人社会支持体系的过程中，社会工作者可以通过个案工作、小组工作、社区工作等专业方式，充分了解失能老年人的心理特征、生活状态、家庭状况及服务需求，协助他们有效解决家庭照护、心理健康、社会参与等方面的问题。为失能老年人提供行为帮助及精神慰藉，引导失能老年人尽快摆脱因失能而造成的心理负担，鼓励有能力的失能老年人参与社区生活。社会工作者应充分发挥其作用，根据银川市现有政策，有针对性地为银川市失能老年人申请相应的护理补贴，为失能老人维护自身正当权益。社会工作者是连接失能老年人与社会力量的桥梁，社会工作者可以利用小组工作的方式，将社区中同为失能老年人的家庭连接起来，组成失能老年人互助网络，促进社区内失能老年人社会支持网络的构成。

---

① 马冬梅，徐慧蓉．多中心治理视阈下城市流动人口服务管理路径探析——基于上海、广州、武汉的调查［J］．广西民族大学学报（哲学社会科学版），2016，38（2）：153-158.

② 叶继红．集中居住区移民社会网络的变迁与重构［J］．社会科学，2012（11）.

通过以上对失能老年人社会支持提供主体的分析，可以得到银川市失能老年人社会支持体系图（见图 4-6）。

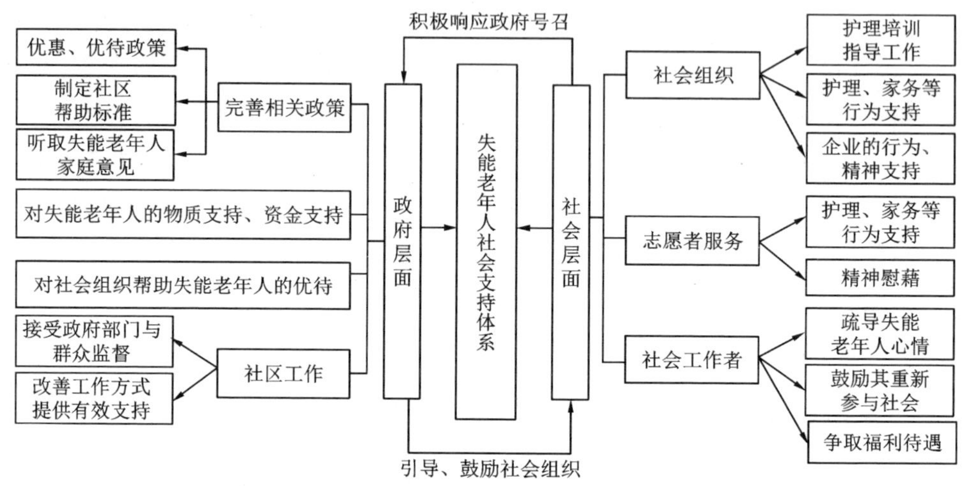

图 4-6 银川市失能老年人社会支持体系图

四、关注精神慰藉，加强养老机构中失能老年人情感支持

失能老年人的子女不能也不应产生将老年人“扔进”养老院对自己是一种解脱的想法，应尽力在精神上给予父母最大的安慰，为失能老年人创造安全的心理环境。经常去养老机构看望自己的父母，增进情感，及时了解他们的身体状况，鼓励其适应新环境、结交新朋友。养老机构应调动失能老年人参与机构活动的热情，积极开展多样化、针对性的娱乐活动，让失能老年人也能参与其中，缓解心中孤寂。除了加强对工作人员的业务技能、护理技巧方面的培训外，还应注重工作人员心理素质的教育，提高护理人员对失能老年人精神支持的服务意识，更好地为失能老年人提供社会支持，引导居住在同一间房子的失能老年人彼此安慰。此外，养老机构工作人员可以帮助失能老年人使用智能通信设备，利用现代化信息平台与其子女进行视频通话，帮助不常来机构的子女了解老年人情况，为老年人排忧解难，提供必要的情感支持，减少其焦虑、抑郁等不良情绪的产生。

五、增进亲友互助，发挥初级群体的功能

无论社会结构如何变迁，家庭在养老服务中都起着“保护养老底线”的作用，也是多数失能老年人养老的首要选择，主要为失能老年人提供衣、食、住，以及基本的护理服务。但这些支持主要来自失能老年人的配偶及子女或子女的配偶，来自亲戚朋友的支持极为有限。长时间以来，“乡田同井、出入相友、守望相助”一直是中国传统家庭关系的常态，以血缘关系、宗族家族、亲友近邻为纽带，来维持中国家庭中的“人情社会关系”，从而达到相互依赖、扶助、接济甚至是共同防范风险的目的。① 同时，亲人的精神支持对失能老年人的社会支持也具有积极影响。② 亲友本是失能老年人社会支持来源的重要提供者，实际中却未充分发挥出其应有的作用。所以，加强亲友之间的联系、维系亲友之间的情感支撑，对失能老年人家庭来说是十分必要的。亲友应主动帮助失能老年人直系亲属分担家庭劳动、提供暂时的护理服务。在闲暇之余经常探望失能老年人，主动关注失能老年人的精神需求，多开导、安慰失能老年人，让其能够感受到来自家人的关心、理解与尊重，感受到来自家庭的关爱③，可以有效改善失能老年人社会支持来源匮乏的现状。

六、重塑邻里关系，发挥近邻的社会支持作用

邻里是地缘相邻并且构成互动关系的初级群体，具有相互支持、帮助和社会化的功能。④ 失能老年人的邻居的地缘性、情感性与非正式性特征依旧存在，双方有效互动是以彼此情感上的交流作为基础的。邻居是失能老年人在社区中最基本的人际关系网络、社会支持网络。在现代城市社区中，邻里关系更追求利益价值。在而缺乏伦理、情感价值。在社会关系发

---

① 张奇林，刘二鹏，周艺梦．守望如何相助——中国家庭互助行为的影响因素分析［J］．武汉大学学报（哲学社会科学版），2018，71（4）：145-155.

② 杜旻．社会支持对老年人心理健康的影响研究［J］．人口与社会，2017，33（4）：12-19.

③ 朱俊红，等．社会支持影响社区老年人主观幸福感的实证分析［J］．华东经济管理，2018，32（7）：164-173.

④ 孟祥远．邻里关系与社区治理的关系探讨［J］．大众文艺，2018（14）：241-242.

展过程中，邻里关系的走向出现了社会偏离现象。[①] 睦邻友好的社会良好景象正在渐渐消散，邻里间的帮助与支持慢慢减少，感情也逐渐淡漠，邻居对失能老年人的社会支持功能变弱。

远亲不如近邻，邻居不仅能在社会交往方面为失能老年人提供帮助，还能在失能老年人家庭遇到困难时第一时间伸出援手，解决失能老年人紧急生活问题。来源于邻居、朋友的支持不仅可增强失能老年人的生活满意度，而且对其正向情感有明显增益作用，同时还起到缓解负向情感的作用。[②] 失能老年人的邻居，不应计较是否能够得到回报，提供简单的行为支持对于失能老年人来说就是极大的帮助。在失能老年人日常生活方面，邻居可以为失能老年人提供适当的家务劳动，包含老人的日常生活起居、家庭清扫工作。在必要时为失能老年人家庭照护者提供临时性的看护服务。在失能老年人不方便采购食品、生活日用品时帮助其购买。邻居可在闲暇之余前往失能老年人家中做客，与老年人进行交流，给予其精神上的支持，避免失能老年人与社会脱节。

---

① 王昭茜，翟绍果．老年人精神健康的需求意愿、影响因素及社会支持研究［J］．西北人口，2018，39（5）：103-111．

② 马冬梅，徐慧蓉．多中心治理视阈下城市流动人口服务管理路径探析——基于上海、广州、武汉的调查［J］．广西民族大学学报（哲学社会科学版），2016，38（2）：153-158．

第五章

家庭养老模式下失能老年人心理健康问题及影响因素

第一节 失能老年人基本状况

一、失能老年人基本状况

伴随我国人口老龄化、高龄化不断加深，失能老年群体规模日益扩大，失能老年人的养老问题逐渐凸显。截至2014年底，全国60岁及以上老年人已超过2.12亿人，而失能、半失能老年人达近4000万人。[①] 在人口老龄化浪潮的推动下，随着社会经济的发展、生活节奏的加快及家庭结构和规模的变化，老年人和子女分开居住的现象日渐增多[②③]，老年人的心

① 全国60岁以上人口超2.12亿 失能老年人近4000万［EB/OL］. 搜狐新闻网，http：//news. sohu. com/20160129/n436249516. shtml.

② 韩少梅，张承训. 我国城乡独居老年人生活状况分布［J］. 中国老年学杂志，1999（1）：5-7.

③ 张欣文. 社区独居老人健康和生活状况调查［J］. 同济大学学报，2002，23（1）：25-27.

理、生理各个方面的机能不断下降。与此同时，在现代化进程中，人们思想观念、兴趣爱好、生活习惯的变化，对传统的家庭结构和模式造成很大的冲击，家庭养老功能的弱化，导致老年人心理健康以及生活照料方面产生诸多问题。老年人的健康问题不容忽视，尤其是对失能老年人的心理健康状况，应给予充分关注。

二、相关研究

我国人口老龄化基数大、比值高、增长速度快，目前中国老年人口在增速和数量上均居榜首。[①] 随着老年人口的增加，失能老年人的数量呈同步增长趋势，所占比重也在持续提升。失能虽是人口老化过程中的自然现象，但因我国经济发展具有“未富先老”“未备先老”的特殊性，失能老年人在日常生活和经济上难免遭遇许多困难。由于失能老年人的特殊身体状况，其心理健康程度与普通老年人相比存在一定落差，由此产生的心理问题直接影响其晚年生活质量。我国学者对于失能老年人的主观幸福感、心理情感需求及社会支持状况等进行了一系列探讨。赵晓翀认为，自我效能感、社会支持程度与失能程度构成了失能老年人主观幸福感的主要影响因素。在中国，健康老年人的主观幸福感明显要高于失能老年人。中国失能老年人面对失能之后的生活态度，相较于瑞典相同人群来说更加悲观无助，充分说明我国失能老年人的心理健康状况令人担忧。[②] 张国琴等认为，失能老年人心理健康状况与性别、经济状况、受教育程度、婚姻状况、失能时间、医疗保障、失能程度等呈明显相关性，失能老年人的心理健康程度低于一般老年人群，且心理问题突出。[③] 张晓先对老年护理中心 27 例失能老年人进行调查后发现，失能老年人普遍存在被尊重、安全与舒适、爱与归属感等方面的心理需求，并提出在失能老年人护理过程中应当加入心

① 黄石松，等．大咖谈养老——多方助力养老事业发展［J］．中国护理管理，2017，17（11）：1473-1477．

② 赵晓翀．失能老年人的主观幸福感与心理护理对策［D］．宁波：宁波大学，2012．

③ 张国琴，王玉环．新疆石河子市失能老年人心理健康状况及其相关因素［J］．中国老年学杂志，2011（10）．

理干预，以提升其晚年生存质量。① 冯朝柱研究指出，随着江苏人口老龄化和高龄化态势的进一步发展，江苏省残疾老年人尤其是残疾老年女性的数量会有较大幅度的增加，而残疾老年女性的生活状况不容乐观，尤其在婚姻、经济、社会保障等方面面临一系列问题。从微观来说，老年人个体和家庭要承受来自身体和精神上的双重痛苦；从宏观来说，政府和社会也会承担较大压力。②

在失能老年人的养老模式选择上，虽然我国养老服务体系逐步完善、养老观念日渐更新，家庭养老模式受到冲击，但多数失能老年人仍旧选择家庭养老和社区养老。这主要是由于失能老年人对家庭及亲人的心理依赖程度高于普通老年人；我国当前公立养老机构床位紧张，且缺乏专门的失能老年人疗养机构和专业照护人员；医养结合的新型养老模式仍处于发展阶段，并未得到普及。本研究主要依据失能老年人的基本状况，分析不同境遇下失能老年人的心理健康问题，这对于安抚其负面情绪，提升其生存质量，优化失能老年人与家庭照护者的关系，提升失能老年人的幸福感和获得感等，具有一定的现实意义。

第二节　家庭养老模式下失能老年人心理健康问题

失能老年人的心理满足感较正常老年人要弱，且心理需求更为多样、程度更为强烈。本研究主要针对河北省张家口市家庭养老的 20 位失能老年人进行入户访谈。

访谈对象为 60 岁及以上的失能老年人，其中男性 12 位，女性 8 位，旨在了解失能老年人在家庭养老过程中的心理状态和心理问题，并进一步探究造成其心理问题的主要因素。本次访谈主要采取入户形式，对部分由于语言障碍或失智等原因无法正常表达自身感受的老年人，请求其家庭照护者予以协助或代为转述，完成访谈。访谈内容主要涉及老年人的年龄、

---

① 张晓先．失能老年人心理特征与情感需求分析及护理体会［J］．基础医学论坛，2015（S1）．

② 冯朝柱．江苏省残疾老年女性状况与社会支持机制研究［J］．人口与发展，2009，15（4）．

身体状况、失能时间、失能原因、心理状态等。结合相关访谈结果，笔者将调查所得资料进行了归纳汇总，并通过案例分析总结了失能老年人心理健康状况的相关影响因素。

一、悲观自弃倾向

在失能老年人的心理问题中，悲观厌世、自暴自弃的负面情绪较为常见。由于失能老年人身体机能较差，生理健康状况不比同龄正常老年人，日常生活自理能力亦有所下降，依据失能程度的不同而需要照护者不同程度的协助。老年人本身经历过年轻时的辛勤工作，在步入老年时往往不愿意承认自身身体素质、工作能力每况愈下的事实，因而更需要得到家庭及社会的认可。一旦某些事实导致其在生活中失去自信，则较容易出现悲观、自抑的心理状况。尤其对失能老年人而言，自理能力的缺失更容易使其产生“自己年老体衰”“成为子女及社会负担”等不良心理暗示。而且较多重度失能的老年人，失能状况已成为不可逆的生理过程，从而导致其对未来生活彻底失去信心，严重者甚至产生较强的抑郁、绝望心理，放弃生理治疗机会。

案例1：失能老年人W，女，66岁，由配偶和女儿共同照护，失能近3年

通过访谈得知，老人长年操劳，体质较差。因曾摔倒导致逐步失能，现基本丧失自理能力，且无养老保险。随着身体状况逐渐衰弱，老人意志也日渐消沉，经常唉声叹气，感叹自己拖累老伴和孩子。平时善良内向的老人在失能后更加寡言少语，经常自己陷入苦闷沉思，不愿与家人交流，亦不愿见外人。老人常说，自己以后就这样了，干脆连药也不要吃了。随着失能时间增加，诸如褥疮、言语困难等一些病症的出现使老人更加痛苦，加之家庭经济条件较差，老人有时会背着家人偷偷流泪。

二、孤独自卑倾向

失能老年人对自身特殊状况较为敏感，在这样的现实基础上，他们在失能期间需要得到来自外界足够的理解与耐心，而当这样的需求得不到满足时，往往会导致其产生孤独自卑心理。难以自理的生活困难、无法自由活动造成的心理压力等容易引起失能老年人内心的压抑情绪，并且失能造成其与人群、社会等外部环境的交流联系急剧减少，致使此类老年人无法将自身不良情绪进行及时排解，性格逐渐转向封闭孤僻。同时，失能者本身的情感体验不同于常人，失能老年人通常认为自己肢体上的痛苦和心理上的苦闷难以向外人诉说，即便是较为亲近的家庭照护者亦无法感同身受，从而导致其产生沉默寡言、孤僻自卑的倾向，甚至出现更为严重的心理问题。

案例 2：失能老年人 P，男，86 岁，丧偶，由子女照护，失能 2 年

老人老伴去世较早，家中共有四个子女。老人由于年事已高，逐渐出现失能状况。起初是由于下肢无力导致半失能，随后发展为卧床，日常起居需人照顾，可实现坐姿但下肢无法活动。访谈期间，老人始终坐在床上低头颔首，不发一言，较多时候处于倾听状态。子女描述老人性情本身就有些沉默寡言，而在失能后表现得更加话少孤僻。有时家人在饮食起居等方面询问老人意见，老人甚至都只是以点头摇头回应。老人有些不愿意与人交流，且害怕给子女添麻烦，也极少主动表达情绪、提出要求。

三、暴躁易怒倾向

据部分失能老年人的照护者描述，随着失能时间增加，失能老年人的性情及心理状态会出现改变甚至反常。有些原本性格温和的老人在失能之后逐步呈现出脾气暴躁、乖戾易怒的倾向。有些失智老年人在病情发展到一定阶段时会出现失能症状，而此类失能老年人的暴躁易怒脾性有一部分源于其失智症中的精神症状，即表现为阴晴不定、突然躁狂等非自我可控的模糊意识状态。而另一些失能老年人，或由于照护者的日常照护行为未满足其需求，或由于内心负面情绪难以倾诉，或由于怕被忽视而想要增强存在感，从而采用较为激烈的情绪表达方式，希望引起家人或照护者的重视。

四、焦虑恐惧倾向

焦虑是一种较常见的情绪状态，通常分为生理性焦虑和病理性焦虑。恐惧是心理学中的重要元素，是对真实或想象中的不同危险情况做出的情感反应。从失能老年人的角度出发，对自身健康状况的担忧、对照护者尽心程度和专业程度的怀疑以及对未来养老状况的揣测等，都可能会引起其不同程度的焦虑或恐惧心理。他们往往处于深深的忧虑之中，同时伴随有情感压抑、高度紧张、抗拒交流等现象。访谈中还发现，失能导致老人缺乏安全感，部分老人担心子女会将自己送入养老院或请护工照护而使自己脱离家庭，从而陷入焦虑恐惧状态。焦虑恐惧对失能老年人的心理和生理健康均会造成一定程度的损害，长此以往，不利于其安享晚年生活。

案例 3：失能老年人 X，男，70 岁，由子女轮流照护，失能 1 年

老人几年前丧偶，因重病导致重度失能，家人并未告知其病情，但老人内心压力极大，极度悲观敏感。老人原本性格和蔼可亲，可自从失能半年以来脾气越来越暴躁，经常因为饮食不合口味、照护不周到或心情压抑而发怒。子女工作繁忙且身体素质都较差，而照护老人需要经常熬夜，精力明显不足，因而子女们与老人商量请一个护工，大家轮流照护，也能给老人提供一些专业性照顾。然而老人对这样的提议断然拒绝，执意要求不请护工，理由在于老人担心会受到护工虐待，而子女对自己的关注也会减少。老人甚至因此陷入了害怕自己晚景凄凉的焦虑中。

五、“回归心理”普遍

“回归心理”是在老年人群体中常见的一种心理现象。具体来说，是指老年人经常迷恋过去的成绩或生活，经常沉溺于过去的回忆中，而对当前的生活状态感到不满。形成这种心理的原因在于，老年人机体功能退化，思维运转缓慢，近期记忆力下降，而远期记忆力却相对稳定，因而对于从前各项事物的记忆清晰，对当前的新事物或新生活难以接受。失能老年人的“回归心理”在某种程度上比其他老年人更为严重。因为失能以后的生活质量有所下降，加之心理诉求得不到满足，如果缺乏相关心理指导，“回归心理”的确是失能老年人获得心理寄托的一种途径。在访谈中，受访老年人通常十分怀念生活可以自理时的自由状态，甚至有的老人向往回到曾经居住的住所，以期获得归属感。“回归心理”虽然看似是老年人的常态，但事实上是一种不良心理机制，如若得不到及时的控制，更容易加速失能老年人身体机能衰退，影响家庭关系和睦。

案例4：失能老年人R，男，86岁，由女儿女婿照护，失能8个月

老人患有失智症，访谈期间部分情况由家庭照护者代为描述。据其女儿描述，老人性格开朗健谈，失智之前交际很广，甚至是个“老小孩”，很受大家喜欢。老人二十多年前就随女儿从农村搬到市区居住，由于老年痴呆症逐步导致中度失能后，时而糊涂时而清醒。老人对以前的事情事无巨细都记得很清楚，而对近几年的经历却好似“失忆”一般，因而总是跟女儿提起以前的自由生活，甚至经常哭闹要回到农村老家去居住。老人常由于这个原因试图自己离开，可是活动不便，多次摔倒导致骨折。家人对此十分心疼又束手无策，看着老人情绪低落，大家心里也不好受。

第三节　影响失能老年人心理健康的因素

一、失能程度与生理健康状况

失能老年人的心理健康会受到诸多因素的影响。通常，生理健康程度对于人的心理状况有直接的影响，而对于失能老年人来说，生理健康缺失和自理能力丧失是造成其心理问题的主要原因。据相关调查分析，高达七成的城乡失能老年人对自身健康评价结果较差（其中包括很差和比较差），而自报患有慢性病的已超过八成。城乡失能老年人表示时常感到孤独的比例分别为41.1％和50.9％，而患有中度及以上抑郁症状的城乡老年人比例分别达到 41.9％和 45.9％。[①]

从失能程度来讲，轻度失能老年人的心理状态往往优于中度和重度失能老年人。根据 ADL 测量表，轻度失能老年人仍具备一定的自理能力，对自身健康状况的担忧和压力相对较小；而中度和重度失能老年人行动力更差，需要消耗更多的护理资源以满足其日常起居需求，从而造成其本身心理状态的恶化。从生理健康状况来看，除去失能本身，老年人自身存在的各种慢性病、病毒感染、体感疼痛等健康威胁，以及失能带来的褥疮、肺部感染等甚至会威胁生命的病症，更加重了失能老年人的肢体痛苦。这种情况在无法得到有效遏制或治疗时进一步转化为心理负担，加重老年人的心理健康问题。

二、失能时间

失能是一种进行性的病理过程，对于老年人来说，失能过程多数不可逆。因而失能时间也是老年人心理健康受损程度的重要影响因素。访谈中发现，失能时间不同，老年人的心理状况也不同。失能时间较短的老年人，会出现焦虑及孤独等不适应失能现状的应激心理反应，但程度相对较轻；失能时间较长的老年人，易形成悲观失落、暴躁易怒等不健康的心理状态，通常问题较严重且影响力持久。

三、家庭经济状况

对于选择家庭养老模式的失能老年人来说，经济状况对其生活和医疗水平有着直接影响，从而造成不同老年人的养老心态存在差异。家庭经济状况较好的失能老年人，可以享受专业的护理服务和护理设施，并在身体不适时获得及时的就医机会，从而可以相对减轻失能引起的负面情绪的影响。而家庭经济状况较差的老年人，失能会导致较大的照护和医疗开销，给家庭造成一定经济负担，并且失能老年人亦无法得到足够完备、专业的医疗照护，容易造成其较大的心理压力和落差。

---

① 中国老龄科学研究中心课题组．全国城乡失能老年人状况研究［J］．残疾人研究．2011（2）．

四、社会支持程度与社会尊重

社会支持分为正式社会支持与非正式社会支持两种类型。各级政府、机构、企业、社区等正式组织构成了正式社会支持的主体，这种支持主要体现为社会保险及医疗保障制度、养老服务政策实施等形式；而家庭成员、邻里、朋友、同龄群体等则是非正式社会支持的主要提供者，他们主要从情感、行为和信息等方面对失能老年人予以支持。[①] 失能老年人获得社会支持的状况对其身心健康有较大影响。

从正式社会支持角度来讲，有医疗保险、社区养老支持的失能老年人心理状态相对良好，因为依托社会政策和相关服务的支持，能够在一定程度上减轻家庭负担，同时也增强了失能老年人的心理安全感和康复信心。而缺乏相关养老保障支持的失能老年人，没有来源于社会政策和相关服务的支持，有时会出现有病不医、拖延治疗等情况，同时老年人本人和家庭照护者心理负担较重。而从非正式社会支持角度来讲，家庭养老模式下失能老年人所受到的各方关注多寡不同，亦是造成其产生不同心理变化的原因。除去家庭照护者，诸如亲朋邻里对失能老年人的关注及交流是老年人与外界沟通的重要渠道，也是信息获取的重要来源。此类社会支持力量的参与，能够帮助失能老年人保持思维运转和交谈能力，预防老年痴呆现象的发生，同时也为其提供了一种情感寄托方式。通过倾诉及交流，将自身的负面情绪排解出去，有利于失能老年人增强心理承受能力。

社会尊重是指整个社会对某一群体或某种现象的普遍认可和理解，主要表现为面对特殊群体能够满足其基本需求并给予其应有的基础权利。失能老年人是一种特殊弱势群体，他们较普通老年人需要更多的理解与关注，不仅仅是在物质和照护上，更要在心理上满足其被尊重的诉求。失能老年人的被尊重程度对他们的心理健康及康复进程也有一定影响，足够的社会尊重能给予老年人生活信心，重塑其恢复健康的希望；若得不到应有的社会尊重，失能老年人往往易于产生自暴自弃的心理问题，延缓康复进程。

---

① 陶裕春，申昱．社会支持对农村老年人身心健康的影响［J］．人口与经济，2014（3）．

第四节 讨论与建议

随着“银发浪潮”逐步推进，选择家庭养老模式的失能老年人群体亦呈扩大趋势。失能老年人的心理卫生健康关系到其整体健康水平，甚至影响到其晚年生活质量和养老状态，应引起全社会的重视。

一、建立长期照料服务体系，完善家庭养老模式

失能老年人的特殊情况决定其需要耗用更多养老资源，同时造成老年人本身及其家庭的经济负担和心理负担。国家与社会应当从制度和服务层面着手，给失能老年人提供优质的家庭养老环境。

在制度层面，政府应设立相关的长期护理社会保险制度，建立符合我国国情的长期照料服务体系，也可针对不同群体建立长期照料商业保险制度；同时，通过政策引导实施、税收财政补贴、政府购买服务等方式有效调动社会资本，积极引导多方投资养老服务。① 提供普惠式的失能及医疗保障，减轻失能老年人群体的家庭养老负担。加强长期护理保险制度建设，进一步完善家庭养老保障体系。

在服务层面，居家养老模式逐步发展起来，社区长期照料服务与社区卫生服务紧密结合，构成了长期照料服务体系的核心内容②，因此，将社区养老服务作为补充，进一步完善家庭养老模式，是应对人口老龄化的必然选择。不断完善针对失能老年人群体的老年社区医疗、日间上门照料、社区助餐等服务形式，为在家中养老的失能老年人提供必要的照护支持，有助于缓解其焦虑烦躁的负面情绪，使其享受更加专业的护理服务。同时，以家庭为单位、以乡镇卫生院或社区卫生服务中心为载体、依托国家基本公共卫生项目，以失能程度为划分依据，建立失能老年人健康档案，

---

① 苏映宇．国外失能老人社会安全网体系的比较分析与借鉴［J］．江西农业大学学报（社会科学版），2009（6）．

② 倪荣，刘新功，朱晨曦．城市失能老年人长期照料现状及对策［J］．卫生经济研究，2010（7）．

有利于及早发现问题，及时处理。[①]

目前，张家口已成为老龄化城市，养老压力加大。2018年1月9日，张家口市政府新闻办、市卫生和计划生育委员会联合召开了张家口市“医养结合”工作新闻发布会，提出到2020年，张家口市老年医疗机构基础设施和服务网络将更加合理完善；基层医疗机构为居家老年人提供上门服务的能力明显提升，65岁及以上老年人健康管理率达到75%以上；老年医疗护理人才培养机制健全，人才队伍得到保障。充分利用医养结合的服务优势，逐步优化家庭养老模式，为失能老年人家庭养老创造更为有利的条件。

二、充分利用各方资源，加强失能老年人心理干预

充分利用闲置的医疗资源，依托于社区医院和基层卫生服务站，为选择家庭养老并且有需要的失能、半失能老年人提供定期的上门体检、康复治疗及心理指导等健康服务，不但能够防止医疗资源浪费，还能为居家失能老年人提供健康保障，减轻其对自身健康状况的担忧。同时，应当汇集各方面的力量，维护失能失智老年人的心理健康，加强心理干预。首先，老年社会工作者需要定期入户访谈，对失能老年人进行正规的心理疏导和心理干预，及时发现老年人的不良心理状况，引导其树立积极乐观的养老心态，保证晚年生活质量。还应加大健康教育力度，提高失能老年人的自我保健能力，尽量降低失能风险和失能程度。[②] 其次，邻里亲友也可以为失能老年人提供必要的关照，促进失能老年人与外界沟通，阻止其与社会脱节。

三、重视家庭养老氛围，提升家庭照护者的照护水平

选择家庭养老的失能老年群体往往对家人有一定的情感依赖，家庭成员不但要承担长期照护责任，还要成为老人的聆听者。因此，应当发扬我

---

① 陈章芳，费芳荣，徐蓝珍．金华市907例60岁以上失能老年人生活质量及影响因素的调查研究［J］．中国预防医学杂志，2016（3）．

② 陈章芳，费芳荣，徐蓝珍．金华市907例60岁以上失能老年人生活质量及影响因素的调查研究［J］．中国预防医学杂志，2016（3）．

国悠久的孝道文化精神，优化失能老人家庭照护的社会环境，从而保证这一群体的生存质量与尊严，提升其晚年生活的幸福感。鼓励失能老年人子女换位思考，体谅老人的不良情绪，以此改善家庭关系，营造和谐的家庭氛围。此外，通过知识讲座、照护用品普及等手段提升家庭照护者的照护水平，给失能老年人提供更为专业的照护服务，这对于家庭养老模式下失能老年人建立良好康复心态具有重要意义。

第六章

流动老年人社会适应

第一节 银川市流动老年人社会适应相关性分析

进入 20 世纪 90 年代后，农民工流动的主要形式转变为整个家庭的流动，老人跟随子女流入城市的规模也在不断扩大。[①] 随着二胎政策的全面放开与我国人口老龄化加剧，越来越多的老年人为照看孙辈、提高晚年生活质量而选择前往子女所在的城市生活。2015 年，中国的流动人口总量达到 2.47 亿人，60 岁及以上流动老年人口为 1800 万人，占流动人口总量的 7.2％，占全国老年人口总量的 8.4％。[②] 党的十九大报告指出，积极应对人口老龄化，构建养老、孝老、敬老政策体系和社会环境。流动老年人在流入地的社会适应不仅影响其生活质量和身心健康，同时也关乎整个社会的和谐与稳定。下面以银川市流动老年人为研究对象，从多个方面调查与分析这一群体的社会适应状况。

---

① 朱宇，等．农民工：一个跨越城乡的新兴群体［J］．人口研究，2005（4）：36-52.

② 杨菊华．流动时代中的流动世代：老年流动人口的多维特征分析［J］．人口学刊，2018，40（4）：43-58.

一、数据来源与方法

为了解银川市流动老年人的社会适应情况，我们运用随机抽样的方式，于 2017 年 9 月—11 月，对银川市流动老年人进行问卷调查。共发放问卷 150 份，回收 145 份，有效问卷为 140 份，问卷有效率为 96.6%。

运用 Epidata 3.1 进行数据录入，使用 SPSS 19.0 进行数据分析。此样本数据多为等级资料，不服从正态分布（K-S 值 $P=0.000<0.05$），非参数检验（Kruskal-Wallis H 检验）结果为：$X^2=23.65$，$P=0.000<0.05$。采用 Spearman 相关性分析法进行流动老人社会适应的相关分析，r 为相关系数。检验水准为 $\alpha=0.05$。

二、结果与分析

在样本流动老年人中，男性 52 人（37.1%），女性 88 人（62.9%）；110 人（78.6%）来自农村，30 人（21.4%）来自城市；年龄在 50 岁及以下的 16 人（11.4%），51～60 岁的 60 人（42.9%），61～70 岁的 49 人（35.0%），70 岁以上的 15 人（10.7%）。特别说明：因农村老年人较早拥有孙子女，故将 48～60 岁的中老年人列入其中。小学及以下文化水平的 85 人（60.7%），初中文化水平的 42 人（30.0%），高中及以上文化水平的 13 人（9.3%）；认为自己身体健康没有疾病的 56 人（40.0%），身患一种慢性疾病的 54 人（38.6%），身患两种以上慢性疾病或严重疾病的 30 人（21.4%）。

（一）自身因素与流动老人社会适应相关性

表 6-1 显示，流动老年人的性别（$r=-0.175$）、来城市的意愿（$r=-0.264$）与其社会适应呈负相关，与其户籍类型（$r=0.169$）呈正相关，差异具有统计学意义，P 值均小于 0.05。结果表明，流动老年人女性比男性的社会适应能力可能更差，女性组中 68.2%的老年人不能很好地适应迁入地生活，男性组为 61.5%。非自愿来到迁入地的流动老年人社会适应能力较弱，其中 12.3%的老年人认为自己不能适应迁入地生活，自愿组为 0。来自城市的老年人比来自农村的老年人能够更好地适应迁入地的生活，有 9.1%农村流动老年人认为自己不能适应城市生活，城市组为 0%。

表 6-1 自身因素与流动老人社会适应相关性分析结果

组别	内容	不能适应	一般适应	能适应	完全适应	n	r 值	P 值
性别	男	1 (1.9)	31 (59.6)	8 (15.4)	12 (23.1)	52	−0.175	0.038
	女	9 (10.2)	51 (58)	27 (30.7)	1 (1.1)	88		
户籍	农村	10 (9.1)	64 (58.2)	32 (1)	4 (3.6)	110	0.169	0.045
	城市	0 (0)	18 (60)	3 (29.1)	9 (30)	30		
意愿	自愿	0 (0)	34 (57.6)	12 (20.3)	13 (22)	59	−0.264	0.002
	非自愿	10 (12.3)	48 (59.3)	23 (28.4)	0 (0)	81		

(二) 家庭、社会因素与流动老人社会适应相关性

表 6-2 显示，家庭因素中流动老年人的孙子女数量与其社会适应具有相关性，同时结果呈负相关（$r=-0.202$），社会因素中流动老年人的社会交往情况（$r=0.321$）与其社会适应呈正相关，邻居是否值得信任（$r=-0.215$）、医保报销方便度（$r=-0.206$）与其社会适应呈负相关，差异具有统计学意义，P 值均小于 0.05。结果表明，流动老年人所拥有的孙子女数越多，社会适应程度随之下降，孙子女数量为 3 个、4 个及以上的流动老年人不能适应迁入地生活的分别占 8.9%、12.5%，孙子女数量为 1 个、2 个的分别占 0%、4.3%。流动老年人社会交往越频繁，其社会适应程度就越好；在城市中几乎没有朋友的流动老年人中，9.7%认为自己不能适应迁入地生活。邻居是否值得信任也影响着流动老人的社会适应，认为邻居大多数可信（2.1%）、很少人可信（6.9%）、没人可信（11.1%）及从不接触邻居（11.1%）的流动老年人不能适应迁入地生活的比例依次递增，说明邻里关系越不和谐，流动老人社会适应程度越差。同时，认为医保报销不方便的流动老年人（11.5%）不能适应迁入地生活的比认为方便的（1.6%）人数多。

表 6-2　家庭、社会因素与流动老人社会适应相关性分析结果

组别	内容	不能适应	一般适应	较能适应	完全适应	n	r 值	P 值
孙子女数	1个	0（0）	8（57.1）	1（7.1）	5（35.7）	14	−0.202	0.017
	2个	2（4.3）	25（54.3）	15（32.6）	4（8.7）	46		
	3个	5（8.9）	34（60.7）	13（23.2）	4（7.1）	56		
	4个及以上	3（12.5）	15（62.5）	6（25）	0（0）	24		
邻居是否可以信任	大多数可信	1（2.1）	26（54.2）	9（18.8）	12（25）	48	−0.215	0.011
	很少人可信	2（6.9）	20（69）	7（24.1）	0（0）	29		
	没人可信	1（11.1）	3（33.3）	4（44.4）	1（11.1）	9		
	从不接触	6（11.1）	33（61.1）	15（27.8）	0（0）	54		
社交情况	几乎没有朋友	10（9.7）	64（62.1）	26（25.2）	3（2.9）	103	0.321	0
	朋友较少	0（0）	6（66.7）	3（33.3）	0（0）	9		
	朋友较多	0（0）	12（54.5）	1（4.5）	9（40.9）	22		
	朋友很多	0（0）	0（0）	5（83.3）	1（16.7）	6		
医保报销方便程度	方便	1（1.6）	36（58.1）	13（21）	12（19.4）	62	−0.206	0.014
	不方便	9（11.5）	46（59）	22（28.2）	1（1.3）	78		

三、讨论与建议

自身因素方面，首先，男性老年人在家庭中所承担的压力可能更少，而女性老年人可能承担着照顾晚辈、家务劳动的双重压力，使其不能适应迁入地生活的几率增加。其次，由于户籍类型的限制，来自农村的流动老年人在社会服务方面既享受不到流出地的福利政策，也无法享受迁入地的优质资源。相比之下，来自城市的流动老年人对迁入地的生活适应能力更强。最后，自愿来到迁入地生活的流动老年人可能已经做好放弃原有生活的心理准备，而非自愿前来的老年人仍需要缓慢过渡，使其适应能力较差。

家庭因素方面，就流动老年人而言，远离家乡的孤独感、陌生的环境、不同的生产生活方式均会引起其生活满意度下降，这与杨晔琴等[①]的研究结果一致。虽然照料孙子女可能会对老年人的生活满意度产生正向影响[②]，但事实上流动老年人照顾孙辈往往力不从心。随着我国“二胎政策”的全面放开，许多老年人需要同时照看两个孩子，这使得他们疲于奔命、苦不堪言，无暇顾及自身是否适应迁入地生活。

社会因素方面。首先，社会空间的转换导致其身份认同的不确定性和模糊性。李荣彬研究指出，农村流动人口易于受到当地人的偏见和歧视，强化了农村流动人口对作为城市局外人的“农民身份”的心理感受。[③] 思想观念陈旧、语言沟通不便，使之不愿积极主动地建立新的关系网络，缺少朋友可能使流动老年人内心产生孤寂感。其次，流动老年人很难在流入地建立新的交际圈，社会交往因流动而迅速缩小甚至消失，这在一定程度上还会影响他们的心理健康水平[④]，导致其认为周围邻居不可信任，并且不愿接触外界生活。最后，对于流动老年人来说，公平地享受流入地的医

---

① 杨晔琴，符丽燕，余昌妹．温州市迁移老人生活满意度及影响因素分析［J］．医学与社会，2012，25（5）：4-6.

② 靳小怡，刘妍珺．照料孙子女对老年人生活满意度的影响——基于流动老人和非流动老人的研究［J］．东南大学学报（哲学社会科学版），2017，19（2）：119-129，148.

③ 李荣彬，张丽艳．流动人口身份认同的现状及影响因素研究——基于我国 106 个城市的调查数据［J］．人口与经济，2012（4）：78-86.

④ 彭大松，张卫阳，王承宽．流动老人的心理健康及影响因素分析——基于南京的调查发现［J］．人口与社会，2017，33（4）：20-32.

疗保障等健康公共服务，具有减轻其医疗支出的作用。[①] 而异地医疗保险结算困难、医疗保险报销程序烦琐无疑会对流动老年人适应迁入地生活造成困扰。

解决这一问题还需从多个方面入手。社区工作人员应充分了解社区流动老年人的具体情况，多方面、全方位地满足流动老年人的社会需求，通过开展丰富多彩的社区活动，帮助流动老年人融入流入地社会。引导当地居民以开放、包容的心态接纳流动老年人，消除偏见与歧视，营造平等和谐的社区氛围。同时，当地居民应以包容的心态接纳流动老年人，主动与其交流交往，改善其生活状态。流动老年人应当主动与城市居民交流与沟通，以积极的心态融入流入地的社会生活。

第二节　积极老龄化背景下城市流动老年人社会适应研究

国际人口学界普遍认为，除生育率和死亡率之外，人口迁移与流动是一个地区或国家人口发展中的第三个重要因素。我国目前对流动人口的研究大多集中于年轻人，尤其是劳动年龄人口，而老年人口的迁移与流动却较少被关注。据国家统计局的调查数据显示，截至 2015 年底，我国流动人口规模总量达 2.47 亿人，占全国总人口的 18%左右。其中，流动老年人占流动人口总量的 7.2%，年龄中位数为 64 岁，其中约有八成低于 70 岁（60～64 岁约占 54%，65～69 岁约占 24%），70～79 岁的占 18%，80 岁及以上的高龄流动老人不到 5%。[②] 可见，流动老年人已经成为流动人口中不可忽视的群体。

Walters 将发生迁移与流动行为的美国老年人分为娱乐型移民、救助型移民和未与配偶同住的严重伤残型移民三种类型。老年人的健康状况、

---

① 陈宁，石人炳．流动老人健康差异的实证研究［J］．重庆社会科学，2017（7）：53-60.

② 吴少杰．《中国流动人口发展报告 2016》发布［N］．中国人口报，2016-10-20（1）.

家庭结构与支持、经济和社会资源、住房拥有情况与社区因素等被认为是影响老年人发生迁移与流动行为的重要因素。① 与西方国家不同的是，我国老年人口迁移与流动主要是围绕子女展开的，除实现家庭团聚外，更主要的是帮助子女照看孩子、料理家务等。有学者指出，照顾晚辈、养老与就业是我国流动老年人迁移与流动的主要原因，其中照顾晚辈的比例高达43%，为与子女团聚或自行异地养老的比例为25%，仍有23%的流动老年人因务工经商而流动。受我国传统家庭意识的影响，大多数年轻人认为老人照顾孙辈责无旁贷，同时也可使其享受天伦之乐。而事实上，流动老年人在适应城市生活与照顾孙辈方面往往力不从心。加之我国"二胎政策"全面放开，许多老年人需要照看两个孙子女，同时还要分担家庭劳务，这使得他们疲惫不堪，苦不堪言，不论从体力还是心理上都承受着重大压力。他们不仅肩负着照看孙子女的重大责任，同时也面临着适应迥异于迁出地生活环境的问题。

近年来我国学者对流动老年人的研究发现，流动老年人的迁移与我国现代化进程相关②，其社会融入主要包括社会适应、社会参与、社会融入、社会融合四个维度③，融入社区生活是该群体必须面对的首要问题④。在居住、消费、娱乐环境变化的情况下，流动老年人往往被迫接受城市生活。⑤ 在迁移目的上，分担子女压力是流动老年人远离家乡来到城市生活的主要原因。⑥ 流动老年人跟随子女共同居住，虽然能够得到经济保障、提高生活质量，但其精神需求不能得到满足。⑦ 在日常生活中，流动老年人社区

---

① 宋健．流迁老年人口研究：国外文献评述［J］．人口学刊，2005，2（1）：28-32.

② 汪玲萍．发展主义、全球化、新家庭主义与老人随迁［J］．成都理工大学学报（社会科学版），2017，25（2）：66-71.

③ 余昆．关于流动老人社会融入的文献综述［J］．社科纵横（新理论版），2013，28（4）：28-31.

④ 易丹，薛中华．重庆市流动老年人社区融入调查研究［J］．中国老年学杂志，2017，37（17）：54-57.

⑤ 江立华．空间变动与老漂族的社会适应［J］．中国特色社会主义研究，2016，10（5）：68-72.

⑥ 汪玲萍，风笑天，李红芳．老人随迁的多元动力机制与制度逻辑［J］．常州大学学报（社会科学版），2017，18（3）：101-112.

⑦ 谭皓，田璐琳．社区公共文化服务视角下满足"老漂族"精神需求的对策［J］．玉林师范学院学报，2015（4）：52-54.

活动参与度不高，社区融入程度低，[①] 来自农村的流动老年人在融入城市过程中还面临着相关权利缺失的问题[②]。不难发现，近年来我国学者对流动老年人口的研究较为笼统，多为对其社区融入、生活压力、精神状态等方面的探讨，鲜有学者对不同类型的流动老年人的社会适应进行系统分析。

1997 年 6 月，西方七国首脑丹佛会议提出积极老龄化主张。积极老龄化是老年人在身体层面、心理层面、社会层面和社会福利保障方面处于完善，并能够参与社会、经济、文化、精神和相关事务的良好状态。[③] 积极老龄化理念启发老年人在社会生活中不断发展并利用自身潜能，参与社会活动，以提高生活质量，实现自身幸福感。同时要求社会以一种积极的态度对待人口老龄化，满足老年人的养老需求，帮助老年人重新参与社会生活。随着我国经济社会的全面发展以及“二胎政策”的全面放开，流动老年人的数量与日俱增，这一群体的生活质量、心理健康以及社会适应状况关乎家庭、社区乃至整个社会的和谐与稳定，需要引起学界及相关部门的关注。

在提倡积极老龄化的社会环境下，笔者将以照顾孙辈为主要迁移原因的流动老年人作为研究对象，试图了解这一群体在城市的社会适应状况，并对可能阻碍其社会适应的主要问题进行逐一分析，在此基础上有针对性地提出切实可行的对策措施，以促进其更好、更快地融入流入地社会，进而促进家庭稳定与社会和谐。

一、样本的基本人口学特征

课题组共向银川市社区中流动老年人发放问卷 150 份，回收 145 份，有效问卷 140 份，问卷有效率为 96.6%。运用 Epidata 3.1 进行数据录入，并运用 SPSS 19.0 对数据进行简单的统计描述与分析。

---

① 李立，张兆年，张春兰．流动老人的精神生活与社区融入状况调查研究——以南京市为例［J］．法制与社会，2011，(31)：185-186.

② 孙金明．农村流动老年人城市适应问题的社会工作介入——基于“积极老龄化”视角［J］．人民论坛，2015，(36)：152-154.

③ 苗元江，胡敏，高红英．积极老化研究进展［J］．中国老年学杂志，2013，33(19)：15-18.

在140名调查对象，男性流动老人有52人，占37.1%，女性流动老人有88人，占62.9%。可见，银川市大部分流动老年人为女性，造成这一现象的原因主要有：女性退休年龄低于男性；照顾孙辈的女性老年人多于男性。来自农村的流动老年人有110人，占78.6%，仅有30名老人来自城市，占样本量的21.4%。在城市工作的年轻人大多选择将父母接到城市居住，这不仅可以提高父母的生活质量，也可以缓解自己独自照顾子女的压力。年龄在50～70岁之间的流动老年人有109人，占77.9%；50岁以下的流动老年人占11.4%，70岁以上的流动老年人占10.7%。流动老年人文化水平大多集中于小学及以下，占60.7%，具有初中文化程度的占30.0%，高中、大专文化程度的占6.4%，具有本科及以上文化程度的仅占2.9%。可见，银川市流动老年人总体文化水平不高。在身体健康状况方面，40.0%的流动老年人认为自己身体健康，未患任何疾病，60.0%的流动老年人被疾病困扰。其中21.4%的老年人身患多种疾病，且患病男女比例基本相同，银川市流动老年人身体健康状况令人担忧。

二、流动老年人社会适应中存在的问题

（一）身体健康状况

拥有健康的身心是流动老年人适应城市生活的首要条件。调查显示，银川市流动老年人认为自己身体健康的占40.0%，身患一种慢性疾病的占38.6%，身患两种以上慢性疾病或严重疾病的占21.4%，可见60.0%的流动老年人健康状况令人担忧。我国异地就医体系尚未健全，且各地医疗费用报销比例额度各不相同。当问到当地医保报销是否方便时，55.7%的流动老人认为不方便，导致老人身处异地“不敢”生病。随着年龄增大，老年人身体机能退化，健康状况下降、心理状态改变，这使得流动老年人的社会适应能力逐渐下降。

案例1：PJH，女，62岁，小学文化水平，河南开封人，来银川18个月

前阵子给孙子冲奶粉不小心崴了脚，儿子偏拉着我去医院，又是拍片子又是抽血的折腾了一上午，开了点药就花了好几百

> 元，医生觉得我像欠他钱一样，也没个好语气。依我看擦点红花油过两天也就好了，何苦花了冤枉钱还受一肚子气。

在积极老龄化的三大支柱中，健康是参与和保障的基础，只有拥有健康的身心才能更好地融入到社会生活中，享受高质量的晚年生活。但从调查结果发现，银川市流动老年人身体健康状况并不乐观，由于长期缺乏健康保护意识，普遍受到慢性疾病的困扰，一部分人甚至受到多种疾病的折磨。接受治疗所需支出的高额医疗费用使流动老年人望而却步，为减少家庭经济负担，老人通常选择向子女隐瞒自己的病情。为减少疾病带来的困扰，部分老人还会盲目用药。身患疾病使流动老年人忍受身体上的痛苦、承受心理上的压力，不仅影响到其适应迁入地生活，拖延就医时间、盲目使用止疼药物还可能造成老人病情加重，后果不堪设想。流动老年人身体健康状况令人担忧，自我健康保护意识薄弱，在迁入城市看病贵、医疗保险异地报销手续烦琐，这些因素均影响着流动老人适应城市生活。①

（二）社会交往方面

社会交往是人的一种基本存在方式，是人的全面发展的基本途径。②马克思认为，人是社会关系的总和，人只有在与他人的社会交往中才能实现自己的目标。对银川市流动老年人的调查显示，流动老年人在社区与当地老人交流匮乏，在家庭与子女互动不充分。73.6%的流动老年人认为自己在城市几乎没有朋友，认为自己在城市朋友很多的仅占 4.3%。59.2%的老年人的交往对象仅限于家人，超过 70.0%的老年人表示与子女沟通次数少、沟通时间短，62.1%的老年人偶尔才与本地老人交流，社会交往范围狭窄，很难向外延展。其中，32 位老年人经常与当地人交流，占 22.9%；87 位老年人偶尔与当地人交流，占 62.1%；15.0%的流动老年人从未与当地人交流。在参与社区活动方面，银川市 31.5%的流动老年人从未参加过社区所举办的任何活动；63.5%的老年人偶尔参加社区活动，仅有 7 位老人能够融入社区生活，且经常参加社区活动，占样本量的 5%。

---

① 张瑞．流动老年人城市社区生活适应性研究［D］．西安：西北大学，2015：33-45.

② 廖志诚．困境与超越——当代大学生精神需求研究［M］．北京：社会科学文献出版社，2014：35.

个体的社会交往以及由此构成的社会网络能够为自我提供物质、情感上的支持和帮助。流动老年人将大部分精力投入到照顾子女及孙辈身上，往往忽视了自己的社会交往。更为重要的是，流动老年人口离开自己生活了多年的社会环境，进入异质性的城市社会后，需要面对生产生活方式的差异、社会角色的转变、家庭关系的调和等各方面的问题。Oberg 认为，人们由自己所熟悉的生活环境迁移到陌生环境中，由于社会文化的差异会导致人们产生焦虑、烦躁等负面情绪，这种现象被称为“文化休克”。[①] 城市生活环境与乡村大相径庭，街坊邻里之间交往少、亲密度低。大部分流动老年人在流入地的社会网络比较狭窄，除了与家庭成员进行交流外，因语言以及文化上的差异，流动老年人很少主动与当地人交流。

案例 2：HCG，女，61 岁，小学文化程度，吉林人，来银川 3 个月

还是我们东北好，几个老太太一起掰玉米、腌咸菜，你家腌我家腌换着吃，不像这里的老太太只和熟人说话。我和当地人不熟悉，问个问题、借个东西挺费劲的，怕我不还给他们。一看他们不愿理我，我也就不愿多说话了。等着孙子放假吧，回去过年。

案例 3：CHH，女，63 岁，初中文化程度，江苏人，来银川 5 个月

这里老人说话很难懂，我说话他们同样也听不懂，交流是个大问题。我基本只和家人交流，必要时才与他们（当地老人）说话。前一栋楼有一个外来老太太也是江苏的，和她挺合得来的，我们每天约着买菜、接孩子。

（三）受教育方面

文化程度在一定程度上制约着流动老年人的城市适应能力。研究表明，接受过较高程度文化教育的个体可以主动调节自身应对压力的水平，有效降低焦虑、抑郁等情绪障碍的发生率。[②] 由表 6-3 可知，银川市流动

① 刘佩瑶．老年人口迁移问题综述［J］．经济与社会发展，2015，13（1）：80-82.

② 易成栋，黄友琴，等．中国城市老年人居住环境的动态变化及空间差异［J］．老龄化社会，2016（14）：134-141.

老年人整体文化程度不高，初中及以下文化程度老人占比高达 90.7%。从生活满意度方面来看，在初中及以下文化程度流动老年人中，有 86 人表示对迁入地的生活不太满意。共有 20 人不满意城市生活状况，其文化程度集中在小学及以下。样本中，仅有 4 位流动老人对迁入地的生活状况表示满意，这 4 位老人的文化程度为本科及以上。从社会适应程度自评方面来看，文化程度在小学及以下的流动老人社会适应能力在不能适应与较能适应方面的人数较多。文化程度为本科及以上的 4 位老人，能够完全适应城市生活。这说明，文化程度越高，流动老人对迁入地生活的适应能力越强；文化程度越低，对迁入地生活的适应能力就越弱。由于农村老年人思想认识水平与受教育程度相对较低，导致其适应新环境的能力相对较弱，并且难以通过自身调节心理压力，更容易产生焦虑、抑郁等负面情绪，很难快速适应流入地的生活。

表 6-3　银川市流动老人文化程度与生活状况满意度

项目	小学及以下		初中		高中		本科及以上	
	人数	占比（%）	人数	占比（%）	人数	占比（%）	人数	占比（%）
满意	0	0	0	0	0	0	4	2.9
比较满意	12	8.6	11	7.9	7	5	0	0
不太满意	57	40.7	29	20.7	0	0	0	0
不满意	16	11.4	2	1.4	2	1.4	0	0
不能适应	10	7.1	0	0	0	0	0	0
较能适应	48	34.3	27	19.3	7	5	0	0
适应	20	14.3	15	10.7	0	0	0	0
完全适应	7	5	0	0	2	1.4	4	2.9

案例4：RJG，男，59岁，文盲，新疆阿克苏人，来银川24个月

来了快两年。还是不适应，说话听不懂，家中我们说维吾尔语。在这里做生意，两个儿子一个在医院附近卖馕，娶了老婆生了娃，一个在老家种棉花，我在这里卖哈密瓜。没文化不会看报，普通话也说不标准，这些老头每天捧着报纸有说有笑，我也不明白，心里不好受。哈哈，没上过学，没办法，看不懂啊，快60岁了，也没精力学了。

（四）生活满意度方面

生活满意度是个体基于自身设定的标准对本人生活质量做出的主观评价，是衡量主观生活质量的重要指标之一。[①] 对于流动老年人而言，远离家乡的孤独感、陌生的生活和工作环境、不同的生产生活方式，均会引起其生活满意度下降。调查显示，银川市68%的流动老年人对迁入地的生活环境不满意，76%的流动老年人对迁入地生活状况不太满意或不满意。由此可知，银川市流动老年人对迁入地的生活满意度不高，社会环境变化导致流动老年人社会角色失调、社会交往范围狭窄、闲暇生活贫乏。另外，经济来源单一也是流动老年人的生活满意度下降的原因之一。调查显示，银川市49%的流动老年人生活费用依靠子女支持，30%的流动老年人依靠养老金，仅有10%的流动老年人依靠自己的工作收入。收入水平是衡量生活满意度的重要指标，流动老年人经济来源被动，物质需求难以得到满足，这也会导致其不满意迁入地的生活。

案例5：ZWM，男，55岁，小学文化程度，甘肃天水人，来银川7个月

我和孩子奶奶一起过来。孩子奶奶在前面的饭店切菜洗碗，儿媳上夜班，晚上没时间，我俩帮忙看娃娃。有活了我就去干工程（在工地打零工），挣几个钱花。生活不如当地人，肯定不满意，干得多挣得少。儿子多少给一点生活费，我也不多要。这是

① 胡荣华，陈琰．农村居民生活满意度的影响因素分析［J］．统计研究，2012，29（5）：79-83.

个女娃，还想要个儿子呢，负担也不小。满不满意也没办法，为了孩子嘛，这里比我们那还是强多了。

（五）身份认同方面

“认同”译自“identity”一词，包括一些客观的相似或相同特性，如身份、表现等。[①] 身份认同是指流动者与本地人及家乡人之间的心理距离、归属感及对自己是谁、从何处来、将去往何处的思考及认知。[②] 对流动老年人而言，社会空间的转换导致其身份认同的不确定性和模糊性。调查显示，绝大多数流动老年人不认同自己是银川人，还有一些流动老年人表示说不清楚自己应当是哪里人。他们虽然生活、居住在银川市，但又较为完整地保留着自己家乡的语言、文化、风俗习惯和社会关系网络。通过访谈发现，尽管许多流动老年人在银川市生活或工作了很多年，对于流入地的生活环境也已经完全适应，但他们依然认为自己不属于这里，始终保持一种过客或旅居者的心理，呈现出身份认同错位，进入英国人类学家维克多·威特·特纳所说的“两可之间”的阈限期。这一时期，个人处在悬而未决的状态，既不再属于以前所属的社会，也尚未整合融入另一社会，成为身份认同缺失的个体。[③]

三、促进流动老年人社会适应的对策措施

（一）完善医疗服务体系

流动老年人的生活满意度、社会适应程度与城市医疗卫生服务质量息息相关。但由于受我国城乡二元结构的影响，流动老年人在迁入地难以享受到与当地人同等的医疗保障服务。因此，有关部门应当深入开展调查，掌握流动老年人的生活状况，了解他们的合理诉求，简化异地报销手续，

① 赵丹，余林．社会交往对老年人认知功能的影响［J］．心理科学进展，2016，24（1）：46-54．

② 杨菊华，张莹，陈志光．北京市流动人口身份认同研究——基于不同代际、户籍及地区的比较［J］．人口与经济，2013（3）．43-52．

③ 李吉和，马冬梅．中、东部地区城市穆斯林流动人口社会认同研究——基于广州、上海等城市的调查［J］．中南民族大学学报（人文社会科学版），2015，35（6）：52-57．

为该群体提供高效快捷的异地就医服务，从而改善这一群体的生产生活状况。

（二）增强自身社会适应能力

“老”字在中国统社会中是衰老和退化的象征。年岁高、处异乡，使流动老年人容易产生自卑心理。流动老年人在流出地生活了多年，拥有比较稳定的社会关系网络，形成了较为固定的思维模式和价值观念，突然间离开自己生活、工作多年的环境，不可避免地会遇到各种各样的问题和困难，产生孤独感和心理焦虑。大多数流动老年人眷恋自己的家乡，认为那里才是他们真正的家，这种过客心理导致其不主动适应新环境，更缺乏对流入地的归属感和认同感。而积极老龄化理念要求老年人颐养与有为兼顾，以积极的心态面对老年生活，重视自身的社会价值。因此，流动老年人应当积极主动地适应流入地的居住环境、生产生活方式和社会文化，主动与城市居民交流与沟通，从而更好、更快地融入流入地的社会生活。

（三）重构社会关系网络

社会交往过程是同质性群体和异质性群体相互作用及互动的过程。按照布劳的观点，异质群体之间的交往，即使是不亲密的交往，也能够促进人们相互之间的理解，促进宽容精神的发扬。① 有研究表明，老年人参与社会交往活动越多，其身体健康状况越好。社会交往不仅能够帮助老年人维持身体正常功能，还能延缓记忆、知觉能力的下降速度。社会交往能减缓交流匮乏所带来的孤寂感，为其单调的生活注入新鲜血液，进而促进流动老年人身心健康发展。

家庭是流动老年人社会交往的开端，生活中子女应主动、经常地与老人沟通交流，了解其生活中的困难，鼓励和支持他们走出家门，参与社区活动，结交新朋友。社区是流动老年人重新构建社会关系网络的关键场所，与其他居民的交往通常在社区发生。家庭和社区在流动老年人的生活中占据着十分重要的地位。可以说，流动老年人能否被迁入地居民接纳和认同，是他们能否适应新环境的重要因素。因此，社区工作人员与当地居

① 李吉和，马冬梅．中、东部地区城市穆斯林流动人口社会认同研究——基于广州、上海等城市的调查［J］．中南民族大学学报（人文社会科学版），2015，35（6）：52-57.

民应当关注流动老年人的生活状况，引导流动老年人参加社区各项活动，协助流动老年人构建新的社会网络，增进老年人之间的文化交流和社会互动，并为其提供多样化的服务，为其晚年生活增添色彩。

（四）加强社区建设

社区研究可追溯至德国社会学家斐迪南·滕尼斯的相关研究。社区是构成社会整体的子系统，同时也是人们社会生活的基本单元，社区是社会的缩影。社区能够帮助流动老年人参与社会，可使其在社会参与过程中获得尊严，感受自己生命的价值和意义。[①] 党的十九大报告指出，要加强社区治理体系建设，推动社会治理重心向基层下移，发挥社会组织作用，实现政府治理和社会调节、居民自治良性互动。社区作为流动老年人与当地居民进行交流与互动、获得认同和情感支持的重要场所，为流动老年人与当地居民友好交流架设了桥梁。因此，社区工作人员应充分了解社区流动老年人的具体情况，多方面、全方位地满足流动老年人的服务需求。引导当地人以开放、包容的心态接纳流动老年人，营造平等和谐的社区氛围。

---

① 李宗华，李伟峰，高功敬．城市老年人社区参与意愿的影响因素分析［J］．山东社会科学，2011（3）：112-117.

第三篇

助老服务与医养结合

第七章

城市养老助餐服务

第一节　我国养老助餐服务相关研究

近年来，我国老龄化程度不断加剧，并且呈现出“未富先老”“未备先老”的状态。截至2018年底，我国60岁及以上人口达2.49亿人，占总人口的17.9%，其中65岁及以上人口1.66亿人，占总人口的11.9%。预计到2020年，我国60岁及以上老年人口比重将超过17%，老年人口总量将达到2.48亿人。到2050年，我国老年人口总量将超过4亿人。高龄老年人占老年人比重将从目前的1/8增长到2050年的约1/4。[①] 根据民政部调查数据显示，2000年，中国城乡老年人中吃饭有困难者占3.4%，自己不能吃饭者占9.6%，做饭有困难者占8.4%，自己不能做饭者占19.9%。2014年全国老龄工作委员会发布的《十城市万名老年人居家养老状况调查报告》显示，42.2%的被访者对“老年餐桌”有需求，其中尤以高龄、空

---

① 穆光宗，张团．我国人口老龄化的发展趋势及其战略应对［J］．华中师范大学学报（人文社会科学版），2011，50（5）：29-36.

巢和失能老年人为甚。[①] 面对日益严峻的老龄化形势，如何满足老年人的服务需求，逐渐成为全社关注的热点问题。

2016 年，国务院办公厅印发《关于全面放开养老服务市场 提升养老服务质量的若干意见》，指出要全面推进居家社区养老全覆盖，依托社区服务中心（站）、社区日间照料中心、卫生服务中心等资源，为老年人提供助餐、助洁、助行、助浴、助医等上门服务，提升居家养老服务覆盖率和服务水平。党的十九大报告进一步指出，积极应对人口老龄化，构建养老、孝老、敬老政策体系和社会环境，推进医养结合，加快老龄事业和产业发展。因此，不断丰富老年人福利服务内容，完善福利服务体系，为老年人提供更加全面、更高质量的服务，已成为推动健康中国战略实施的重要方面。

一、我国养老助餐服务的开展

助餐服务是“以居家为基础、社区为依托、机构为补充”的多层次养老服务体系的基础工程。[②] 助餐服务作为老年人社区照顾中的一项重要内容，从兴起之日起就受到各国政府的高度重视。在我国，不同地区、不同城市根据老年人的实际情况，出台了不同的政策和助餐模式，为老年人提供安全、便捷的助餐服务。杭州市西湖区自 2003 年开始成立第一家社区老年食堂起，经过多年的实践，逐渐形成了完善的定期考核、奖励机制和多元化经营模式。2009 年，北京市民政局、北京市残疾人联合会联合颁发《北京市市民居家养老（助残）服务“九养”办法》（京政办发〔2009〕104 号），紧接着出台了《关于开展养老（助残）餐桌、托老（残）所规范化建设的试点工作通知》（京民老龄发〔2011〕121 号）、《关于 2011 年养老（助残）餐桌和托老（残）所奖励资金使用有关事项的通知》（京民老龄发〔2012〕23 号）等一系列保障措施，对老年助餐机构的资质、管理及奖惩提出具体要求，强化服务规范，优化服务质量。在东城、西城、朝阳、海淀、丰台、石景山、房山、顺义等 8 个区开展养老助餐服务体系试

---

① 张希敏．中国发布十城市万名老年人居家养老状况调查结果［EB/OL］．中国新闻网．http：//www.chinanews.com/sh/2014/02-27/5892322.shtml（2014-02-27）.

② 刘颂．居家养老送餐服务研究综述［J］．老龄科学研究，2016，4（9）：36-46.

点建设。上海为解决老年人用餐的需求，于2008年颁布《关于鼓励社区设立老年人助餐服务点的通知》，依托社区资源，积极探索多种形式的就餐服务。上海市民政局积极规划兴办社区助餐点，依托专业餐饮配送公司、养老机构、院校食堂等社区资源，让更多老人有了“口福”。银川市于2010年颁布了《关于加快推进居家养老服务工作的意见》，提出在养老服务需求增加的背景下，从老年人最关心的现实问题和最迫切的服务需求出发，为老年人提供生活护理、助餐、助医、助浴、助行、康复辅助、精神慰藉等服务，推进居家养老建设。2015年，银川市政府下发了《关于加快推进居家养老助餐点建设的通知》，提出对老年人助餐服务建设要坚持“因需而设、保障重点、因地制宜、形式多样”的原则，突出多样性、惠老性、持续性和实效性的特点，切实解决老年人的吃饭问题。2016年，广州开始全面推进社区居家养老大配餐，按照政府补一点，企业让一点，社会公益慈善力量积极参与，共同为老年人提供助餐配餐服务。陕西省出台了《关于社区老年餐桌的指导性意见》，2012年，陕西省列支3000万元资助西安市300个“社区老年餐桌”项目建设。

二、我国养老助餐服务相关研究

我国养老助餐服务相关研究主要集中在助餐服务供给主体、助餐服务对象、助餐服务需求、助餐服务模式、助餐服务安全管理等方面。

（一）助餐服务供给主体研究

关于我国福利服务供给主体的研究，不同时期有不同的结论。王思斌教授认为，在经济体制转型时期，我国福利供给主体由政府、民间机构和民众三部分构成。① 彭华民等从福利多元主义的角度出发，提出福利供给主体应从政府向多元部门进行转换。② 田北海等借鉴国外经验，提出社会

① 金炳彻．从机构福利到社区福利——对国外社会福利服务去机构化实践的考察[J]．中国人民大学学报，2013，27（2）：27-33.

② 彭华民，黄叶青．福利多元主义：福利提供从国家到多元部门的转型[J]．南开学报，2006（6）：40-48.

福利主体的多元化、筹资渠道的社会化和服务队伍的社会化等理念。[①] 陈洪涛指出，虽然政府、社会乃至市场在人财物方面投入不少，但整体而言，我国养老供给仍然不能满足社会成员的需求与期待，在养老供给方面呈现为整体上的不足。[②] 冯建光等分析了老年助餐服务供给主体的角色定位，指出在老年助餐服务项目运行过程中，应当调动并发挥政府、市场、社区、非营利组织等多元主体的主观能动性，以实现项目的整体运行。[③] 陈华指出，由于社区老年助餐服务牵涉到众多老人，并在他们的日常生活中起着举足轻重的作用，因此，政府要担负起社区老年助餐服务的建设和引导的重要职责。[④]

（二）助餐服务对象研究

邓大松等认为，由于现代家庭结构趋向小型化和核心化，由此衍生的照料、护理功能逐渐减弱。加之我国代际分离现象严重，城市空巢家庭和农村留守老人数量和比重持续攀升，这导致传统的家庭照护功能面临较大的挑战。[⑤] 安婧认为，经济方面或生活照护方面都身处窘境的老人即为老年弱势群体，他们需要得到政府及各级组织的关心和帮助。[⑥] 穆光宗认为，丧失劳动力的农村老人、独居的高龄老人、无自理能力的老人是弱势群体中的重要组成部分，需要社会各界给予关注。[⑦] 赵秋利认为，社区助餐服务，既可以使失能老年人享用有针对性的营养配餐，又可增强其社会归属

---

① 田北海，钟涨宝．社会福利社会化的价值理念——福利多元主义的一个四维分析框架［J］．探索与争鸣，2009（8）：44-47.

② 陈洪涛．当代中国养老发展面临的挑战与应对思路［J］．社会福利（理论版），2017（11）：1-6.

③ 冯建光，王秀兰．社会福利事业参与主体的主观能动性如何发挥——以老年助餐项目供给主体的角色困惑为视角［J］．人民论坛，2014（32）：45-47.

④ 陈华．徐汇区为老助餐服务状况与监管对策研究［D］．上海：复旦大学，2013：42.

⑤ 邓大松，李玉娇．健康中国战略下长期照护保险：制度理性、供需困境与路径选择［J］．河北大学学报（哲学社会科学版），2017，42（5）：109-116.

⑥ 安婧．社会主义和谐社会背景下城市老年弱势群体的社会保障问题研究［D］．武汉：武汉理工大学，2007.

⑦ 穆光宗．解析“老年弱势群体”［J］．社会科学论坛，2005（3）：38-40.

感和安全感。[①] 景天魁认为，在当前我国的长期照护资源有限的情况下，应该对长期照护服务需求最迫切的困难老人实施救助。[②] 陈琼提出，享受最低生活保障的老人、身体有障碍的老人、没人照护的老人等困难老人，应该得到国家和社会更多的关爱和支持。[③] 因此，应当集中资源，积极地向这些群体提供物质帮助和福利服务。2014 年全国老龄工作委员会发布的《十城市万名老年人居家养老状况调查报告》显示，在北京、上海、广州、深圳等地，自报有“老年餐桌”需求的老年人占调查对象的 42.2%，其中，独居老年人对“老年餐桌”的服务需求比例最高，为 53.7%，高龄老年人的需求比例为 47.6%。[④]

（三）助餐服务需求研究

贾云竹对北京市老年人养老服务需求的调查结果显示，老年人对日常生活照料类的服务需求较为强烈。[⑤] 蔡山彤等研究发现，老年人对日常生活照料类服务需求主要涉及老年助餐服务、家庭维修服务、家政服务等。[⑥] 葛文钰通过实地调查发现，老年人对日常生活照料方面存在较大的服务需求，主要包括买菜购物、烧菜做饭、洗衣洗被、外出活动等内容。[⑦] 蔡驎通过对上海市户籍老年人日托养老需求的调查发现，有日托养老意愿的老人最需要的是就餐服务。[⑧] 李懿等认为，目前我国日间照料中心的服务由居家养老服务的“六助”服务衍生而来，主要包括膳食、日间护理、康复康乐、心理慰藉等内容。建议各地政府及相关部门以老年人的服务需求为

---

① 转引自李春玉．社区护理学［M］．第 2 版．北京：人民卫生出版社，2006.

② 景天魁．大力推进与国情相适应的社会保障制度建设——构建底线公平的福利模式［J]．理论前沿，2007（9）：5-9.

③ 陈琼．适度普惠福利制度下北京社区养老服务体系构建［D］．北京：中国青年政治学院，2012.

④ 迟玉芳．老年餐桌运营发展研究［J]．社会福利，2015（11）：11-15.

⑤ 贾云竹．北京市城市老年人对社区助老服务的需求研究［J]．人口研究，2002（2）：44-48.

⑥ 蔡山彤，敖楹婧．城市老年人居家养老服务需求及影响因素——基于成都的社会调查［J]．人口与社会，2016，32（3）：23-35.

⑦ 葛文钰．社区居家养老服务调查与思考［J]．中国统计，2010（11）：50-52.

⑧ 蔡驎．城市日托养老需求分析［J]．上海师范大学学报（哲学社会科学版），2007（3）：118-125.

基础，实现服务内容横向扩展和纵向深入。[①]

（四）助餐服务模式研究

苏州市姑苏区文明办的调查显示，目前养老助餐模式有以下三种：依托社区日间照料中心或社区助餐点每天为老人提供就餐服务；依托辖区内的养老服务机构统一配送；依托辖区内的餐饮企业低价为老人供餐。[②] 北京市朝阳区积极构建覆盖全区的“1＋43＋N”居家养老助餐服务体系。[③] 吴雄通过对上海市东平镇老年助餐点的调查指出，东平镇养老助餐模式有公办民营模式和联办联营模式等。公办民营指借用当地养老院中央厨房内部配送通道，直接将饭菜送到政府投资的用餐点上，既发挥了养老院中央厨房供餐能力强的优势，也满足了老人的用餐需求。“联办联营”模式指政府和社会力量共同参与老年助餐点建设的方式。[④] 陈玮婷通过对上海市普陀区甘泉社区老年助餐服务的调查，提出应积极探索经营多样化的服务形式，设计个性化助餐服务体系，将服务内容推陈出新，努力满足各类不同需求的老人。[⑤]

（五）助餐服务安全管理研究

薛文星等认为，送餐上门作为一种被动式营养干预措施，能够有效地改善社区失能老人的营养状况和生存质量。[⑥] 李璐璐运用 SERVQUAL 的质量分析的有形性、可靠性、响应性、保证性、移情性五个维度对上海市

---

① 李懿，冯建光．基于中国传统文化的社区老年日间照料中心服务研究［J］．继续医学教育，2013，27（1）：17-20.

② 姑苏区文明办．关于社区助餐服务模式的运作与思考［EB/OL］．江苏文明网，http：//wm. jschina. com. cn/9654/201503/t2055393. shtml（2015-03-17）.

③ 朝阳区积极构建“1＋43＋N”居家养老助餐服务体系［EB/OL］．中国文明网，http：//bj. wenming. cn/chy/wmcj/201508/t20150812 _ 2789799. html（2015-08-12）.

④ 吴雄．东平镇探索多种模式运作老年助餐点，提升助老服务水平——把助餐服务做到老人心坎上［EB/OL］．上海社会建设网，http：//www. shzgh. org/shjs/node6/node31/u1ai107297. html（2017-02-27）.

⑤ 陈玮婷．论老年型社区的养老公共服务供给——以上海市普陀区甘泉社区为例［D］．上海：复旦大学，2010.

⑥ 薛文星，李冰，刘宏．送餐上门对社区失能老人生存质量和营养状况干预研究［J］．中国预防医学杂志，2013，14（4）：297-300.

静安区老年人助餐服务存在的问题进行了研究，从而得出助餐服务点存在场地规模限制、饭菜质量不稳定、服务人员专业技能低、缺少个性化服务等问题。① 秦丹通过对北京市养老餐桌服务使用状况的实证分析，提出要针对老年人的实际状况，提高其饭菜的质量，为老年人提供丰富、营养、可口、适宜的膳食。养老餐桌应当在食品采购、加工、用餐环节严格遵守卫生标准。② 严利强指出，社区老年人营养供餐的必备条件应当包括政府政策支持、场地支持和专业人员配备等方面。③ 付萍认为，助餐服务是一项看似容易实则很难完成的系统工程。老年人个体差异较大，不同年龄的老人所面临的营养问题不一样，其膳食营养问题也会有所不同，因此建议在助老供餐设计和管理上采用分层管理的方式。④ 刘长青等指出，老年人用餐安全不仅关系到其生活质量、身体健康、生命安全，也关系到社会的和谐与稳定。因此，相关管理部门应当督促助餐单位完善自身食品安全管理制度和硬件设施，以满足老年人用餐的安全需求。⑤ 周尚意等以北京市西城区新街口街道的“老年餐桌”为研究对象，结合 GIS 技术和多种物流算法，探究配送系统在时间及成本限制下的最优送餐路线，为完善“老年餐桌”经营方案提供了一种思路。⑥

三、研究述评及后续研究方向

（一）对已有研究的评价

通过对已有文献的梳理发现，随着我国老年人口规模的不断扩大，老

---

① 李璐璐．上海市静安区社区老年人助餐服务质量研究［D］．上海：华东师范大学，2013.

② 秦丹．北京市养老餐桌服务使用状况实证分析［D］．北京：首都经济贸易大学，2015.

③ 严利强．社区老年人营养供餐的必备条件及模式探析［J］．农村经济与科技，2017，28（2）：228-292.

④ 付萍．聚焦高龄老人营养问题，实行分层助老供餐管理［J］．老年医学与保健，2017，23（2）：72-76.

⑤ 刘长青，等．上海市徐汇区涉老助餐服务状况和监管对策研究［J］．中国卫生监督杂志，2012，19（1）：70-74.

⑥ 周尚意，等．北京城区“老年餐桌”供餐线路优化——以新街口街道为例［J］．经济地理，2015，35（5）：55-60.

年助餐服务日渐进入各级政府部门和学者的视野。近年来，不同地区、不同城市针对老年人的实际情况，出台了各具特色的政策措施，以满足这一群体的服务需求。总体来看，这方面的研究刚刚起步，很多问题还有待进一步改进。

1. 研究视角不够综合

老年助餐服务不仅涉及人口学、社会保障学，同时也涉及医学、卫生保健、营养学等诸多学科，这就需要研究者运用多学科进行综合、交叉研究。但目前大部分研究只是站在单一学科的角度，鲜有多角度、不同层面的实证分析。

2. 研究内容不够系统全面

已有对老年助餐服务的研究大多为浅层次的、笼统的介绍，缺乏系统、深入的研究。许多研究是在探讨居家养老、社区服务、长期照护等问题时对这一问题有所涉及，大多比较零散，而专门的、细致的研究还比较少。同时，对老年人助餐服务的重要性与必要性认识还显不足。

3. 研究方法单一

已有研究大多采用定性研究，定量研究欠缺。虽然部分研究是基于问卷调查而进行的统计分析，但量化研究方法的综合运用依然薄弱。同时，缺乏系统性、连续性的研究，宏观概括性的研究多，微观细致研究少。

4. 研究成果数量少，内容不够丰富

截至目前，在期刊网上能够查询到的有关养老助餐服务的文章大多为有感而发的“短平快”文章，高质量的研究成果较少。

（二）后续研究的方向

1. 结合健康中国战略的实施，开展相关研究

健康中国战略作为我国应对老龄化的重要举措，是在全面建成小康社会、实现中华民族伟大复兴中国梦新征程中向世界展示全新形象的奋斗目

标。《“健康中国 2030”规划纲要》将“共建共享、全民健康”作为主题，提出人民共建共享的卫生与健康工作方针，为老年人提供康复期护理、稳定期生活照料的健康和养老服务。由于养老助餐服务与老年人的健康息息相关。这就需要加强对老年助餐的食材来源、餐食搭配、营养、环境卫生、餐具消毒等方面的研究，深入了解老年人的饮食习惯、用餐需求及营养摄入状况，从而提高和改善老年人的健康水平，均衡老年人的营养摄入，改善老年人的身体素质，更好地保障老年人的生活质量。

2. 加强养老助餐服务体系研究

老年助餐服务是一项涉及多方面内容的系统工程。因此，对这一问题的研究不能仅停留于表面，而应当从设施体系、组织体系、运行体系、监管体系和评估体系等多方面开展系统化的综合研究。政府相关部门应当出台促进养老助餐服务体系建设的法律法规，对餐饮企业的准入资格、老年助餐服务的基础设施、膳食的配比、价格的规范、卫生的保障以及工作人员资格的审查等方面进行逐一规范。从政策、资金、管理等各方面入手，制定科学长效的考核评价制度，进而促进老年助餐服务规范化发展，切实提升老年人在饮食方面的服务需求。

3. 加强养老助餐服务模式研究

不同的养老助餐模式影响着老年人就餐服务需求的满足程度。目前各地出现的养老助餐模式主要有以下几种：一是集中就餐；二是送餐入户；三是邻里互助。在此基础上，不同城市又出现了“基地直供＋中央厨房＋社区分餐点＋就餐/配餐/送餐”为一体的服务模式、“中央厨房＋冷链运输＋社区配餐”的服务模式、以“老字号”餐饮企业服务网点和辖区内单位食堂为依托形成老年餐专供网络服务模式；“1＋X”综合助餐服务模式（1 为中央厨房，X 即每个社区建设助餐点）等不同助餐服务模式。但实际上，许多老年助餐点仅提供午餐，这对于许多老年人，尤其是失能、半失能老年人及独居老年人来说，并没有真正解决他们吃饭难的问题。一些生活无法自理的老年人依然为早餐和晚餐而发愁。因此，需要通过建立大数据掌握居家养老送餐服务的公众需求、供给形式，积极探索多样化的服务形式，设计个性化助餐服务体系，努力满足各类具有不同需求的老年人。

第二节 银川市老年人助餐服务实施现状及影响因素

伴随着我国人口老龄化、老龄人口高龄化和家庭规模小型化，老年人的养老服务需求日益凸显。

2016年，国务院办公厅印发《关于全面放开养老服务市场 提升养老服务质量的若干意见》，指出要全面推进社区居家养老全覆盖，依托社区服务中心（站）、社区日间照料中心、卫生服务中心等资源，为老年人提供助餐、助洁、助行、助浴、助医等上门服务，提升居家养老服务覆盖率和服务水平。《“十三五”国家老龄事业发展和养老体系建设规划》中明确提出要健全养老服务体系。各地方政府积极响应国家政策，因地制宜地开展了不同模式的助老服务，老年人在看病就医、文体健身等诸多方面的服务需求在一定程度上得以缓解。但是，“吃饭难”依然是许多老年人共同面对的问题，尤其是独居、孤寡、失能、高龄、特困老人在这方面的服务需求更为突出。2014年全国老龄工作委员会发布的《十城市万名老年人居家养老状况调查报告》显示，当前老年人对老年餐桌的需求比例高达42.2%，超过了以往需求比例较高的家政服务。因此，关注与满足老年人的助餐服务需求迫在眉睫。

银川市绝大多数老年人更倾向于依靠家庭获得日常照料，但由于代际居住分离、家庭规模缩小等因素，导致用于老年照料方面的家庭资源逐渐减少，传统家庭养老难以为继。养老服务供给与老年人服务需求之间的矛盾十分突出，养老服务体系建设亟待加强。

一、相关研究

20世纪60年代以来，随着欧美国家人口老龄化日益严重，养老助餐服务快速发展。国外对老年人助餐服务的研究主要集中于助餐与老年人健康的关系以及如何规划老年人的膳食等方面。Gollub和Weddle指出，通过从正式机构获得膳食，可以使那些原本在没有援助情况下不能获得或者准备食物的老人能够继续住在自己的家中。Locher等研究发现，接受来自正式机构的膳食有利于改善老年人的饮食摄入，并减少营养不良的风险。

Pajalic 等的研究表明，依赖他人对老年人来说虽然很难接受，但对助餐服务机构分配的膳食的依赖则意味着更好的生活质量。Anna Watkinson 等对英国家庭护理工作者进行了半结构化访谈，发现由于服务提供者没有接受专业的服务培训，使得他们所提供的服务不能完全满足老年人的需要。美国流动餐车的助餐模式，让老年人能够及时在家用餐，这个模式受到了居民的认可和赞同。Jung Sun Lee 等进一步提出，美国家庭传送膳食计划可以阻止美国老年人医疗保健成本的上升。Fleur Harrison 等通过将老年人的预期与提供者的期望进行对比后认为，通过定期评估来提升助餐服务的质量，可以满足老年人的需求。

国内的研究主要涉及老年助餐服务的必要性、供给主体、服务模式、安全管理等方面。郑功成指出，虽然我国的老龄综合服务覆盖面从无到有，但在养老服务供给等方面依然存在较为明显的不足。[①] 邓大松等认为，由于我国现代家庭结构趋向小型化和核心化，由此衍生的照料、护理功能逐渐减弱，传统的家庭照护功能面临较大的挑战。[②] 彭华民等从福利多元主义的角度出发，提出福利供给主体应从政府向多元部门转换。[③] 刘颂认为，养老助餐服务是“老有所养”的重要内容，是“以居家为基础、社区为依托、机构为补充”的多层次养老服务体系的基础工程。[④] 王琼指出，对老年人养老服务需求的研究可以促进养老服务供给的改善，有利于养老服务市场的形成和发展。[⑤] 赵珍怡对上海市徐汇区1566 位老年人服务需求的调查发现，49.3%的老年人有“解决吃饭问题”的需求。[⑥]

---

① 郑功成．全面理解党的十九大报告与中国特色社会保障体系建设［J］．国家行政学院学报，2017，(6)：8-17.

② 邓大松，李玉娇．健康中国战略下长期照护保险：制度理性、供需困境与路径选择［J］．河北大学学报（哲学社会科学版），2017，42（5）：109-116.

③ 彭华民，黄叶青．福利多元主义：福利提供从国家到多元部门的转型［J］．南开学报，2006（6）：40-48.

④ 刘颂．居家养老送餐服务研究综述［J］．老龄科学研究，2016，4（9）：36-46.

⑤ 王琼．城市社区居家养老服务需求及其影响因素——基于全国性的城市老年人口调查数据［J］．人口研究，2016（1）：110.

⑥ 赵珍怡．上海市城市社区养老服务模式的研究［D］．上海：华东师范大学，2008.

二、银川市老年助餐服务实施现状

银川市是宁夏人口数量最多同时也是全区人口老龄化最严重的城市。银川市统计局数据显示，截至 2016 年底，银川市 60 岁及以上老年人口 26.6 万人，其中，空巢、独居、失独老人约 3 万人，占 11.3%，失能、半失能、失智和中度以上残疾老年人约 0.8 万人，占 3.0%。预计到 2020 年，银川市 60 岁及以上老年人将突破 30 万人。自 2009 年以来，银川市按照“先发展、后规范，先创办、后扶持，先示范、后辐射”的原则，建成 98 个社区居家养老服务站，建立和完善养老服务体系，满足老年人日益增长的养老服务需求。2010 年，银川市政府颁布了《关于加快推进居家养老服务工作的意见》，提出在养老服务需求增加的背景下从老年人最关心的现实问题和最迫切的服务需求出发，为老年人提供生活护理、助餐、助医、助浴、助行、康复辅助、精神慰藉、洗涤清洁等服务。2015 年，银川市政府下发了《关于加快推进居家养老助餐点建设的通知》，提出对老年人助餐服务建设要突出多样性、惠老性、持续性和实效性的特点，切实解决老年人的吃饭问题。2019 年，银川市政府在银川市民政工作要点中提出，要加快推进养老服务业“放管服”改革，建立完善养老机构基础设施建设标准化和养老服务考核标准。建设养老服务信息化系统，实现养老服务信息公开。扩大日间照料中心改革试点成果，继续推进农村幸福院和老饭桌建设，开展购买养老服务项目工作。加快公建养老服务设施建设，鼓励支持社会资本投资养老服务事业，提升民营养老机构服务品质。老年助餐服务在银川市不同社区广泛推广。目前形成了依托单位食堂设立老年人助餐点，依托老年人活动中心、棋牌室提供老年人配餐服务点，以及社区自办老年人助餐点等不同的老年助餐模式。

近年来，银川市为鼓励社区利用自有资源或社会资源，设立老年人助餐服务点，重点解决政府购买居家养老服务对象用餐问题。辖区自建并经民政、财政、老龄部门审核确定为政府扶持的老年人配餐中心、社区老年人助餐点，根据助餐点服务助餐人数规模和年度考核评价结果，每个大型配送中心（为老年人配送在 100 人以上）一次性建设补助最高不超过 10 万元，年度运营补助最高不超过 5 万元；助餐点一次性建设补助 2 万元，年度运营补助 1 万元；凡指定的社会餐饮服务行业或只设就餐桌依托外送的助餐点，一次性建设补助 1 万元，年度运营补助 0.5 万元。[①] 同时，对“三无”老人、“低保”老人、60 岁以上失能半失能老人、70 岁以上经济收入低于 600 元的生活困难老人，采取政府购买服务的方式，每人每天补助 5 元。补助资金由银川市财政局拨付至三个区的财政局。[②] 截至 2017 年底，银川市共建成标准化日间照料中心 47 个，其中兴庆区 11 个、金凤区 8 个、西夏区 7 个、永宁县 4 个、贺兰县 9 个、灵武市 7 个。这些老年日间照料中心主要为老年人提供助餐、生活照料、文化娱乐及康复服务。同时，银川市还通过在不同社区设立助餐点解决老年人的吃饭问题。目前，银川市共建设居家养老服务站 231 个、配餐中心 3 个、“老年饭桌”95 个、社区老年人活动中心 86 个、农村幸福院 165 个、老年助餐点 66 个，显著提升了为老服务的覆盖率。

那么，这些社区日间照料中心和助餐点的服务是否得到了服务对象的积极响应？老年人对此类服务的利用情况如何？此类服务是否真正缓解了银川市老年人“舌尖养老”的难题？厘清这些问题，有助于了解银川市养老助餐服务的实施情况，把握老年人的服务需求，从而提升助餐服务质量，推进城市养老助餐服务体系的发展和完善。

三、数据及统计描述

（一）数据来源

俗话说：“民以食为天。”吃饭是老年人最基本的生理需求，只有当该群体的低层次需求被满足时，才可能追求更高层次的目标。在我国，不同地区根据老年人的实际情况，出台了不同的政策措施，启动了各具特色的助餐服务模式。为全面了解银川市老年人助餐服务实施情况，课题组通过问卷调查法和深度访谈法对银川市幸福社区、丰收社区、游乐社区、银华社区、湖畔嘉苑社区等社区的 30 家老年助餐点以及在里面就餐的老年人进行了深入调查，共发放问卷 420 份，回收 398 份，有效问卷 394 份，有效率为 99.0%。

---

① http：//www.yinchuan.gov.cn/xxgk/bmxxgkml/szfbgt/xxgkml_1841/zfwj/yzf/201608/t20160801_136744.html.

② http：//www.yinchuan.gov.cn/xwzx/zwyw/201608/t20160801_158215.html.

（二）变量的选取与定义

本研究选用老年人每周前往助餐点就餐的次数为因变量，了解老年人是否愿意使用该项服务。基于银川市老年助餐点大多仅在工作日为老年人提供午餐服务，所以因变量定义为老年人每周前往助餐点就餐一次记为 1，具体定义为：每周使用 1 次=1，每周使用 2 次=2，每周使用 3 次=3，每周使用 4 次=4，每周使用 5 次=5。

既有研究发现，对老年人服务利用产生影响的个人特征主要包括老年人的性别、年龄、文化程度、月收入以及健康状况等。在借鉴相关研究的基础上，本研究选取助餐点饭菜的价格、饭菜的口味、饭菜的卫生状况、饭菜的营养价值、饭菜供应情况、工作人员的服务、工作人员的态度、地理位置、环境设施，以及总体满意度等可能影响老年人每周就餐次数的因素作为自变量，分析其对老年人每周就餐次数的影响，变量的定义详见表 7-1。

表 7-1 变量的定义

变量名称	定义
自变量	
性别	女=0，男=1
年龄	60～65 岁=1，66～70 岁=2，71～75 岁=3，76～80 岁=4，80 岁以上=5
民族	汉族=0，回族=1
文化程度	小学及以下=1，初中=2，高中或中专=3，大学及以上=4
月收入	2000 元以下=1，2001～3000 元=2，3001～4000 元=3，4001 元及以上=4
健康状况	不健康=0，健康=1
患病情况	无疾病=0，患一种慢性病=1，患两种及以上慢性病=3
饭菜的价格	很贵=1，偏贵=2，可接受=3，便宜=4
饭菜的口味	非常难吃=1，难吃=2，一般=3，好吃=4，非常好吃=5
饭菜的卫生状况	很卫生=1，卫生=2，不太卫生=3，很不卫生=4
饭菜的营养价值	没有营养=0，有营养=1

续表

变量名称	定义
饭菜供应情况	不能＝0，能＝1
工作人员的服务	服务不到位＝1，服务一般＝2，服务周到＝3
工作人员的态度	态度恶劣＝1，没有礼貌＝2，态度一般＝3，有礼貌＝4
地理位置	不合理＝1，相对合理＝2，合理＝3，很合理＝4
环境设施	干净卫生＝1，环境良好＝2，环境一般＝3，不宜就餐＝4
总体满意度	不满意＝0，满意＝1
因变量	
就餐次数	1 次＝1，2 次＝2，3 次＝3，4 次＝4，5 次＝5

（三）变量的统计描述

在所调查的 394 位老年人当中，男性为 178 人，占 45.2%；女性为 216 人，占 54.8%。在助餐点就餐的老年人以汉族为主，共 274 人，占 69.5%；回族老年人共 120 人，占 30.5%。年龄集中在 65～75 岁之间，共 338 人，占样本量的 85.8%。虽然 80 岁以上老年人享有较大的就餐优惠待遇，但所占比例较低，仅为 2.5%。月收入 2001～3000 元的老年人居多，共 170 人，占样本量的 43.1%；月收入 3001～4000 元的占 23.4%。退休金为老年人的主要收入来源，共 78.7%的老年人主要依靠退休金养老，仅有 9.6%的老年人靠子女提供生活费。文化程度集中于小学及初中的老年人居多，两者占样本量的 62.9%；高中或中专文化程度的占 17.3%，本科及以上文化程度的占 9.6%。15.7%的老年人认为自己身体健康，多数老年人患有一种或多种慢性疾病，分别占样本含量的 52.8%、28.4%。居住情况为，35.0%的老年人独自居住，36.5%的老年人与配偶居住，剩余 28.4%的老年人与子女居住（详见表 7-2）。

表 7-2　变量的简单描述性统计（$n=394$）

名称	内容	例数	比例（%）	名称	内容	例数	比例（%）
性别	男	178	45.2	民族	回族	120	30.5
	女	216	54.8		汉族	274	69.5

续表

名称	内容	例数	比例（%）	名称	内容	例数	比例（%）
年龄	60～65 岁	34	8.6	文化程度	小学以下	40	10.2
	66～70 岁	158	40.1		小学	118	29.9
	71～75 岁	146	37.1		初中	130	33.0
	76～80 岁	46	11.7		高中或中专	68	17.3
	80 岁以上	10	2.5		本科及以上	38	9.6
月收入	1000 元及以下	12	3.0	身体状况	健康	62	15.7
	1001～2000 元	60	15.2		患有一种慢病	208	52.8
	2001～3000 元	170	43.1		患有多种慢病	112	28.4
	3001～4000 元	92	23.4		患有严重疾病	12	3.0
	4001 元及以上	60	15.2				
收入来源	最低生活保障	12	3.0	居住情况	独自居住	138	35.0
	劳动收入	34	8.6		与配偶居住	144	36.5
	退休金	310	78.7		与子女居住	112	28.4
	子女赡养	38	9.6				

四、结果分析

（一）方法

本研究运用 Epidata 3.1 进行数据录入，使用 Stata 14.0 对数据进行影响因素分析。老年人助餐服务的供给从老年人的实际情况出发，个体差异及助餐点的客观条件都会对老年人助餐服务利用产生重要影响。本文的因变量“老年人每周前往助餐点的就餐次数”为等级变量，取值依次递增，故选用多元有序回归分析进行统计分析。

（二）结果分析

以老年人每周前往助餐点就餐的次数为因变量，选择老年人特征变量及助餐点客观因素共 17 个变量为自变量，进行影响因素分析。分析结果显示，在 17 个自变量中共有 9 个变量结果具有统计学意义。可知老年人的性别、年龄、民族、月收入，以及饭菜的口味、饭菜的卫生状况、饭菜的营养价值、饭菜供应情况、工作人员的态度均对老年人每周就餐次数产生影响。

1. 个人特征方面

性别、年龄、民族、月收入对养老助餐服务实施和利用有显著影响。与女性相比较，男性老年人前往助餐点就餐的次数更多。在民族特征方面，回族老年人前往助餐点就餐的比例比汉族老年人低 39 个百分点。月收入在很大程度上限制了老年人前往助餐点就餐。偶尔到助餐点吃饭的王奶奶表示，自己在家做饭吃一天全部的花费在 10 元以内，而在助餐点吃饭仅午餐就要 10 元，每月养老金不能支撑其每天前往助餐点就餐。年龄增长带来的行动不便也影响了老年人前往助餐点就餐，与低龄老年人相比，高龄老年人前往助餐点就餐的次数更少。

2. 服务机构方面

从助餐点的环境设施和饭菜质量来看，饭菜的口味、饭菜的卫生状况、饭菜的营养价值、饭菜供应情况、工作人员的态度等 5 个变量均对养老助餐服务的实施和利用有显著影响。口味越可口老年人前来就餐的可能性就越大。在访谈中发现，受访者对老年餐食的质量和口味颇有微词。李奶奶满脸无奈地说："助餐点的饭菜不符合我们老年人的口味，米饭偏硬，菜偏咸、偏辣，但是有什么办法呢？自己又做不动，只能将就着吃了。"另外，饭菜的卫生状况也是影响助餐服务实施的重要因素，老年人免疫功能下降，饭菜的卫生状况不达标会导致老年人腹泻，严重时可能引起老年人食物中毒。饭菜的卫生状况越差，老年人使用助餐点的可能性就越低。饭菜的营养价值同样是需要关注的问题。周爷爷谈到助餐点饭菜的营养价值时叹了一口气，他反映助餐点的菜择不干净，而且经常出现不新鲜的菜。荤菜以较便宜的鸡鸭肉为主，很少提供牛羊肉，所以感觉营养跟不上。老年人很重视助餐点是否能够按照当日菜谱供应饭菜，能够按照当日菜谱提供饭菜，则老年人更愿意前去就餐。最终纳入回归方程的变量见表 7-3。

表 7-3 影响老年人就餐次数的多元有序回归分析结果

名称	内容	Std. Err.	z	Coef.	[95% Conf. Interval]
性别	女性（对照组）				
	男性	0.170	2.28	0.389*	[0.055，0.722]
民族	汉族（对照组）				
	回族	0.184	−2.23	−0.410*	[−0.772，−0.050]
月收入	2000元以下（对照组）				
	2001～3000元	0.252	0.96	0.243	[−0.252，0.738]
	3001～4000元	0.279	1.55	0.432	[−0.116，0.980]
	4001元及以上	0.323	3.37	1.088*	[0.455，1.720]
年龄	60～65岁（对照组）				
	66～70岁	0.323	0.47	0.151	[−0.481，0.783]
	71～75岁	0.328	−0.78	−0.256	[−0.899，0.386]
	76～80岁	0.397	−0.16	−0.065	[−0.844，0.713]
	80岁以上	0.723	−4.61	−3.332***	[−4.748，−1.915]
饭菜的口味	难吃（对照组）				
	非常难吃	0.840	2.27	1.907*	[0.261，3.554]
	一般	0.830	2.52	2.096*	[0.469，3.724]
	好吃	0.890	4.67	4.158***	[2.413，5.903]
	非常好吃	1.356	4.82	6.540***	[3.882，9.198]
饭菜的卫生状况	很卫生（对照组）				
	卫生	0.262	−3.87	−1.013***	[−1.526，−0.499]
	不太卫生	0.329	−2.46	−0.810*	[−1.455，−0.165]
	很不卫生	0.839	−2.99	−2.510**	[−4.156，−0.866]
饭菜的营养价值	没有营养（对照组）				
	有营养	0.203	4.01	0.812*	[0.416，1.210]
饭菜供应情况	不能（对照组）				
	能	0.173	3.24	0.559**	[0.220，0.899]

续表

名称	内容	Std. Err.	z	Coef.	[95% Conf. Interval]
工作人员的态度	态度恶劣（对照组）				
	没有礼貌	0.319	1.65	0.527	[−0.098，1.151]
	态度一般	0.334	2.06	0.688*	[0.033，1.344]
	有礼貌	0.501	0.93	0.467	[−0.515，1.450]

备注：$P<0.10$，* $P<0.05$，** $P<0.01$，*** $P<0.001$。

五、讨论

通过上述分析可以看出，银川市老年人对助餐服务的利用率较低，饭菜的口味、饭菜的卫生状况、饭菜的营养价值等方面均不尽如人意，无法满足老年人的用餐需求。基于此，应当从以下方面着手，完善银川市养老助餐服务的供给体系和监管体系，推动银川市养老助餐服务体系建设。

（一）树立发展型社会福利理念，健全养老助餐服务体系

发展型社会福利是一种把社会福利和经济发展结合起来的福利思想，追求在动态发展的过程中实现社会福利，增进整个人类的福祉。詹姆斯·米奇利是这一理论的创始人，其观点主要包括以下内容。① 注重经济与社会协同发展，提出在经济不断增长的同时增进整个人类的福祉。“在发展过程中，社会与经济构成了一枚硬币的两面。没有经济发展，就谈不上社会发展；而如果发展没有改善整个人口的社会福利，经济发展又是没有意义的”。② 主张福利的多元供给。在积极承认国家干预的同时，认为国家及国家以外的各种行为主体都应成为福利供给的来源，提倡最大限度地发挥市场、市民社会和家庭在福利供给中的作用。这种福利模式超越了补缺型福利模式和制度型福利模式。传统的福利制度只将社会福利作为预防或矫正社会问题的制度，而发展型社会福利的视角则要求建立起一套旨在提高人们生活质量和满足人类发展需要的福利制度，而不是仅仅去解决社会问题。①

① 范斌．福利社会学［M］．北京：社会科学文献出版社，2006：16.

目前，社会福利已成为衡量一个国家或地区经济社会发达程度和文明进步水准的重要指标，是各国政府解决相关社会问题的基本制度安排。[①] 改革开放40多年来，我国经济社会等各方面取得了举世瞩目的成就。新时代我国社会主要矛盾已经转化为人民日益增长的美好生活需要和不平衡不充分的发展之间的矛盾。这就需要坚持以人民为中心的发展思想，让经济发展产生的财富更多、更公平地惠及全体人民，使全体人民共享改革发展成果。在我国养老服务体系建构过程中，应当积极发挥政府、社区、企业、社会组织、个人及家庭等多方面的力量，形成“多中心”治理格局，从而增加老年人助餐服务的利用率，提高老年人的健康水平和生活品质。新时代、新征程，只有在经济发展过程中增进民生福祉，构建养老、孝老、敬老政策体系和社会环境，才能真正使老年人的获得感、幸福感有保障。

（二）借鉴国外经验，拓展服务方式

二战结束后，英国等欧洲发达国家迅速恢复经济，普遍执行高福利的社会政策，社区照顾理念得到各国青睐。20世纪50年代后期，社区照顾模式悄然进入老年人日常照顾领域。英国的社区照护分为社区内照护和由社区照护，之后又发展出与社区一起照护。其照护内容包括上门做饭、理发、洗澡、购物、清洁卫生等，主要为老年人提供心理支持、物质援助、整体关怀。瑞士拥有完善的社会保障体系和养老体系，人均寿命达82.8岁，居全球榜首，这与政府重视老年人的营养健康及个性化的老年助餐服务密不可分。瑞士主要利用互联网技术，建立“网络＋家庭”的按键系统，为有需要的老年人提供24小时送餐服务。丹麦专门为老年人设立食堂，同时提供食品专送服务，所以在当地被称为“车轮上的食堂”。[②]

为了让更多老年人能够享受助餐服务带来的便利，银川市需要拓展老年助餐运营模式。目前，各老年助餐点不向老年人提供早、晚餐服务，节假日也不开放。许多老人表示，中午可以选择前往助餐点就餐，但晚餐问

---

① 樊继达．发展型社会福利体系建设：对中国式财政的挑战及应对［J］．中央财经大学学报，2011（9）：1-6.

② 陈玮婷．论老年型社区的养老公共服务供给［D］．上海：复旦大学，2010.

题依然不能解决。因此，他们只能选择自己做饭，通常是午饭多做一些，晚上吃中午的剩饭。不难发现，这种单一的助餐模式并不能真正解决老年人“吃饭难”的问题。因此，可以在借鉴国外及我国其他城市有益经验的基础上，探索符合银川市实际情况的助餐服务体系，以满足高龄、独居、失能、半失能以及生活需要照料的各类老年人的服务需求。也可在节假日为老年人准备特色餐食，让老年人在任何时间都能享受到助餐服务带来的便捷。另外，可通过提供上门送餐服务，提高助餐服务利用率。目前，西夏区大部分成立时间较长的养老助餐服务中心为老年人提供送餐上门服务，而金凤区和兴庆区大部分养老助餐点还没有开展此项服务。大多数老人表示冬天天冷不愿出门，送餐上门显得尤为重要。因此，应大力发展和完善送餐服务，为不方便出门的老年人提供更多便利。良好、可及的助餐服务是居家养老老年人的福祉，只有从多方面拓展服务方式，提高服务品质，才能让老年人在家中享受高质量的晚年生活。

（三）开发老年营养膳食，提高老年人健康水平

吃饭问题直接关乎老年人的营养健康和生活质量。方便周到的助餐服务不仅能够提高老年人的幸福指数，而且可以有效改善老年人的营养状况。老年人因失能、半失能以及机体功能衰减，从而导致其自己无法购买食材和准备饭菜。银川市大多数老年人的做法为：做一顿吃两顿，或者一天的饭菜吃几天。食物因放置过久和反复加热而导致营养流失，从而影响到老年人的健康状况。另外，不同健康状况和不同年龄老年人的饮食搭配和营养需求完全不同。有些老年人的饮食需要控油控盐，有些需要低糖。基于此，在老年人供餐与营养搭配方面需采用分层、分类设计，增加供餐种类，提高供餐质量。中国营养学会老年分会采用营养评估短表（MNA）和日常活动能力评估表（ADL-S），对北京、上海等城市 65 岁及以上老年人进行营养风险调查。调查结果显示，16.1%的老年人存在营养不良，37.6%的老年人存在营养风险。与此同时，我国老年人营养实际摄入量明显低于理论量，而且能量、脂肪、钾和维生素 A 摄入量均明显不足。银川市大部分老年人都患有一种或多种慢性疾病，主要集中于高血压、糖尿病以及关节疼痛等老年人发病率较高的常见慢性疾病。对这部分老年人而言，膳食的科学搭配和营养均衡更为重要。

养老助餐服务作为一种被动式营养干预措施，能够有效改善老年人的营养状况和生存质量。[①] 我国于 2016 年出台了《餐饮业老年餐要求》，不同运营主体应当以此为标准，调整老年人的膳食结构，保证其对蛋白质等所需营养的摄入量。同时，可以借鉴西方发达国家的成功经验，对就餐老年人健康状况进行追踪。从而制定出更为规范、合理的营养标准，有效改善老年人的健康状况。

（四）明确责任，加强安全管理

助餐服务是一项涉及服务机构资质、资金支持、科学管理、膳食配比等多个方面、多个环节的系统工程。不仅关系到老年人的生活质量、身体健康和生命安全，而且关系到整个社会的和谐与稳定。这就需要相关部门出台相应的政策法规，对开展老年人助餐服务机构的准入资格、基础设施、卫生规范以及价格标准和安全管理等方面进行严格审查和详尽规范。督促助餐单位完善自身食品安全管理制度，加强食品采购、加工、送餐、用餐、餐具清洗消毒等诸多环节的规范管理，保证饭菜的新鲜和保温程度。提高饭菜质量，满足老年人用餐的安全需求，确保老年人吃得放心，吃得健康，促进老年助餐服务规范化、科学化发展。

（五）加强服务人员专业培训，提高服务水平

助餐服务质量与服务人员的配备息息相关。服务人员的工作理念、态度，以及对采购、制作、送餐等不同环节的熟悉程度，对不同年龄、不同健康状况老年人营养标准和饮食特点的认知程度，都会影响到老年助餐服务质量的高低。而目前我国养老服务队伍普遍面临着数量不足、文化层次偏低、专业水平与业务欠缺、年龄结构偏高、就业门槛偏低等问题。这就导致助餐服务质量不能有效满足老年人的服务需求。因此，对助餐服务机构的服务人员进行专业培训不可或缺。一方面，通过开展一系列讲座、培训，加强服务人员对老年膳食基础知识的掌握，了解不同老年人的膳食搭配，营养摄入状况及用餐需求。另一方面，制定工作细则，设立服务监督员，定期开展服务质量的跟踪调查。开发符合老年人营养需求的合理膳

---

① 薛文星．送餐上门对社区失能老人生存质量和营养状况干预研究［J］．中国预防医学杂志，2013（4）：297-300.

食，提高老年助餐点的服务水平，使老年餐的供给切实满足老年人的服务需求。

同时，鼓励社会工作者介入养老助餐服务。从发达国家及我国香港、台湾等地的实践经验来看，社会工作者在评估老年人的服务需求、整合和利用资源、对老年人进行心理疏导等方面具有明显的专业优势。因此，在银川市老年助餐服务建设的过程中，也应当积极发挥社会工作专业人才的优势，提高助餐服务的专业性。从根本上补齐银川市养老服务保障短板，满足老年人“舌尖养老”的服务需求。我国将于2020年进入全面小康社会，在养老服务保障领域，政府应尽快将失能、失智和贫困等老年群体纳入兜底保障范围，使他们都能享受到基本的养老服务保障，以期以普惠式的政策来激发老年人使用社会养老服务的动力。①

第三节　健康老龄化战略下老年志愿者参与助老服务

老年是人生的必经阶段。尤其随着社会发展与科技进步，从居住环境到医药技术都有了明显的改善，人口的平均寿命得到提升，加上近几十年来计划生育政策的实施，我国自1999年以来逐渐步入了人口老龄化社会。世界上许多国家面临着人口老龄化的巨大压力，而我国老龄化呈现出“未富先老”“未备先老 ”的双重特征。“银发浪潮”来袭，老年群体的养老状况和生存权益已逐步受到社会的普遍重视，其中也包括老年人的社会参与权益。目前，我国老年志愿者队伍处于起步阶段，老年志愿者群体参与助老服务的现状与前景具有一定的研究意义。课题组结合“健康老龄化”的国家战略，对银川市289名老年志愿者参与助老服务状况进行了调查，对老年志愿者群体当前存在的问题进行了探究。

一、健康老龄化

早在1990年，世界卫生组织就提出了健康老龄化的目标。世界卫生

① 杜鹏，等．中国老年人社会养老服务利用的影响因素［J］．人口研究，2017（5）：26-37.

组织在1946年章程中对健康进行了定义：健康是“身体、心理和社会功能的完美状态”。我国著名人口学家与老年学家邬沧萍在《“健康老龄化”战略刍议》一文中指出，所谓健康老龄化，是指在老龄化社会中，多数老年人处于生理、心理和社会功能的健康状态，同时也指社会发展不受过度人口老龄化的影响。[①]

为了积极应对人口老龄化带来的严峻挑战，我国卫计委于2017年发布了《关于印发“十三五”健康老龄化规划的通知》，明确指出，要从生命全过程的角度，从生命早期开始，对所有影响健康的因素进行综合、系统的干预，营造有利于老年健康的社会支持和生活环境，以延长健康预期寿命，维护老年人的健康功能，提高老年人的健康水平。党的十九大报告指出，实施健康中国战略，完善国民健康政策，积极应对人口老龄化。

要实现老年群体的全方位健康目标，充分实现健康老龄化，不仅要重视老年人的生理状况需求，而且应当关注其心理、社交等方面的需求，从老年人自身特点出发，切实提供惠老政策。老年志愿者队伍的产生正符合这样的时代背景。鼓励老年志愿者参与社会助老服务，从志愿者本身来讲，不但丰富了老年人的闲暇生活，拓宽了老年人社会参与的途径，同时也调动了他们参与社会的积极性，利用其帮助同龄群体的同理心与积极性，使其通过一种健康向上的方式继续发挥余热，从而形成自身积极向上、乐观健康的心理状态。

二、老年志愿者参与助老服务的重要性

老年志愿者群体，通常是指志愿者队伍中的老年群体。部分学者对老年志愿者进行了更为细致的定义。高樱将老年志愿者定义为，自愿贡献个人的时间、体力、知识、技能、金钱等，不图物质报酬，旨在推动社会进步和自我提升而参与各类社会公益事业和提供各类志愿服务的老年人。[②]由此可以看出，老年志愿者参与活动的主要目的在于实现自我价值、服务

① 邬沧萍，姜向群．“健康老龄化”战略刍议［J］．中国社会科学，1996（5）：52-64．

② 高樱．老年志愿者活动长效机制构建研究［D］．上海：华东政法大学，2014．

大众。而在健康老龄化战略背景下，鼓励老年志愿者积极参与助老服务具有不容忽视的现实意义，并且相较于其他年龄层次的志愿者，他们有着更为特殊的优势。

（一）老年志愿者的群体优势

首先，老年志愿者作为老年群体的一部分，他们与同龄人更容易沟通交流，能够充分了解和掌握老年人在生活、医疗、娱乐等各方面的需求与动态，能够准确把握扶助对象的身体与心理健康状况，从而能为需要帮助的老年人提供精准服务。

其次，老年志愿者具有丰富的人生阅历和社会经验，也拥有更为充足的时间和热情。在参与助老服务活动时，他们可以充分利用自己的知识，以老年人易于接受的方式提出更有价值的意见和建议，为其他老年人解决实际问题，在健康管理、生活服务等方面为需要帮助的老年人提供便利。

最后，老年志愿者心智更为成熟，处事果断镇定，态度严谨认真，同时也具备吃苦耐劳的品质，能够为其他青年志愿者树立榜样，促进助老志愿行动顺利完成。面对紧急问题时，他们可以更为镇定地运用已有经验及时提出解决方案。通常这样的老年志愿者可以成为志愿者队伍的中坚力量，尤其能够为促进老年人健康老化、积极老化做出贡献。

（二）老年志愿者参与助老服务的社会效益

人口老龄化的巨大压力，也为助老服务带来了一定挑战。一方面，随着人口的高龄化，需要居家养老或机构养老服务的老年人数量越来越多，但养老服务体系尚不完善，老年人的养老需求无法得到及时满足；另一方面，专门为老年人提供助老服务的志愿者和社会工作者数量缺乏，专业性不强，而且中青年人的时间安排紧张，闲暇时间参与志愿助老活动的机会较少。针对这些矛盾，老年志愿者积极参与助老服务，能够产生一系列社会效益。

第一，鼓励老年志愿者参与助老服务，能够有效开发老年人力资源，充分利用老年人的闲暇时间，通过志愿活动形式将助老服务落到实处，使老年志愿者成为新兴的“生产力”。不但为政府节省了一部分人才管理成本，也为助老养老服务提供了特殊力量，有助于缓解人口老龄化的压力，营造良好和谐的社会氛围，为实现健康老龄化做出贡献。

第二，老年志愿者在助老服务中发挥作用，能够有效填补养老服务市场中的资源供给空缺。老年志愿者队伍是一股新兴的社会力量，针对当前老年群体需求增多、服务供给主体不足的失衡现象，通过助老志愿服务缓解这一矛盾，为各类弱势老年群体提供协助和保障，使帮助对象保持生理、心理和社会功能的良好状态与健康。

第三，老年志愿者参与助老志愿活动过程，实际上也是实现自我价值的过程。一方面，通过“助人自助”的形式帮助其他老年人寻求健康和满足，使得老年志愿者能够继续发挥余热，从中获取成就感并保持健康的心理状态；另一方面，通过志愿服务增加了运动量，加强了与同龄人的沟通交流，从而可以延缓衰老，保持健康。

三、老年志愿者参与助老服务的问题与不足

笔者通过对银川市 289 名 60～70 岁老年人参与助老志愿活动的意愿和现状进行调查，发现老年人在参与助老志愿活动时仍存在一些亟待解决的问题。

（一）参与积极性不高

当人们步入老年，尤其在退休之后，多数选择休闲娱乐的方式度过闲暇时光，或是选择代替子女照顾小孩，而很少有人会主动参与到老年志愿者队伍中去，助老志愿服务更是鲜有问津。在调查中，笔者将参与助老志愿服务的积极性分为 20～100 分五个档次，而调查数据（见图 7-1）显示，曾经参与过且参与积极性较高的老年人只占 6.92%，有 28.03%的老年人表示不曾参与助老志愿服务且并无参与意愿。这说明老年人参与助老服务的积极性整体偏低。究其原因，一是老年人对于老年志愿者活动的参与形式和途径不了解，找不到参与入口；二是助老服务仅限于邻里之间的帮助，尚未形成团体性的志愿活动形式。

（二）参与权益受限

由于老年人在体力上与中青年人有一定差距，并且在活动中需要重点

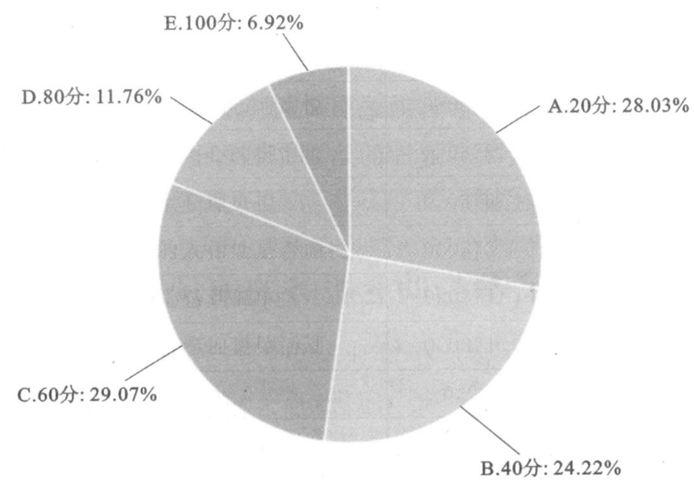

图 7-1 老年人参与助老志愿服务积极性调查

关注老年志愿者的安全问题，因而志愿者活动事实上对老年志愿者是有限制的。助老服务旨在维护老年群体的健康功能，志愿者队伍征集时，却在意识上将老年志愿者也列入被帮助的对象，忽视了他们在助老服务中能够发挥的重要作用，导致很多老年人具有参与助老志愿服务的热情却没能真正参与到志愿活动中来。调查数据（见图 7-2）显示，只有 4.84%的老年人认为老年志愿者在参与助老活动中没有受到限制，而其他老年人则认为老年志愿者或多或少都会因年龄、体力等因素在助老服务中受到不同程度的限制。

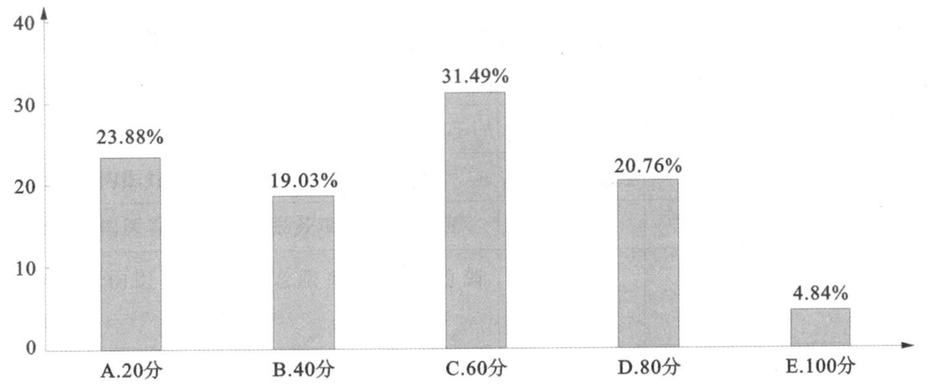

图 7-2 老年志愿者参与助老服务受限状况

（三）缺乏专业指导与保障

目前看来，老年志愿者参与助老服务时主要还是依靠自身的生活经验及常识等，很少有机会接受专业性的培训与指导。而在老年志愿者队伍的管理与保障方面也存在欠缺。

四、老年志愿者参与助老服务的前景展望

我国"十三五"健康老龄化规划指出，当前人口老龄化程度持续加深，我国老年健康服务刚性需求不断增加，而老年健康服务能力有待加强。在这样的背景下，老年志愿者作为老年健康服务的补充力量能够充分发挥自身优势，填补老年健康服务体系的不足。鼓励老年志愿者投入到助老服务中去，在一定程度上能够缓解老龄化社会的压力。采用低龄老人扶助高龄老人、老年志愿者参与居家养老服务等方式，一方面可以为需要帮扶的老年人提供健康服务，保障其晚年生活质量；另一方面可以提升老年志愿者的社会贡献认可度，避免其退休后产生空虚孤独等心理问题。

在完善老年志愿者助老服务的措施上，可从以下几个层面入手。

一是社会层面，应当加大对老年志愿者助老服务的宣传力度，将有意向参与的老年人纳入志愿者队伍，使其能够有机会在助老服务方面发挥余热；

二是国家层面。在健康老龄化战略的影响下，应当通过政策支持、财政补贴等方式，对老年志愿者助老服务加以扶持，使其能够顺利开展助老服务，为老年人提供更多健康服务；

三是老年人自身层面。积极参与到助老志愿服务中来，不仅能够为老年人自身开拓一种有意义的生活方式，也是老年人实现自身价值、积极参与社会的一种有效途径。

第八章

银川市医养结合养老服务机构运行效果评价研究

如今，世界各国都面临着人口老龄化的难题。全球老龄化比例已于2002年超过7%，2014年达到8.1%，在21世纪，老龄化已经成为世界性现象。① 相关研究预测显示：从2015年到2050年，全球60岁及以上的老年人口数量将由9.01亿激增至20.92亿。② 超高龄”的发展趋势显示高龄化发展特征，表现为老年人预期寿命的提高。1950年全球人均预期寿命为46.9岁，预计到2050年将提高至75.9岁。③

高龄化必然伴随着失能、患病老人的增加，如何应对这一系列问题，特别是应对老年人养老和医疗问题，成为全世界亟待解决的重要社会问题。在此背景下，国际社会开始探索医养结合养老服务模式。日本于1988年设立了第一个类似于医养结合的机构——“老人保健设施”；加拿大在1970年颁布《医疗服务与社会服务法案》，提出在社区服务中心为老人提

① 郭金华．中国老龄化的全球定位和中国老龄化研究的问题与出路［J］．学术研究，2016（2）：61-67.

② 乌拉尔·沙尔赛开．世界人口展望：人口、资源与环境［J］．生态经济，2017，33（9）：2-5.

③ 刘文．人口老龄化的全球发展趋势［J］．劳动经济评论，2015（1）：84-106.

供医疗服务和社会服务；[①] 意大利在 1992 年提出“老年人健康促进项目”，此项目专门针对失能老人提供持续照顾，提出要依托社区的老年病评估组织整合医疗卫生和社会服务。[②]

西方发达国家较早步入人口老龄化社会。西欧、北欧、北美的发达国家在进入 20 世纪后相继步入老龄化社会。[③]英国于 1930 年步入老龄化社会，随后建立了国家医疗服务体系（NHS），兴起整合照料模式。整合照料是“针对具有相似需求或问题的群体提供多方位、全面的一套计划详细、落到实处的服务和照料”，包括医疗照护、生活照料、社会照顾、居住照料、交通餐饮等服务。[④] 美国于 1945 年步入老龄化社会，在 1997 年正式提出 PACE 项目。2015 年，美国国会通过 PACE 创新法案并被写入法律。到 2017 年，美国已经有 32 个州共运营 122 个 PACE 项目，服务大约 38000 名老年参与者。[⑤] 该项目为 55 岁以上、需要医疗卫生服务及其他社会服务的社区失能、半失能老人提供全方位的养老服务，服务内容主要包括日常生活照料、疾病预防与保健、疾病诊疗、康复护理等综合性、连续性服务，经费来源于美国的医疗保险和医疗救助，并且允许商业运作，由政府负责管理，由医保中心或州政府通过健康计划管理系统（HPMS）负责监督。1970 年，日本开始进入老龄化社会，日本医养结合的典型特点是通过完善的立法保障老年人享受相应的医疗保健服务。20 世纪 80 年代前期，日本出台了《老人保健法》和《黄金计划》，建立了老人保健设施和一系列法律制度。1997 年，日本正式确立《介护保险法》，规定日本的失能、半失能老人可以通过入住护理院或在家享受长期康复护理服务，此间的护理费用由护理保险给予一

---

① Lysette T, Patrida C. The system of care and services for frail older persons in Canada and Quebec [J]. Aging Clinical and Experimental Research, 2002, 14 (4): 226-232.

② Bernabei R, Francesco L. Health care for older person in Italy [J]. Aging Clinical and Experimental Research, 2002, 14 (4): 247-251.

③ 孙耀，应丹丹，姜丽萍．国外主要养老模式介绍 [J]. 中国护理管理，2013 (3): 97-99.

④ Henk N, Philip C B. Interating services for older people: a resource book for managers [M] . Dublin: European Health Management Asssociation, 2004.

⑤ National PACE Association. The Value of PACE [EB/OL] . [2016-12-18]. http: //www. npaonline. org/policy-advocacy/value-pace.

定程度的补偿。2012 年，日本厚生劳动省提出建立地区一体化护理体系。地区一体化护理体系是指通过医疗与护理的结合，达成信息的共享，确保为老年人提供医疗、护理等日常生活支援的一体化服务体系。[①]该体系的建立改善了各地区的医疗服务与养老环境。

在医养结合服务的评估标准方面，1997 年，美国政府就开始对养老机构实行准入制度，美国卫生部医疗保险和医疗救助中心发布了相关的国家标准。Carson（1999）指出，其评估内容主要包括生活照顾、餐饮服务、医疗康复、药物管理等七个方面，还包括对服务质量管理、从业人员情况、健康体检等方面的综合评估。[②]

日本在医养照料方面发展较早，医养结合服务的发展主要依靠法律规范，同时也制定了一系列针对配套设施、服务内容、服务人员、机构运营等方面的规范标准。学者通过文献梳理发现，日本在养老机构服务评价方面，有自我评价、消费者评价和第三方评价三种方式。自我评价的内容和范围包括机构内部管理和服务的标准化流程，消费者评价则侧重于了解老年人的主观感受和满意度，第三方评价相对全面而客观，主要包括：服务主体的经营机制和经营方针，建筑物，硬件设备，生活服务，饮食服务，护理管理，以及照护服务。[③] 根据日本厚生劳动省网站资料显示，在老年人医养结合养老服务的评价方面，日本将具体项目分为基本生活照顾服务、特殊护理服务、设备设施与环境、经营管理等方面，每一方面都有具体而详细的评价内容，评价内容包括餐饮、服务、医疗、精神照顾、制度管理等五大项目 87 个子评价指标。

按照国际标准，中国于 1999 年进入老龄化社会，是老年人口最多的国家。与此同时，我国失能、高龄老人也逐渐增多。2016 年相关统计数据显示，全国城乡失能、半失能老年人口总数约为 4063 万人，占老年人口比例的 18.3%。预计到 2020 年，我国 80 岁及以上高龄老年人将增加到 2900 万人左右，占老年人口的比例为 11.4%。此外，我国老年人两周患

---

① 赵阳．医养结合政策的中日比较研究［D］．大连：东北财经大学，2016.

② Shannons Carson，et al. Outcomes after long-term acute care：an analysis of 133 mechanically ventilated patients［J］. Am J Respir Crit CareMed，1999（159）：1568-1573.

③ 法若冰．“医养结合”模式下养老机构服务质量评价研究［D］．南京：南京中医药大学，2017.

病例数、老年人慢性疾病例数和未来残障老年人数将明显增加。测算数据显示，2010—2050年我国60岁及以上老年人的两周患病例数与慢性病患病例数的绝对数增加1.7倍，且其间残疾老年人口将增至2470万人，增加2.5倍。[①] 我国老年人口的失能、失智及高龄化等特征加剧了老年人对医疗保健、康复护理等专业医疗服务的需求，因此我国医养结合养老服务模式应运而生。与此同时，我国陆续出台医养结合的促进政策，从2011年国务院印发《中国老龄事业“十二五”规划》，到2013年国务院颁布《关于加快发展养老服务业的若干意见》，再到2015年国务院九部委联合发布《关于推进医疗卫生与养老服务相结合的指导意见》，我国自此开始全面部署医养结合工作。

所谓医养结合，是指在原有的养老设施、生活照料服务基础上，为老人提供综合性的医疗、护理、康复一体化服务。医养结合养老服务涉及的内涵，主要包括服务主体、服务对象、服务形式、服务内容四个方面。服务主体就是指服务的供给方，具体是指提供医养结合养老服务的组织或机构，它既包含养老院、老年公寓、日间照料中心等养老机构，也包含公立医院、护理院、康复中心、基层社区卫生中心等医疗机构。王素英等提出医养结合养老服务可采用“整合照料”、“联合运行”和“支撑辐射”这三种模式。[②] 孟颖颖认为：“整合照料”是指由养老机构增设医疗机构提供“养＋医”服务或由医疗机构开办养老机构提供“医＋养”服务；“联合运行”是指养老机构与医疗机构签订合作协议；“支撑辐射”是指社区卫生服务站及其他医疗机构定点联系需要医疗保健服务的机构和居家老人提供上门服务。[③] 陈俊峰等按照养老和医疗资源配置的不同比例将城市医养结合型养老分为五大类型：医养一体型、养医一体型、护养一体型、联合运行型、支撑辐射型 。[④]

---

① 总报告起草组，李志宏．国家应对人口老龄化战略研究总报告［J］．老龄科学研究，2015（3）：4-38.

② 王素英，张作森，孙文灿．医养结合的模式与路径——关于推进医疗卫生与养老服务相结合的调研报告［J］．社会福利，2013（12）：11-14.

③ 孟颖颖．我国“医养结合”养老模式发展的难点及解决策略［J］．经济纵横，2016（7）：98-102.

④ 陈俊峰，王硕．城市“医养结合”型养老存在的问题及其解决途径：以合肥市为例［J］．城市问题研究，2016（6）：93.

王素英等认为医养结合的理想模式是“三位一体”。[①] 王建云指出政府购买服务是最优途径。[②] 钱红祥等强调医养结合重在“五合”：政策创新要组合，规划谋划要统合，供给方式要融合，发展环境要和合，服务内容要复合。[③] 耿爱生认为要从社会氛围、制度体系、组织保障三个方面支撑医养结合养老服务的发展。[④] 唐志红等提出建立“医养结合-四元联动”整合照护模型。[⑤] 笔者将学界对我国医养结合服务的改进策略总结如下：借鉴国外先进经验，建立综合、全面、连续的医养结合养老服务体系；完善政策法规，健全政策保障体系；创新医养结合养老服务机制和供给方式；加强财政支持，完善医养结合养老服务支付体系，构建资金投入多元化保障机制；加强人才培育、保留与激励机制；利用信息技术拓宽医疗服务功能；加强行业监管，建立医养结合养老服务评价体系，推进医养结合的规范化、标准化发展等。

由于我国进入老龄化时间相对较晚，尤其是内地的社会养老服务发展并不十分成熟，针对养老服务的评价体系尚不健全，标准化的评价指标则更少。而我国香港地区因社会养老服务体系相对完善，其养老服务的评价标准可为内地提供借鉴。香港政府为满足老人的不同需求，设计出不同的养老服务方式，以满足老人医疗、饮食、住房、生存与健康方面的需求。2014 年，香港安老服务行业咨询委员会颁布《能力标准说明》，用以规范安老服务行业。此标准以“能力单元”为单位，包括临床护理、心理关照和管理三大职能范畴。其中，临床护理包括基本健康护理、危急护理、康复护理等二级职能范畴，心理关照包括心理、社交及心灵安康护理、生命晚期照顾、护老者支援和起居生活照顾及消闲范畴，管理包括运营管理、素质管理和个案管理。每个职能范畴都有细分的能力单元用以评价。此标

---

① 王素英，张作森，孙文灿．医养结合的模式与路径——关于推进医疗卫生与养老服务相结合的调研报告［J］．社会福利，2013（12）：11-14.

② 王建云．“医养结合”养老服务模式下资源整合路径研究［J］．老龄科学研究，2015（12）：48-57.

③ 钱红祥，陈荆立．医养结合重在“五合”［J］．中国民政，2015（16）：44.

④ 耿爱生．养老模式的变革取向：“医养结合”及其实现［J］．贵州社会科学，2015（9）：101-107.

⑤ 唐志红，等．医养结合-四元联动整合照护模型的实践［J］．中华护理杂志，2017，52（1）：40-43.

准几乎涵盖了养老服务包含的方方面面，其评价标准科学合理、易于操作。近年来，随着国内医养结合养老服务政策的推动，各地医养结合养老服务试点逐步运行，我国医养结合养老服务标准化发展有所推进，学者开始探索建立针对医养结合养老服务的相应评价指标。

在评价指标内容方面，主要以养老服务机构的服务质量评价展开。王冠从基础设施建设、服务内容与水平以及科学运行管理三大方面来评价养老机构的服务水平。[①] 陈延等设计了包括日常生活照料服务、文化娱乐服务、医疗护理服务、医疗保健服务、硬件设施、人员资质等二级指标的医养结合养老服务评价指标体系。[②] 郦雨濛等从硬件设施及环境、运营管理、安全防护、人文关怀、基本健康等五个方面构建医养结合模式下养老机构服务质量评价量表。[③] 郭红艳等将评价指标划分为管理制度及设施设备质量、基础服务质量和老年人健康管理质量三项一级指标，包含管理制度、满意度、膳食服务、健康评估与照顾计划等 13 项二级指标。[④] 王慧等从整体环境、日常照料、医疗康复、精神慰藉、服务人员素质、收费水平 6 个维度对医养结合机构老人的总体服务满意度进行调查。[⑤]

在评级指标构建方法方面，张璐利用 SERVQUAL 模型建立医养结合养老院服务质量差距模型。[⑥] 于彦华等利用 ACSI 模型及满意度管理工具，构建包含老年人生活压力、老年人预期、价值感知、老年人对各项服务的满意度、总体满意度、老年人抱怨以及老年人信任 7 个维度的医养结合服

---

① 王冠．民办养老机构的规范化管理——以济南市民办养老机构为例［J］．中共济南市委党校学报，2011（1）：82-85.

② 陈延，祁义霞，黄金银．宁波养老机构服务标准构建研究［J］．中共宁波市委党校学报，2013（50）：121-122.

③ 郦雨濛，法若冰，王长青．医养结合模式下养老机构服务质量评价量表研制［J］．中国全科医学，2017，20（30）：3711-3718.

④ 郭红艳，王黎，彭嘉琳．养老机构服务质量评价指标体系的构建［J］．中华护理杂志，2014，（4）：394-398.

⑤ 王慧，代宝珍，吴秉羲．医养结合机构养老方式老年人满意度现状分析［J］．中国公共卫生管理，2017，33（4）：444-447.

⑥ 张璐．基于 SERVQUAL 模型的医养结合养老院服务质量评测［J］．人力资源管理，2015（9）：196-197.

务满意度模型。[①] 王梦苑等采用熵权-TOPSIS法和系统聚类分析法对13个地区的社区医养结合养老服务质量进行评价。[②] 还有部分学者利用德尔菲法、公共满意度理论等分别构建医养结合养老服务评价模型。

国外医养结合研究起步早，发展自成体系，研究成果丰富，体系各具特色，学界研究视角各有不同，研究方法和内容各不相同。国内医养结合养老模式发展起步晚，目前正处于探索阶段，研究内容主要集中于医养结合的理论研究和医养结合养老服务发展的现状及问题的描述，较少涉及有关医养结合养老服务的运营效果评价、筹资补偿机制、发展影响因素等方面，研究方式侧重于理论研究，实证研究较少。今后研究可借鉴国外相关经验，尤其是与我国文化环境相似的国家如日本等的运行模式，提出适合中国国情的、可操作的系统方案，尤其要加强对医养结合服务的评价研究，并以此为依据，为医养结合服务的优化发展提供具有针对性的建议。同时，可加大对医养结合养老服务的供需状况、效果评价、影响因素等方面的研究，加强实证分析，充实理论基础，为我国医养结合养老服务模式的优化发展提供依据与指导。

宁夏于2009年进入人口老龄化社会，近年来老龄化程度不断加剧。"十一五"期末全区60岁及以上人口比重为9.67%，到"十二五"期末提高到12.29%，其中60岁及以上人口为82.08万人，65岁及以上老年人口为51.29万人，占总人口的比重为7.68%，表明宁夏已全面步入人口老龄化社会。银川市在2008年进入老龄化社会，近年来全市老龄化进程加快，并且空巢、独居、失能、失独老人数量逐渐增加，加重了养老和医疗服务负担。因此，当地政府相继出台医养结合养老服务促进政策。2015年，银川市人民政府印发了《银川市加快推进养老服务业发展实施意见》，提出各地要促进医疗卫生资源进入养老机构、社区和家庭。同年11月，宁夏发布《关于鼓励民间资本参与全区养老服务业发展的实施意见》，指出为医养结合服务机构提供指导和支持。2016年4月初，宁夏民政等部门联合制定了《关于推进医疗卫生和养老服务相结合的实施意见》，银川市

① 于彦华，曹勇．医养结合机构满意度评价指标体系模型构建［J］．中国卫生产业，2017（1）：197-198.

② 王梦苑，郑函，赵育新．基于熵权TOPSIS法对武汉地区社区医养结合养老服务的综合评价［J］．现代预防医学，2018，45（3）：458-461.

随之也出台了实施意见，提出加强城乡医养结合养老服务机构规划引领，表明银川市医养结合养老服务模式的正式推进。

本研究通过文献分析法、参与式观察法、问卷调查法，借鉴学界对医养结合养老服务的评价研究结果，制定出适合银川市医养结合养老服务机构运行效果的评价指标体系。依据评价指标体系对银川市 6 家医养结合养老服务机构做出综合评价，并结合综合评价与访谈的结果，分析银川市医养结合养老服务运行过程中存在的不足及原因，从政府和机构两个角度促进银川市医养结合养老服务的完善和提高，从而提高医养结合养老服务运行效果，提升老年人的生活质量，改善老年人的健康水平。一方面有利于丰富医养结合养老服务评价体系，对于促进医养结合养老服务的优化发展具有重要意义；另一方面为银川市医养结合养老服务的探索提供理论依据，也为促进医养结合养老服务模式理论的发展提供现实参考。

第一节　银川市医养结合养老服务机构的运行现状

目前学界对医养结合服务运行方式尚无统一的界定，但是大约可分为以下几种方式，王素英等认为医养结合养老服务分为“整合照料”、“联合运行”和“支撑辐射”这三种模式。[①] 具体来讲，“整合照料”是指在养老机构（养老院、老年公寓等）、医疗机构内嵌入医疗或养老功能；“联合运行”是指养老机构与医疗机构签订合作协议，医疗机构与养老机构通过签订合作协议，优势互补，为机构内的老人提供医养结合养老服务；“支撑辐射”，是指以社区为平台，在社区内建立服务基站，通过资源整合为辖区内的老年人提供生活照料、医疗保健、康复护理等上门服务。

一、银川市医养结合养老服务概述

银川市作为第二批医养结合试点地区，近年来逐步展开了医养结合养老服务的实践探索。截至目前，宁夏共有医养结合机构 39 个，如宁夏陶

① 王素英，张作森，孙文灿．医养结合的模式与路径——关于推进医疗卫生与养老服务相结合的调研报告［J］．社会福利，2013（12）：11-14.

乐养老中心、泾源县老年活动中心、宁夏全天候智能居家养老服务有限公司等养老机构。银川市医养结合养老服务因其服务主体的不同而呈现出不同的特点。笔者按照学界的分类，并基于不同主体机构运行模式的差异与特征，将银川市医养结合服务机构分类如下：属于“整合照料”的有基于养老机构建立的宁夏阅海养老中心，以及基于医疗机构建立的唐徕老年托护中心和宁夏工人疗养院的老年病托护中心；属于“联合运行”的有兴庆区中心敬老院、朝阳老年公寓和亲情一家老年公寓，此运行方式在实践过程中并不单一存在，而是与“整合照料”式同时并存，如在养老公寓内建立简单药房的基础上又与社区卫生服务中心签订合作协议；属于“支撑辐射”的有宁夏全天候智能居家养老服务有限公司，此机构以全天候、智能化与产业化、连锁化为运行特色，以智能化腕表为服务媒介，提出通过老人佩戴的智能腕表对其进行生命数据 365 天全天 24 小时的“实时跟踪与监测”，并依托自主开发的全天候智能养老服务云平台与三级监控体系为老人提供健康数据的实时监测。该机构推出一种医养结合的智能居家养老大健康管理服务，构建互联网＋“大养老”的服务生态链。这种新的服务模式以上门服务为主，依靠机构的医疗服务链和社区服务平台为老人提供体检、健康管理、保健咨询、中医养生保健、精神慰藉、生活照料等。

二、银川市典型医养结合服务机构介绍

本研究以银川市“整合照料”这一养老服务模式进行调查研究，对“整合照料”医养结合养老服务典型机构的运行效果进行综合评价，共选取 6 家典型医养结合服务机构的运行情况展开调查，按照医养结合养老服务的性质和运行特点对机构进行分门别类的介绍。这些机构分别是两家专科医院：宁夏工人疗养院和唐徕老年托护中心。两家公建民营养老院：宁夏阅海养老中心和兴庆区中心敬老院。两家私立养老院：朝阳老年公寓和亲情一家老年公寓。

“整合照料”的运行方式，通常包括以医院为依托和以养老机构为依托的医养结合机构。其中，以医院为依托的是以医为主的医养结合机构，面向有需要的老人提供专业医疗康复和照护服务。本研究选取宁夏工人疗养院和唐徕老年托护中心为典型展开详细介绍。也有以养老院、老年公寓等养老机构为依托，以养为主和医养并重的医养结合机构，以自理型老人

为主，兼收部分需要护理的刚需老人，满足老人的日常保健和急救需求。本研究选取宁夏阅海养老中心和兴庆区中心敬老院、朝阳老年公寓和亲情一家老年公寓为典型展开详细介绍，其中宁夏阅海养老中心和兴庆区中心敬老院是公建民营养老院，朝阳老年公寓和亲情一家老年公寓是私立养老公寓。

宁夏工人疗养院建于1985年，位于银川市金凤区，是宁夏唯一一所集医疗、康复、疗养、体检、保健、护理于一体的综合性医疗服务机构，是集合政府及社会各界投资2000余万元发展起来的疗休养和工伤康复机构。宁夏工人疗养院与宁夏医科大学总医院合作成立康复合作定点医院，是宁夏颇具规模的公立性康复医院。机构下设疗休养中心、体检中心、康复中心、内科、老年病托护等16个科室，主要接收生活半自理和完全不能自理的老人，提供脑卒中等疾病的康复治疗和护理，也提供老年痴呆、瘫痪、骨折等多种老年慢性疾病的治疗与康复。且入住老人多处于疾病康复期，因此入住时间具有阶段性。

唐徕老年托护中心成立于2011年，位于银川市兴庆区，依托一家私营骨科专科医院开展医养结合养老服务，设置130张床位，配备20名护工。医院本来以治疗骨科疾病为主，患者以老人居多。机构正式开展养老服务是在2012年，这一年医院位置搬迁，空间扩展，开始发展依托医院建立的养老机构。不同失能等级的老人有不同的护理区域，机构一、二层为门诊及医疗服务区，三层为自理老人生活区，四层为失能老人护理区。机构在三、四层建立了护士站和康复室，并设置了按摩、针灸、理疗等康复保健服务区，为老人提供康复护理、生活照料等服务。此外，机构还配备康复锻炼设施，促进老人功能锻炼和康复。在人员配置方面，机构招聘了专业护理人才和护工，负责老人的健康管理和生活护理。机构按照老人的不同自理情况确定护理等级，并为老人提供日常保健和健康管理。目前老人稳定在45位左右，其中能够自理的老人约占30%，半自理老人约占40%，完全失能的老人约占30%，老人在此的治疗费用可进行相应的医保报销。

宁夏阅海养老中心是宁夏首家公建民营的园林式、规模化、专业化的示范养老机构，也是宁夏规模最大的医养结合养老机构，服务运行具有医养并重的特点。宁夏阅海养老中心成立于2013年5月，是一家公建民营的养老院，也是宁夏最大的民办非企业养老机构，并被认定为国家民政部指定的机构养老示范基地。机构投入运营后发展态势良好，成为宁夏养老服务机构的标杆企业。机构建筑面积15.4万平方米，设置床位2200余张。机构采用园林化设计，布局合理、环境优美、景色宜人。机构设置有针对失能失智老人的关爱护理楼、针对活力老人的宾馆式老年公寓和居家式养老公寓。机构配套设施齐全，配有医疗区域、老年活动中心等，每层都设有护理站、阅览区、活动区、配餐室、助浴室和无障碍通道，房间内还配有家具和电视、洗衣机以及紧急呼叫系统。目前，机构共有专业的管理人员、医护人员、护理员、心理咨询师等工作人员200余人，为老人提供生活照料、精神慰藉、心理疏导、文化娱乐、健康管理、康复锻炼、临终关怀等全方位的专业化养老服务。在医养结合养老服务方面，宁夏阅海养老中心与宁夏人民医院签署医养结合养老服务协议，成立康复医学中心。康复医学中心设有基础医疗门诊室、医疗康复治疗区和康复病房，并配备有价值约2000万元的康复医疗设备和基础医疗设施。另外，机构设有关爱护理楼，按照不同楼层划分为特护老人照料区、医疗康复区、失能老人护理区、失智老人护理区和基本自理老人护理区，根据服务对象数量的多少，每个区域配备3～10名专业的医护人员和护理人员；在机构的老年公寓中，每栋老年公寓设置护士台，分别配备护士和养老专护人员，并提供康复锻炼器械。在医保方面，老人在养老院接受的相关医疗服务可部分报销。

兴庆区中心敬老院成立于1999年，位于银川市兴庆区，是政府公办敬老院。近年来刚刚翻新再建，新建机构占地5500平方米，设置192张床位，主要以集中供养农村“五保”老人为主，以代养社会自理和非自理老人为辅，护工7人。机构设置自理区和护理区，自理区两人一间，护理区三人一间，设置阅览室、活动室、院内健身器材、医务室。收费项目分为床位费、护理费、取暖费、餐饮费，月均收费在700～2000元，可为老人提供日常生活照料、紧急救助、分级护理等服务。目前机构入住老人大部分是“五保户”，“五保户”老人在机构内的日常生活花销和医疗费用均由政府保障。在医养结合方面，院内设有一个医务室、配备一名医生，为院内老人提供日常保健服务。由于入住老人的特殊性，养老院与银川市两家三甲医院签署了医疗救助协议，老人在生病时可以直接转诊，其间所有医疗费用由民政部门承担。目前机构入住31位老人，老人健康状况良好，基本生活均能自理。

朝阳老年公寓成立于2014年4月，位于银川市西夏区，是公办民助养老公寓，养老公寓占地面积1600平方米。机构设置床位76张，设有标准间可住3～4人，护工4人。朝阳老年公寓为居家式养老公寓，远离市郊，周边环境安静。公寓为老年人提供营养配餐、生活照料、老年保健等服务。在医养结合养老服务方面，公寓通过外聘主任医师每个周末为老人免费测血压、血糖等，在老人患病时外出陪护就医。但未设置专业的医务室，也未配备相应的医疗服务设施，医养结合养老服务开展情况比较简单。目前机构入住10位老人，有一位失智老人和一位半失能老人外，其余老人健康状况良好，基本生活均能自理。

亲情一家老年公寓成立于2017年7月，是一所家庭式老年公寓，位于西夏区军马场，属公办民助养老公寓。公寓占地面积1600平方米，设有房间20间，床位65张，护工7人。设有老年饭桌、日间照料、农村幸福院，可为周边社区老人和入住公寓的老人提供日常照料服务、餐饮服务。在医养结合养老服务开展方面，机构与军马场社区建立了一对一的服务体系，社区医护人员和志愿者定期为入院老人免费提供测血压、血糖等日常保健服务，在一定程度上维护了入住老人的身体健康。目前机构入住22位老人，失智和失能老人占三分之一，其余老人健康状况良好，基本生活均能自理。

第二节 医养结合养老服务机构运行效果评价指标体系构建

一、医养结合养老服务机构运行效果评价指标体系设计

（一）医养结合养老服务机构运行效果评价指标体系内容设计

所谓效果评价，主要是分析目标和指标的实现程度。在医养结合养老服务机构方面，医养结合养老服务运行的目的在于使老人感到“适宜”和

“满意”，提供符合其多样化需求的服务，使老人在机构感到身心愉悦，并强调医养结合养老服务机构对老人身体健康和心理健康的促进效果。所以本次针对银川市医养结合服务运行效果评价的调查，结合健康老龄化的内涵要求，以老年人对机构服务的适应性和满意度评价为主。本研究将老年人适应性界定为老年人与医养结合机构环境的交互作用，通过调整自己与改变环境以达到保持个体身心健康的和谐状态。① 满意度评价则是基于老人对医、养、护服务的理解或要求，对实际所接受的医养服务进行的一种主观状态的综合评价。② 适应性方面包括基本需求的适应状况、心理适应状况、社交适应状况等；管理服务满意度评价方面包括对管理人员的满意度、对配套设施的满意度、对医护人员的满意度等。

（二）评价指标体系选取原则

第一，科学性原则。要有科学的理论作指导，遵循科学性原则，确保指标体系内容和结构上的严谨、合理。对指标的选择要采用科学的方法，必须是对客观情况的描述，确保描述简练、清楚、符合实际。

第二，层次性原则。指标体系应呈现出结构上的层次性。医养结合养老服务的提供是一个复杂的系统，构成这个系统的指标体系包括很多不同层次的因素。既有对硬件设施的评价，也有对人文环境的评价；既包含对养老服务的评价，也包含对医疗服务的评价。因此，评价指标体系也应当从不同方面、不同层次反映实际情况。

第三，完备性原则。评价指标体系的信息应必要且充分，确保所含信息完备，既要避免信息的重叠和浪费，又要避免信息的不充分，确保一个指标反映一个层面的问题。医养结合养老服务运行效果的评价指标体系不应当仅仅局限于对养老服务或者医疗服务的评价，而是将二者有机结合，是一个综合评价指标体系，能够充分、完整地反映医养结合养老服务发展运行的各项因素。

第四，实用性原则。指标的选取要具有可操作性和可行性，能够全面有效地反映老年人对医养结合服务的各项需求。

---

① 陈爱如，卫文凯．我国老年人养老机构适应性问题研究［J］．统计与决策，2017（1）：105-109．

② 王慧．医养结合机构入住老年人满意度研究［D］．镇江：江苏大学，2017．

第五，本研究立足于社会保障学科，通过对老年人对医养结合养老服务的适应性和满意度情况的调查，构建医养结合养老服务评价指标。其目的不是单纯地进行优劣排名，更重要的是通过实证分析指出医养结合养老服务发展的不足之处，促进和鼓励医养结合养老服务机构朝正确的方向和目标发展，从而为提高服务效果提供参考。

（三）评价指标的筛选方法

依据以上指标体系建立的理论和原则，初步确定备选指标，然后采用德尔菲法对备选指标进行筛选和修改。德尔菲法又称专家咨询法，是指在匿名的情况下分别以信件的形式咨询专家的意见，经过数次匿名反馈与征询，最终得到相对合理、一致的结论。

具体实施步骤如下。

（1）确定选题方向、题目，确定备选指标，制作问卷和相关背景资料。

（2）确定专家小组成员。依据课题需要确定专业领域的专家，得到专家的同意。

（3）以函询方式向专家获取信息。向专家提供研究的背景资料和备选指标评价，专家依据获得的资料，针对问题独立给出指导和修改意见。

（4）汇总处理调查结果。第一轮专家咨询结束后，依据专家意见对指标进行修改、删除和增加，将意见整理修改后反馈给专家们；然后进行第二轮专家咨询，再对第二轮专家咨询的结果进行整理修改。

（5）直到专家小组成员的意见基本达成一致，将咨询的结果进行综合整理，确定最终的评价指标体系。

二、基于德尔菲法筛选医养结合养老服务机构运行效果评价指标

通过文献复习和总结归纳初步选择医养结合养老服务机构运行效果评价的相关指标，依据学界对医养结合养老服务评价的研究内容，并结合银川市医养结合养老服务开展的现状，基本建立起医养结合养老服务机构运行效果评价指标体系。根据前文提出的指标筛选原则及方法，本研究主要

从老年人对医养结合养老服务机构的适应性状况和对机构管理及服务的满意度评价方面进行讨论。

（一）成立专家小组

立足于医养结合养老服务机构基本内涵和研究目的，依据专家的专业分布、工作领域及权威程度，并且考虑到德尔菲法本身对专家数量的限制条件，本研究在银川市民政部门、卫生部门及养老机构等不同单位选取了20位专家参与此次医养结合养老服务机构运行效果评价指标的筛选工作。专家小组成员主要涉及社会保障、公共卫生事业管理、医学等相关领域，对医疗、养老领域的工作情况比较熟悉，掌握了一定的理论知识和实践经验。各位专家相关信息分布如表8-1所示。

表8-1　参加德尔菲法咨询专家的基本情况

项目	选项	人数	比例（%）
年龄	30岁以下	1	5.00
	30～39岁	5	25.00
	40～49岁	10	50.00
	50～59岁	4	20.00
学历	大专	1	5.00
	大学	9	45.00
	硕士及以上	10	50.00
专业	社会保障	2	10.00
	公共卫生事业管理	8	40.00
	医学专业	6	30.00
	其他	4	20.00
工作年限	10年以下	5	25.00
	10～20年	13	65.00
	20年以上	2	10.00
工作领域	教学科研	5	25.00
	政府部门	6	30.00
	养老机构	4	20.00
	医疗卫生部门	5	25.00

续表

项目	选项	人数	比例（%）
对医养结合养老服务的熟悉程度	很熟悉	6	30.00
	熟悉	10	50.00
	较熟悉	4	20.00

（二）开展专家咨询

专家小组成立后，依据德尔菲法的独立匿名原则，向每位专家提供医养结合养老服务机构运行效果评价体系构建的相关原始资料与数据。本研究共进行两轮专家征询，主要为专家提供构建医养结合养老服务机构运行效果评价体系的各项备选指标，请其根据自身专业性质与工作经验，对各项备选指标的重要程度进行评分，同时对原始指标进行必要的修改、增加及删除工作，使指标体系逐步趋于完善。

对于指标重要程度的评分标准，具体分为重要程度、可操作程度、熟悉程度，根据表 8-2 进行打分。

表 8-2　指标重要程度、可操作程度、熟悉程度量化表

重要程度	量化值	可操作程度	量化值	熟悉程度	量化值
很重要	5	很好操作	5	非常熟悉	5
较重要	4	较好操作	4	较熟悉	4
一般	3	一般	3	一般	3
较不重要	2	较不好操作	2	较不熟悉	2
很不重要	1	很不好操作	1	很不熟悉	1

医养结合养老服务机构运行效果评价的备选指标体系（见表 8-3）由三级指标组成：一级指标包含医养结合养老服务机构运行效果评价的两大方面；二级指标是这两个方面的具体内容；三级指标是对二级指标内容的直接测评。因此三级指标需要通俗易懂、作答简单，能够充分体现指标的内涵，这对是否能真实反映老人对服务运行效果的评价很重要。

表 8-3 银川市医养结合养老服务机构运行效果评价备选指标体系

指标体系名称	一级指标	二级指标	三级指标
A 银川市医养结合养老服务机构运行效果评价备选指标体系	B1 适应性评价	C1 基本需求的适应性	D11 入住机构后饮食适应状况
			D12 入住机构后睡眠适应状况
			D13 入住机构后整体环境适应情况
		C2 心理适应性	D21 入住机构后是否感到心情愉悦
			D22 入住机构后是否有烦心的事情
			D23 入住机构后是否有心理负担
		C3 身体适应性	D31 身体健康状况与入住前的比较情况
			D32 生活自理能力状况与入住前的比较情况
		C4 社交适应性	D41 入住机构后是否和周围的人相处困难
			D42 入住机构后是否感到孤单
			D43 入住机构后是否愿意参加集体活动
		C5 管理人员的满意度	D51 机构管理人员服务水平的满意度
			D52 机构管理人员服务态度的满意度
		C6 配套设施的满意度	D61 机构生活起居设施的满意度
			D62 机构医疗康复设施的满意度
			D63 机构文化娱乐设施的满意度

续表

指标体系名称	一级指标	二级指标	三级指标
A 银川市医养结合养老服务机构运行效果评价备选指标体系	B2 满意度评价	C7 医护人员的满意度	D71 机构医护人员专业性的满意度
			D72 机构医护人员服务态度的满意度
			D73 机构医护人员配比的满意度
		C8 养护服务的满意度	D81 机构医疗保健服务的满意度
			D82 机构护理服务的满意度
			D83 机构康复指导服务的满意度
		C9 医养结合养老服务的满意度	D91 机构医养结合养老服务项目的满意度
			D92 机构医养结合养老服务提供的及时性的满意度

（三）汇总调查结果

1. 第一轮专家咨询结果

经过首轮专家咨询，各位专家对备选指标进行了初步筛选。指标筛选过程中，专家针对存在描述重复和语义模糊的指标提出相应意见，回收问卷后，汇总反馈意见，得出以下修改结论。

删除指标：

（1）D13 入住机构后整体环境适应情况；

（2）C3 身体适应性。

修改指标：

（1）将 D31 “身体健康状况与入住前的比较情况 ” 改为 “老年人对健康状况改善效果的满意度评价”；

(2) 将D32“生活自理能力状况与入住前的比较情况”改为“老年人对自理能力改善效果的满意度评价”;

(3) 将D31和D32设置为“医养结合养老服务的满意度”的内涵指标。

增加指标:

增加对医养结合养老服务机构收费的满意度评价指标，内容包括老年人对机构床位费的满意度、对机构伙食费的满意度、对机构养老服务费的满意度、对医疗服务费的满意度。

2. 第二轮专家咨询结果

结合第一轮专家咨询的意见，将指标体系进行修改。

将修改以后的备选指标体系作为第二轮专家咨询的问卷资料，同样通过函询的方式发送给各位专家学者。依据独立匿名原则，让专家为各个指标的重要性再次进行评分。

由第二轮专家咨询结果可知，银川市医养结合养老服务机构运行效果评价备选指标体系中，“老年人对健康状况改善效果的满意度评价”的满分率和平均分最高，具体为80%和9.45分，且变异系数最低，为0.15。这充分说明医养结合养老服务机构运行效果评价的重点在于老年人对健康状况改善效果的评价。

(四) 银川市医养结合养老服务机构运行效果评价指标体系建立

经过两轮专家咨询，综合考虑专家意见和评分结果，筛选出银川市医养结合养老服务机构运行效果评价的有关指标共27个。本研究初步建立起具有三级指标的医养结合养老服务机构运行效果指标体系，如表8-4所示。

表8-4　银川市医养结合养老服务机构运行效果评价指标体系

指标体系名称	一级指标	二级指标	三级指标
A 银川市医养结合养老服务机构运行效果评价指标体系	B1 适应性评价	C1 基本需求的适应性	D11 入住机构后饮食的适应状况
			D12 入住机构后睡眠的适应状况

续表

指标体系名称	一级指标	二级指标	三级指标
A 银川市医养结合养老服务机构运行效果评价指标体系	B1 适应性评价	C2 心理适应性	D21 入住机构后是否经常感到心情愉悦
			D22 入住机构后是否遇到烦心的事情
			D23 入住机构后是否产生心理负担
		C3 社交适应性	D31 入住机构后和周围的人相处是否愉悦
			D32 入住机构后是否经常感到孤单
			D33 入住机构后是否愿意参加集体活动
	B2 满意度评价	C4 管理人员的满意度	D41 机构管理人员服务水平的满意度
			D42 机构管理人员服务态度的满意度
		C5 配套设施的满意度	D51 机构生活起居设施的满意度
			D52 机构医疗康复设施的满意度
			D53 机构文化娱乐设施的满意度
		C6 医护人员的满意度	D61 机构医护人员专业性的满意度
			D62 机构医护人员服务态度的满意度
			D63 机构医护人员配比的满意度

续表

指标体系名称	一级指标	二级指标	三级指标
A 银川市医养结合养老服务机构运行效果评价指标体系	B2 满意度评价	C7 养护服务的满意度	D71 机构医疗保健服务的满意度
			D72 机构护理服务的满意度
			D73 机构康复指导服务的满意度
		C8 机构收费的满意度	D81 机构床位费的满意度
			D82 机构伙食费的满意度
			D83 机构养老服务费的满意度
			D84 机构医疗服务费的满意度
		C9 医养结合养老服务的满意度	D91 机构医养结合养老服务项目的满意度
			D92 机构医养结合养老服务及时性的满意度
			D93 健康状况改善效果的满意度
			D94 自理能力改善效果的满意度

(五) 信度与效度检验

1. 信度检验

信度用于评价测量指标的精确性、稳定性与一致性，测量随机误差导致的测定值的变异程度，也就是测量数据的可靠程度。常用的信度检验方法有半分信度、重测信度以及克朗巴赫 α 系数，本指标采用克朗巴赫 α 系数评价指标体系各个维度的信度，如表 8-5 所示。

表 8-5 评价指标总体及各维度信度

指标	α 系数
基本需求的适应性	0.93
心理适应性	0.73
社交适应性	0.82
管理人员的满意度	0.86
配套设施的满意度	0.91
医护人员的满意度	0.79
养护服务的满意度	0.88
机构收费的满意度	0.83
医养结合养老服务的满意度	0.78
评价指标总体	0.84

依照信度的测量标准，α 系数小于 0.35，则为信度较差，该指标体系不宜使用；α 系数大于 0.7，则信度较好，该指标体系可以使用。本指标总体信度与各维度的信度较好，稳定性较高，总体与内部一致性也较好。

2. 效度检验

效度即有效性，用于评价测量指标的准确性、有效性和正确性，考察测量值与真实值之间的偏差大小。本研究采用结构效度测量指标的有效性，指标的实证性因子分析测量结果显示：KMO 值为 0.802，大于 0.700。表示结构效度较好。Bartlett's 球形检验值及 KMO 检验值如表 8-6 所示。

表 8-6 指标的结构效度

项目	Bartlett's 球形检验值	KMO 检验值
总体指标结构效度	$P=0.000$	0.802

三、评价指标权重估算

本研究利用百分权重法对指标权重进行估计。百分权重法是指通过问卷让专家对各级指标进行赋重和排序，然后进行统计与汇总，最终计算出指标权重。具体计算步骤如下。

1. 按公式计算各等级得分（S_j）

$$S_j = \sum_{i=1}^{n} W_i N_i \tag{3.1}$$

式中，j 是指 1，2，…，m，是被评价指标数；i 是指 1，2，…，n，是评价的等级数；S_j 是第 j 个指标的得分总和；W_i 是第 i 等级的得分（权重系数），N_i 指专家对某指标在第 i 等级的打分频数。

2. 各指标的百分权重值计算（K_j）

$$K_j = \frac{S_j}{N \sum_{i=1}^{n} W_i} \tag{3.2}$$

式中，K_j 指第 i 个指标的百分权重值；N 指对该问题做出回答的频数。指标估算结果如表 8-7 所示。

表 8-7　评价指标及权重

准则层	权重	指标层	权重
C1 基本需求的适应性	0.0755	D11 入住机构后饮食的适应状况	0.0378
		D12 入住机构后睡眠的适应状况	0.0377
C2 心理适应性	0.1127	D21 入住机构后是否经常感到心情愉悦	0.0375
		D22 入住机构后是否遇到烦心的事情	0.0376
		D23 入住机构后是否产生心理负担	0.0376
C3 社交适应性	0.1118	D31 入住机构后和周围的人相处是否愉悦	0.0373
		D32 入住机构后是否经常感到孤单	0.0374
		D33 入住机构后是否愿意参加集体活动	0.0371

续表

准则层	权重	指标层	权重
C4 管理人员的满意度	0.0723	D41 机构管理人员服务水平的满意度	0.0361
		D42 机构管理人员服务态度的满意度	0.0362
C5 配套设施的满意度	0.1134	D51 机构生活起居设施的满意度	0.0379
		D52 机构医疗康复设施的满意度	0.0377
		D53 机构文化娱乐设施的满意度	0.0378
C6 医护人员的满意度	0.1098	D61 机构医护人员专业性的满意度	0.0370
		D62 机构医护人员服务态度的满意度	0.0365
		D63 机构医护人员配比的满意度	0.0363
C7 养护服务的满意度	0.1107	D71 机构医疗保健服务的满意度	0.0368
		D72 机构护理服务的满意度	0.0370
		D73 机构康复指导服务的满意度	0.0369
C8 机构收费的满意度	0.1447	D81 机构床位费的满意度	0.0361
		D82 机构伙食费的满意度	0.0360
		D83 机构养老服务费的满意度	0.0362
		D84 机构医疗服务费的满意度	0.0364
C9 医养结合养老服务的满意度	0.1491	D91 机构医养结合养老服务项目的满意度	0.0370
		D92 机构医养结合养老服务及时性的满意度	0.0371
		D93 健康状况改善效果的满意度	0.0376
		D94 自理能力改善效果的满意度	0.0374

第三节　银川市医养结合机构服务的实证分析

本研究立足于宁夏银川市医养结合养老服务的运行效果评价，运用前期构建的评价指标体系，对银川市兴庆区、金凤区、西夏区三个区的6家典型性和代表性医养结合养老服务机构进行实证分析。以指标体系内容为基本架构，设计用于评价医养结合养老服务机构运行效果的调查问卷，向入住机构的老人发放问卷调查表，请老人对在机构所接受的医养结合养老服务的效果进行评价。样本选择运用等比例抽样法，对每个机构抽取入住老人数的40%进行问卷调查。本研究共选取6家医养结合养老服务机构的老年人300人，发放问卷300份，回收问卷300份，有效问卷294份，问卷有效率为98%。

通过调查问卷，了解老人对银川市医养结合养老服务机构运行效果的评价。应用综合评分法，将问卷评价结果与指标权重相结合，先总后分、由浅入深，在结合各级指标的权重的基础上对6家医养结合养老服务机构的运行效果展开综合评价与对比分析。

一、调查样本的基本情况

（一）样本老人基本信息

样本老人基本信息如表8-8所示。

表8-8　样本老人基本信息

项目	分组	人数	占比（%）
性别	男性	139	47.28
	女性	155	52.72
年龄	60～69岁	18	6.12
	70～79岁	66	22.45
	80～89岁	196	66.67
	90岁及以上	14	4.76

续表

项目	分组	人数	占比（%）
民族	汉族	258	87.76
	回族	36	12.24
文化程度	文盲	32	10.88
	小学	78	26.53
	初中	72	24.49
	中专	24	8.16
	高中	38	12.93
	大专	24	8.16
	本科	26	8.84
婚姻状况	已婚且配偶健在	72	22.49
	已婚丧偶	212	72.11
	未婚	2	0.68
	离异	8	2.72
子女数目	无孩子	15	5.10
	1 个孩子	35	11.90
	2 个孩子	80	27.21
	3 个孩子及以上	164	55.78
入住机构的时间	1 年以下	124	42.18
	1～2 年	80	27.21
	2～3 年	56	19.05
	3 年以上	34	11.56
入住机构的性质	公立	223	75.85
	民办	71	24.15

银川市医养结合养老服务机构的老人呈现以下特征。第一，高龄化特征显著。入住老人中 70～79 岁的有 66 人，占比为 22.45%；80～89 岁的有 196 人，占比为 66.67%；90 岁及以上的有 14 人，占比为 4.76%。第二，丧偶老人居多。调查对象中婚姻状况为已婚丧偶的有 212 人，占比为 72.11%。第三，文化程度较高。调查对象中文盲仅占 10.88%，与此相

比，初中及以上学历占比超过 60%，其中本科及以上学历占 8.84%。第四，入住公立机构的老人居多。调查对象中，有 75.85%的老人选择入住公立的医养结合养老服务机构，有 24.15%的老人选择入住私立医养结合养老服务机构。

（二）样本老人经济状况

样本老人经济状况如表 8-9 所示。

表 8-9　样本老人经济状况

项目	分组	人数	占比（%）
退休前工作性质	公务员、事业单位或国企	182	61.90
	私企或外企	44	14.97
	个体户	24	8.16
	打零工	8	2.72
	农民	20	6.80
	其他	16	5.44
主要经济来源	退休工资	224	76.19
	配偶提供	2	0.68
	子女赡养	54	18.37
	养老保险	4	1.36
	政府救助	10	3.40
月收入	1000 元及以下	32	10.88
	1001～2000 元	24	8.16
	2001～3000 元	82	27.89
	3001～4000 元	70	23.81
	4001～5000 元	62	21.09
	5001 元及以上	24	8.16
机构月消费情况	1001～2000 元	38	12.93
	2001～3000 元	164	55.78
	3001～4000 元	66	22.45
	4001～5000 元	16	5.44
	5001 元及以上	10	3.40

入住银川市医养结合养老服务机构的老人中，有61.90%的老人退休前工作性质为公务员、事业单位或国企，14.97%的老人退休前在私企或外企工作，这些老人在退休后有持续、稳定的退休工资。调查结果显示，76.19%的老人的主要经济来源是退休工资，退休工资成为这些老人的第一经济来源。除此之外，有18.37%的老人依靠子女赡养，子女赡养成为这些老人的第二大经济来源。月收入方面，调查对象的月收入主要集中于2001～3000元、3001～4000元、4001～5000元这三个区间，这表明入住银川市医养结合养老服务机构的老人经济基础较好，有一定的消费能力和购买能力。调查对象在医养结合养老服务机构的月消费支出，主要集中在1001～2000元、2001～3000元、3001～4000元这三个区间，说明大部分入住医养结合养老服务机构的老人基本上可以做到收支相抵。

（三）社会保障状况

被调查的老人社会保障参保状况良好、参保率较高。由表8-10可见，在医疗保险方面，参加城镇职工医疗保险的有228人，占比为77.55%；参加城乡居民医疗保险的有38人，占比为12.93%；另有10人属“五保户”，直接享受医疗救助；仅有18人因异地户籍问题无法参加本地医保。在养老保险方面，参加城镇职工养老保险的有214人，占比为72.79%；参加城乡居民养老保险的有40人，占比为13.61%；另有40人未参加任何形式的养老保险。

表8-10 样本老人社会保障参保状况

项目	分组	人数	频率（%）
医疗保险	城镇职工医疗保险	228	77.55
	城乡居民医疗保险	38	12.93
	医疗救助	10	3.40
	无	18	6.12
养老保险	城镇职工养老保险	214	72.79
	城乡居民养老保险	40	13.61
	无	40	13.61

(四) 健康状况

样本老人基本日常生活能力情况如表 8-11 所示。

表 8-11 样本老人基本日常生活能力情况

项目	完全不自理		不完全自理		完全自理	
	人数	占比（%）	人数	占比（%）	人数	占比（%）
如厕	2	0.68	30	10.20	262	89.12
进食	1	0.34	8	2.72	285	96.94
穿衣	2	0.68	26	8.84	266	90.48
梳洗	2	0.68	18	6.12	274	93.20
行走	4	1.36	120	40.82	170	57.82
洗澡	4	1.36	94	31.97	196	66.67
总评	2	0.68	136	46.26	156	53.06

本次调查以基本日常生活能力量表测量老人的生活自理状况。调查结果显示，总体而言，有近一半的老人基本日常生活不完全自理。在基本日常生活中，老人的自理程度较差的前三项分别是行走、洗澡、如厕，有40.82%的老人行走不完全自理，有 31.97%的老人洗澡不完全自理，有10.20%的老人如厕不完全自理。可见这些老人在基本日常生活中需要不同程度的辅助。

在调查对象中，大部分老人患有慢性病。如表 8-12 所示，老人患慢性病种类出现频率最高的前三种是高血压、糖尿病和消化系统疾病。其中，有 172 位老人患有高血压，占比为 58.5%；有 90 位老人患有糖尿病，占比为 30.61%；有 78 位老人患有消化系统疾病，占比为 26.53%。

表 8-12 样本老人患慢性病情况

患病种类	人数	构成比（%）
高血压	172	58.50
冠心病	46	15.65
糖尿病	90	30.61
脑卒中（脑梗塞）	24	8.16

续表

患病种类	人数	构成比（%）
关节炎或风湿病	76	25.85
消化系统疾病	78	26.53
呼吸系统疾病	32	10.88
其他	46	15.65

被调查老人的健康状况自评并不理想。如表 8-13 所示有 23.81％的老人认为自己健康状况不好，有 37.41％的老人认为自己健康状况一般，有 38.78％的老人认为自己健康状况良好。

表 8-13　样本老人健康状况自评情况

项目	不好		一般		良好	
	人数	占比（%）	人数	占比（%）	人数	占比（%）
健康状况自评	70	23.81	110	37.41	114	38.78

二、银川市医养结合机构服务评价结果

首先，对银川市 6 家医养结合养老服务机构的总体评分进行汇总，按照评分表对其总体运行效果进行评价。其次，对评价指标的各个维度层进行评价，对其评分进行排序与对比分析。最后，对 6 家医养结合养老服务机构的综合评分结果进行排序与对比分析，探索不同机构存在的优势和劣势。

（一）总体评价结果

评价指标总体得分汇总如表 8-14 所示。

表 8-14　评价指标总体得分汇总

评价指标	权重	加权满分	加权得分
B1 适应性评价	0.3	30	25.27
D11 入住机构后饮食的适应状况	0.0378	3.38	2.83
D12 入住机构后睡眠的适应状况	0.0377	3.77	2.75

续表

评价指标	权重	加权满分	加权得分
D21 入住机构后是否经常感到心情愉悦	0.0375	3.75	3.19
D22 入住机构后是否遇到烦心的事情	0.0376	3.76	3.24
D23 入住机构后是否产生心理负担	0.0376	3.76	3.31
D31 入住机构后和周围的人相处是否愉悦	0.0373	3.73	3.36
D32 入住机构后是否经常感到孤单	0.0374	3.74	3.27
D33 入住机构后是否愿意参加集体活动	0.0371	3.71	3.32
B2 满意度评价	0.7	70	51.46
D41 机构管理人员服务水平的满意度	0.0361	3.61	2.75
D42 机构管理人员服务态度的满意度	0.0362	3.62	2.76
D51 机构生活起居设施的满意度	0.0379	3.79	3.39
D52 机构医疗康复设施的满意度	0.0377	3.77	2.98
D53 机构文化娱乐设施的满意度	0.0378	3.78	2.69
D61 机构医护人员专业性的满意度	0.0370	3.70	2.63
D62 机构医护人员服务态度的满意度	0.0365	3.65	2.89
D63 机构医护人员配比的满意度	0.0363	3.63	2.60
D71 机构医疗保健服务的满意度	0.0368	3.68	2.74
D72 机构护理服务的满意度	0.0370	3.70	3.06
D73 机构康复指导服务的满意度	0.0369	3.69	2.81
D81 机构床位费的满意度	0.0361	3.61	2.58
D82 机构伙食费的满意度	0.0360	3.60	2.65
D83 机构养老服务费的满意度	0.0362	3.62	2.53
D84 机构医疗服务费的满意度	0.0364	3.64	2.41
D91 机构医养结合养老服务项目的满意度	0.0370	3.70	2.45
D92 机构医养结合养老服务及时性的满意度	0.0371	3.71	2.65
D93 健康状况改善效果的满意度	0.0376	3.76	2.50
D94 自理能力改善效果的满意度	0.0374	3.74	2.39
总分	1	100	76.70

对各指标赋予权重进行综合评分，得分结果如表 8-14。依据综合评分法的得分标准，本研究将银川市医养结合养老服务机构运行效果评分区间划分为五档，分别对应的评价标准是优、良、中、低、差，五档分别对应的分值区间为 81～100 分、61～80 分、41～60 分、21～40 分、0～20 分，具体见表 8-15。

表 8-15 银川市医养结合养老服务机构运行效果综合评分法得分标准

评分区间	对应标准
0～20 分	差：服务运行效果状况极差，服务不到位
21～40 分	低：服务运行效果状况存在较大短板，服务水平不高
41～60 分	中：服务运行效果状况基本无重大问题，服务水平一般
61～80 分	良：服务运行效果状况基本满意，服务基本到位
81～100 分	优：服务运行效果状况显著，服务得到较高认可

由表 8-14 可知，其整体分值为 76.70，属于“良”这一档次，基本上符合目前银川市医养结合养老服务机构运行效果的整体水平。

（二）各维度评价结果

评价指标各维度评价结果如表 8-16 所示。

表 8-16 评价指标各维度评价结果

维度层	权重	加权满分	加权得分	百分得分	排序	评分等级
C1 基本需求的适应性	0.0755	7.15	5.58	78.04	4	良
C2 心理适应性	0.1127	11.27	9.74	86.42	2	优
C3 社交适应性	0.1118	11.18	9.95	89.00	1	优
C4 管理人员的满意度	0.0723	7.23	5.51	76.21	6	良
C5 配套设施的满意度	0.1134	11.34	9.06	79.89	3	良
C6 医护人员的满意度	0.1098	10.98	8.12	73.95	7	良

续表

维度层	权重	加权满分	加权得分	百分得分	排序	评分等级
C7 养护服务的满意度	0.1107	11.07	8.61	77.78	5	良
C8 机构收费的满意度	0.1147	14.47	10.17	70.28	8	良
C9 医养结合养老服务的满意度	0.1491	14.91	9.99	67.00	9	良

为方便对各维度的评分进行对比和等级界定，对其进行标准化转化，统一转化为百分制，即 100 分为满分，百分得分＝（加权得分/加权满分）×100，统计结果如表 8-16 所示。结果显示，各维度指标排名前三的是“C3 社交适应性”＞“C2 心理适应性”＞“C5 配套设施的满意度”，百分得分为 89.00、86.42、79.89，评分等级分别为“优”“优”“良”。这说明，总体来讲，老人在机构的社交适应和心理适应状况较好，机构配套设施良好。这也从侧面反映出老人能够以积极健康的心态对待在机构的晚年生活，同时也说明机构能够给老人带来良好的硬件设施环境和人文氛围，机构服务人员能够和老人建立起良好的社会互动关系，给予老人精神慰藉和归属感，使老人适应在机构的集体生活。

各维度指标排名后三位的是“C6 医护人员的满意度”＞“C8 机构收费的满意度”＞“C9 医养结合养老服务的满意度”，百分得分分别为 73.95、70.28、67.00，评分等级分别为“良”“良”“良”。这说明，总体来讲，老人对医护人员、机构收费及医养结合养老服务的评价相对较低。主要是因为老人认为养老机构内的医护专业人员配套不足、专业性不强；机构的服务收费偏高，尤其是刚需老人的康复护理费用普遍较高，且不在医保报销范围内，容易给老人造成经济负担；机构开展的医养结合养老服务项目也难以满足老人的多样化需求，不同健康状况、自理情况和经济状况的老人对医养结合养老服务的项目内容需求不同，老人需要机构提供连续的、综合的服务，可谓“众口难调”。而目前银川市这 6 家医养结合养老服务机构提供的服务内容受现实因素制约存在一定的局限性，尚未形成多样化、多层次的医养结合养老服务供给格局。

（三）不同机构间对比评价结果

不同机构综合评分对比一览表如表 8-17 所示。

表 8-17　不同机构综合评分对比一览表

评价指标	加权满分	不同医养结合养老服务机构加权得分					
		宁夏阅海养老中心	兴庆区中心敬老院	宁夏工人疗养院	唐徕老年托护中心	亲情一家老年公寓	朝阳老年公寓
B1 适应性评价	30	26.70	28.14	24.85	25.05	24.27	22.56
D11 入住机构后饮食的适应状况	3.38	3.27	3.30	2.90	2.95	2.34	2.27
D12 入住机构后睡眠的适应状况	3.77	3.02	2.87	2.73	2.73	2.86	2.26
D21 入住机构后是否经常感到心情愉悦	3.75	3.25	3.75	3.00	3.03	3.35	2.75
D22 入住机构后是否遇到烦心的事情	3.76	3.36	3.76	3.10	3.16	3.10	2.95
D23 入住机构后是否产生心理负担	3.76	3.42	3.76	3.25	3.30	3.04	3.07
D31 入住机构后和周围的人相处是否愉悦	3.73	3.51	3.73	3.37	3.38	3.23	2.92
D32 入住机构后是否经常感到孤单	3.74	3.46	3.74	3.26	3.25	3.03	2.87
D33 入住机构后是否愿意参加集体活动	3.71	3.41	3.23	3.24	3.25	3.32	3.47
B2 满意度评价	70	53.80	56.54	55.61	53.11	44.47	45.05
D41 机构管理人员服务水平的满意度	3.61	2.66	2.89	2.75	2.67	2.75	2.77

续表

评价指标	加权满分	不同医养结合养老服务机构加权得分					
		宁夏阅海养老中心	兴庆区中心敬老院	宁夏工人疗养院	唐徕老年托护中心	亲情一家老年公寓	朝阳老年公寓
D42 机构管理人员服务态度的满意度	3.62	2.73	2.75	2.72	2.74	2.87	2.75
D51 机构生活起居设施的满意度	3.79	3.57	3.79	3.42	3.53	3.02	3.03
D52 机构医疗康复设施的满意度	3.77	3.68	2.71	3.41	3.37	2.67	2.01
D53 机构文化娱乐设施的满意度	3.78	3.47	3.18	2.51	2.76	2.03	2.17
D61 机构医护人员专业性的满意度	3.70	2.62	2.52	3.23	3.15	2.14	2.11
D62 机构医护人员服务态度的满意度	3.65	2.65	2.78	3.15	2.9	2.95	2.92
D63 机构医护人员配比的满意度	3.63	2.76	2.61	2.91	2.93	2.37	2.02
D71 机构医疗保健服务的满意度	3.68	3.22	2.94	3.02	2.97	2.12	2.15
D72 机构护理服务的满意度	3.70	3.39	3.26	3.17	2.96	2.78	2.80
D73 机构康复指导服务的满意度	3.69	3.48	3.10	3.21	2.86	2.03	2.16
D81 机构床位费的满意度	3.61	2.58	3.30	2.53	2.45	2.31	2.28
D82 机构伙食费的满意度	3.60	2.60	3.34	2.58	2.47	2.57	2.32

续表

评价指标	加权满分	不同医养结合养老服务机构加权得分					
		宁夏阅海养老中心	兴庆区中心敬老院	宁夏工人疗养院	唐徕老年托护中心	亲情一家老年公寓	朝阳老年公寓
D83 机构养老服务费的满意度	3.62	2.03	3.61	2.63	2.52	2.21	2.20
D84 机构医疗服务费的满意度	3.64	2.01	3.63	2.10	2.48	2.09	2.16
D91 机构医养结合养老服务项目的满意度	3.70	2.73	2.67	2.82	2.56	1.87	2.02
D92 机构医养结合养老服务及时性的满意度	3.71	2.91	2.81	3.09	2.83	2.06	2.17
D93 健康状况改善效果的满意度	3.76	2.43	2.41	3.11	2.65	2.13	2.24
D94 自理能力改善效果的满意度	3.74	2.28	2.24	3.25	2.31	1.50	2.77
总分	100	80.50	84.68	80.46	78.16	68.74	67.61
评分等级	—	优	优	优	良	良	良
排序	—	2	1	3	4	5	6

表 8-17 是通过加权综合评分后得出的银川市 6 家医养结合养老服务机构的运行效果评价情况，总分排名为：兴庆区中心敬老院>宁夏阅海养老中心>宁夏工人疗养院>唐徕老年托护中心>亲情一家老年公寓>朝阳老年公寓。

综合得分排名第一的是兴庆区中心敬老院，得分为 84.68。这是因为兴庆区中心敬老院是一家公立敬老院，入住老人以“五保”老人为主，这些老人的基本生活花销由政府负责，并且医疗花销由辖区民政部门承担，享受医保救助，所以虽然机构的环境设施和服务在银川居中偏上，不属于最优之列，但是入住老人对免费享受的各种生活保障满怀感激之情，所以主观总体评价最高。

综合得分排名第二的是宁夏阅海养老中心，得分为80.50。宁夏阅海养老中心是宁夏最大的公办民营养老机构，机构内基础设施齐全、环境优美，并为老人设置无障碍生活环境，机构定期开展老年人喜爱的文化娱乐活动和健康知识讲座，以丰富老年人生活、促进老年人健康。还对养老护理员开展专业培训，并制定了完善的养老服务规范标准，养老服务专业性较高。宁夏阅海养老中心在服务内容上体现出医养并重的特点。在医养结合养老服务方面，按照老人的不同自理能力设置护理区域和确定相应的服务内容，在每栋老年公寓设置护理台，配备专业护理人员。综上所述，宁夏阅海养老中心的医养结合养老服务在各个方面得到较高评价。

综合得分排名第三的是宁夏工人疗养院，得分为80.46。宁夏工人疗养院在一家公立康复医院的基础上设置老年病托护中心，以老年病托护为主。宁夏工人疗养院的医养结合养老服务依托于医院开展，服务内容上更加侧重于医疗服务，入住的老人健康状况与自理能力相对较差。鉴于医院特殊的生活环境和人文氛围，导致老人在机构的适应性方面评价相对较低，一方面，医院提供的对老年人的日常生活照料服务，尤其是在饮食等基本生活需求方面，比养老机构提供的服务稍显逊色；另一方面，因病而被托护在医院的老人容易对生活产生消极的态度，医院相对压抑、单调的生活环境也容易让老人产生心理负担，从而影响老年人的心理适应性和社交适应性。但是相对于兴庆区中心敬老院、宁夏阅海养老中心这两家专业养老机构，宁夏工人疗养院依托于医院开展的医养结合养老服务的最大优势在于可以为老人提供专业、方便、快捷的医疗服务，当然这也导致老人在此的医疗费用花销相对较多。因此，老人对宁夏工人疗养院医疗服务方面的满意度评价较高，对机构收费尤其是医疗服务收费方面的满意度评价较低。

综合得分排名第四的是唐徕老年托护中心，得分为78.16。唐徕老年托护中心在一家私立骨科医院的基础上设置养老床位，其与宁夏工人疗养院医养结合养老服务的提供方式相似，都是依托医院展开医养结合养老服务，侧重于医疗服务，所以两家机构在服务的开展和运行方面存在相似的优势与劣势。而这两家机构的不同之处在于唐徕老年托护中心定期为老人举行一些集体娱乐活动，同时也在机构内设置老年活动室，使老人的日常生活尽量丰富一些，这可能是唐徕老年托护中心老人适应性评价指标得分高于宁夏工人疗养院的原因之一。

综合评分排名最后两位的是亲情一家老年公寓和朝阳老年公寓，得分分别为68.74、67.61。这两家机构都是小型的私立养老机构，相较于公立养老机构，这两家私立养老机构的居住环境和配套设施略显不足。同时这两家机构也没有为老人提供丰富的文化娱乐活动，只是偶尔有志愿者和大学生来看望慰问老人，所以老人在这两家机构的生活显得有些单调和乏味。而在医养结合养老服务方面，亲情一家老年公寓通过与所在辖区的社区卫生服务中心达成合作协议，老人的日常保健和基本医疗服务由该社区卫生服务中心提供，但未配备基本的医疗保健设备。而朝阳老年公寓并没有为老人提供正式的、规范的医养结合养老服务，也未配备基本的医疗保健设施，只是私下与一位大夫达成协议，每周末坐诊为老人看病。综上所述，这两家私立机构开展的医养结合养老服务运行效果总体评价排名居后。

通过对以上6家机构之间的对比与排名分析，笔者有以下两点发现。第一，收费因素是影响医养结合服务评价的重要因素，这明显体现在老人对兴庆区中心敬老院的评价上。该敬老院属于社会福利机构，对入住的“五保”老人免费，虽然机构的硬件设施与软件服务方面在银川不占太大优势，但是老人主观评价最高，主要原因就是敬老院对这部分老人免费，导致老人对敬老院充满了感激之情。第二，机构性质也影响了老人的评价，公立机构（包括公建民营机构）的评价得分明显高于私立机构。这是由于受政府政策偏好和倾斜的原因，政府对公立机构的财政补贴及监管力度与关注度高于私立机构，导致公立机构的综合实力与专业化水平高于私立机构，所提供的服务水平也优于私立机构，所以总体评价高于私立机构。

三、银川市医养结合机构服务存在的问题

（一）医养结合养老服务领域存在医疗资源闲置现象

笔者调查时发现，有些医养结合养老服务机构虽然在医养结合养老服

务提供方面配备了相对完备的专业人员和服务设施，但是服务供给方式仍然存在一些问题。如有机构成立康复医学中心，中心设有基础医疗门诊、医疗康复治疗区和康复病房，并配备有价值约 2000 万元的康复医疗设备和基础医疗设施，设置之初的本意在于为机构老人提供专业、方便、快捷的医疗康复服务，但是该中心从成立到现在一直未正式营业，造成了资源的闲置甚至是浪费。

通过访谈可知，出现以上问题的主要原因在于医疗机构进入医养结合养老服务领域动力不足。笔者在走访相关部门负责人时了解到："除中心各合作方的内部协定最终未达成一致外，康复医学中心一直未开始营业的另一个原因在于此机构作为养老机构，其无法保证入住的老年人的医疗消费能够支撑该中心的正常运营。医疗服务资源的提供以专业设施和专业人员为依托，这两项都是成本较高的投资。一旦中心正式运营，若没有足够多的医疗消费作为支撑，中心运营将难以为继。"由此可以看出，从医疗机构的角度来讲，医疗机构在进入医养结合服务领域时，出于盈利需求方面的考虑，对医养结合服务的开展积极性不足。养老服务行业并不是一个可以在较短时间内实现盈利甚至有时需要公益服务的行业，这导致医疗机构进入医养结合服务领域的动力不足，从而造成该中心目前无法实现正常运转。为避免出现以上问题，笔者认为养老机构在开展医养结合养老服务时，应当量力而行，医养结合养老服务的提供应当是养老资源和医疗资源相互协作、优势互补，而不是专业服务功能的盲目转移，"将养老院办成医院，将医院办成养老院"。

（二）医养结合养老服务的连续性不足

笔者在访谈中发现医养结合养老服务在提供时存在连续性不足的问题，由于老人不同健康状况下需要提供的专业医疗服务不同，不同阶段的服务提供主体不同，需要不同服务之间的流转机制和转诊服务，现实中却存在老人在机构之间的转诊过程中服务连续性不足的问题，从而影响到老人的切身利益。

笔者在访谈中了解到，其原因是医养结合养老服务主体存在双重利益博弈。

案例 1：WM，女，80 岁，汉族，从江苏来宁夏的老知青，居住在医养结合养老机构

王奶奶在某机构住了 3 年多，对机构的服务开展情况比较熟悉，其中也有不满之处。她告诉笔者："你看我们每栋楼都有护士台，也有值班的护士，但是我觉得她们的水平不专业。为啥呢？我给你讲讲今年开春我们这里发生的一件事情。以前我同屋子住的李奶奶，有次不小心走路摔倒了，腿疼得动不了，我们这些没学医的都知道这个情况得送去医院检查有没有伤筋动骨，但当时他们是怎么处理的？当时叫护士长过来，护士长看了一眼就走了。可是这个李奶奶还是疼啊，结果护士就带去按摩室去给按摩推拿，你想这要是骨折了，你按摩岂不是越来越严重？这些人光想着她在这里按摩了就能产生收益，直接送去医院的话他们哪里来的收益？但是万一耽误人家呢？最后按了 3 天越来越疼，李奶奶坚持把她儿子叫来，带着去医院检查，才发现是腿骨折了。"

以上案例表明，医养结合服务的主体在为老人提供相应服务的过程中存在双重利益博弈，医养结合服务机构出于对本部门利益的维护，对老人实际需要的转诊服务的提供显得并不积极，其更希望老人能够在本部门消费进而提高本部门的经济效益。这种双重利益博弈导致服务主体无法很好地满足老人在不同阶段和需求下的医养结合服务，最终导致机构提供的医养结合养老服务可及性、连续性较差。

（三）医养结合养老服务满意度评价较低

访谈发现，老人对医养结合养老服务开展情况的满意度相对较低，主要集中表现在对收费的满意度和对专业医疗服务人员的满意度较低。

访谈中，笔者了解到，老人对医养结合服务满意度较低的原因主要有服务收费偏高且医保报销机制不明确、专业医护服务人员和医疗设备不足、医养结合服务项目内容单一以及缺乏专业的康复疗养机构等，最终导致目前机构提供的医养结合养老服务尚不能满足不同老人的需求。

案例 2：LSC，男，63 岁，汉族，宁夏石嘴山人，在医养结合医院接受脑卒中康复训练

刘爷爷发生了脑卒中，经过抢救后到机构住院。访谈中，刘爷爷表示："在这里住了 3 个月，花了将近 5 万元。在这里每天进行康复训练，花销比较大，好多项目医保不给报，而且有时候我们也搞不清楚哪些给报哪些不给报。还有，这里毕竟是医院，吃得不好，住得也不习惯，但是还得住在这里，毕竟宁夏专业的康复医院不多，也没有别的选择。这里面的康复训练师倒是挺专业，就是有好些个康复训练器械不够，种类也不多，有的坏了也不给修。"

（四）私立机构医养结合养老服务规范性不足

笔者调查的两家私立养老公寓都是私人投资成立的小型养老机构，医养结合服务的开展缺乏正规的服务方式和规范的服务流程，只是在现有的条件下采取合作的方式为老人提供简单的保健服务。

出现该问题的原因主要是私立机构参与医养结合养老服务实力不足。一方面，受政策偏好的影响，私立机构参与医养结合服务时可以享受到的政策优惠和补贴相对有限。另一方面，目前银川市参与医养结合服务的私立机构均是小型机构，自身实力有限，受专业资质和资金水平的限制，导致私立机构缺乏提供医疗卫生服务的基本配套设施，也难以聘请到专业医护人员，导致医养结合养老服务项目单一，服务的规范性无法得到保障。

（五）养老机构专业医护人才匮乏

专业医护人才匮乏是我国医养结合服务发展存在的普遍问题。崔玲玲等指出，我国医养结合服务所需人力资源匮乏，人才数量不足，老年护理专业人才缺乏，并且各类专业技术人才不足，老年医护人员整体素质不高，医疗护理能力欠缺，护理人员专业水平不高。[①] 在调查中，笔者也发现了同样的问题。调查中有 4 家机构依托养老服务机构开展医养结合服务，在服务开展过程中存在医疗服务专业性不足的问题。虽然养老服务机

---

① 崔玲玲，等．我国"医养结合"服务存在问题的系统分析［J］．中国卫生事业管理，2017，34（3）：238-240．

构具备基本医疗保健服务功能，但是因缺乏足够的、高质量的专业护理人才，导致医护人员专业水平存在局限。

究其原因，某养老机构的负责人向笔者说出实情：“具有一定资质和专业水准的医护人才，他们的选择也很多。如果想在医疗服务行业有所发展，去大型医院当然是最好的选择了。过来我们这边的，多数是从护校毕业不久没多少经验的年轻护士，或者我们返聘的已经从医院退休的医生。我们也想招揽高质量的人才，尤其是老年病康复和老年护理方面的人才，但说实话，我们能给这些人才的待遇和职业平台确实有限。”

正如访谈所反映的，养老服务机构在对专业医护人才的招聘、激励等方面处于劣势地位。相较于专业的医疗服务机构，养老机构受自身实力局限，能够提供给专业医护人员的待遇和发展平台都相对有限，所以难以吸引高质量的医疗服务人才。综上所述，养老机构中高质量医疗服务人才的缺乏制约了医养结合服务中专业医疗服务的发展。

第四节　促进银川市医养结合养老服务机构运行的对策与建议

一、政府角度

（一）完善法规政策，推进政策落实

目前我国医养结合政策存在政策法规不完善和缺失的情况，现有政策多集中在目标规划方面，缺少具体和完善的落实机制，政策优惠的落实措施和主要负责部门往往含糊不清、表述不明；而直接拉动医养结合需求与供给的政策应用较少，所以存在政策规划多、落实少、落实难的问题，因此政府需要逐步完善医养结合养老服务的相关政策法规。首先，在政策制定方面，除应用环境型政策外，还应加大对医养结合供给和需求拉动型政策的应用，并具体和细化政策服务标准，加强政策的可操作性；其次，在政策宣传方面，相关政府部门要对本部门负责范围内的政策进行广泛的社会宣传，促进社会公众及时知晓相关优惠政策，吸引更多社会资源投入医

养结合养老服务行业；再次，在政策落实方面，建立政策落实的考核机制和标准，防止部门之间相互推诿扯皮现象；最后，在政策反馈方面，对医养结合养老服务发展过程中发生的资金、人才匮乏等问题，进行深入调研，及时制定或修改相关政策，使政策的发展跟得上现实的需求，最终使政策真正起到促进医养结合养老服务发展的效果。

（二）加强部门统筹，科学发展医养

医养结合养老服务的发展涉及不同的政府部门，其中主要负责的有民政部门和卫生部门，目前我国的医养结合养老服务模式存在着这两个部门“两管”“两不管”的状态[①]，并且存在交叉管理、职权模糊的问题。因此，为理清医养结合养老服务发展的政府部门之间的职责，尤其是卫生部门、民政部门和社会保障部门之间的责任分担机制，建议成立医养结合办公室，对医养结合养老服务发展过程中的具体事务进行统筹管理与领导。以此加强不同部门之间的信息交流与协作，简化和理顺医养结合养老服务机构的行政许可和审批流程，明确卫生、民政、社保等部门在这一工作过程中的具体职责，突出重点、统筹规划，促进医养结合养老服务行政办公过程的有序进行。

（三）建立行业规范，加强政府监督

当前，不同主体下的医养结合养老服务机构对医养结合养老服务的提供还未形成规范的服务标准，服务质量也缺乏监督管理。医养结合养老服务的提供要坚持“医＋养＋护”一体化的原则，根据老人的健康状况和具体需求，提供相应层次的服务。[②] 银川市政府相关部门应参考国际标准，借鉴发达国家的有益经验，对医养结合养老服务体系进行标准化规范。如对服务主体、服务内容、服务流程、服务形式、服务等级、服务宗旨、服务保障等进行统一规范和界定。对医养结合养老服务行业的进入和退出标准进行规范，对医养结合养老服务的过程进行严格规范

---

① 于卫华，林丹，陈雪羚．医养结合型长期照护的研究现状［J］．中国护理管理，2013，13（4）：91-93.

② 孟颖颖．我国“医养结合”养老模式发展的难点及解决策略［J］．经济纵横，2016（7）：98-102.

和监督等。促进医养结合养老服务的标准化和专业化供给，切实改善老年人的生活质量。

（四）拓展资金渠道，降低经济负担

我国老龄化发展具有“未富先老”“未备先老”的特征，除刚性需求外，老年人受经济水平的限制，对医养结合养老服务的潜在需求难以转化为现实需求。在市场经济规则下，具有一定购买力的老人才有权享受到医养结合养老服务。调查结果显示，当前入住医养结合养老服务机构的老人绝大多数经济状况良好，具有稳定、自足的退休金收入。而经济状况相对较差的老人，则难以或无法购买医养结合养老服务。医养结合养老服务作为一项准公共物品，要求服务供给的公平性。为保障医养结合养老服务供给的公平性，政府要拓宽医养结合养老服务领域的筹资渠道，降低老人的经济负担。首先，根据目前老龄化发展状况和老人的医疗需求，建立医养结合专项资金，增加对老人慢性病和重大疾病的财政投入；其次，探索建立长期护理保险制度，将需要长期照护的老人的康复护理服务纳入保险范围，按照不同的护理项目和缴费等级合理分担老人的护理费用；再次，充分发挥商业保险对老人健康风险的分散作用，与社会保险合力形成老人养老风险的多支柱、多元化保障体系，帮助老人建立风险保障意识，鼓励老人积极购买人身险、健康险等相关保险，提高老人的抗风险能力；最后，通过政策导向，为社会资本进入医养结合养老服务领域提供优惠政策，拓展筹资渠道，并尝试用福利彩票补充医养结合养老服务发展资金，形成多元化筹资方式，为医养结合养老服务发展提供经济基础。

（五）健全人才体系，保障专业服务

面对医养结合养老服务专业人才招不来、留不住的问题，银川市政府应当牵头建立健全医养结合专业服务人才的培养和激励体系，吸引和鼓励质量高、专业性强的医护人才投身于医养结合养老服务，以保障医养结合养老服务的专业性。在人才培养方面，要鼓励医科院校开设老年医学、老年健康等相关专业课程，培养老年病专职医生、具有老年照护技能护理人员以及临终关怀服务人员等专业人才，提高医养结合养老服

务人才的专业性。建立养老服务人员的职业培训体系，由政府组织对养老护理员进行定期的职业技能培训和评定，并普及相应的基础医疗保健知识，保障医养结合养老服务从业人员的专业水准。在人才激励方面，应出台对医养结合养老服务从业人员的待遇保障制度，对医养结合养老服务的紧缺型人才进行薪酬待遇等方面的鼓励，并对取得相关专业资格认证的护工等专业人员实施职业补贴和政策优惠。对于目前养老护理员待遇差、地位低的问题，尤其是部分服务于失能、失智老人的特殊护理员，其面临着更繁重、更辛苦、更大压力的工作，需要加强对这部分专业人员的人文关怀，并为其设置特殊待遇补贴，以此提高其工作稳定性和积极性。

（六）拓宽服务渠道，促进多元供给

医养结合养老服务是“医＋养”的综合性服务，要求服务供给多元化，而福利多元主义也强调在公共服务领域需要政府、市场、非营利组织、家庭和个人的共同参与。政府除了在资金筹集、政策制定、行业监管方面发挥主导作用外，还需要引导社会资源进入医养结合养老服务领域。政府要针对市场和社会中不同的参与主体的具体情况制定相应的优惠政策，尤其要鼓励民营资本和社会组织参与到医养结合养老服务领域。降低民营机构参与医养结合养老服务的门槛，为民营机构参与医养结合养老服务提供资金、人才、政策等方面的优惠。同时，政府可以探索新模式下的服务方式，发挥基层工作机构的职能。例如，可以通过政府购买的形式支持社区基层卫生服务机构为老人提供日常保健和家庭巡诊服务，并为老人提供绿色就诊和转诊通道，鼓励有资质的养老机构为老人提供基础医疗和护理服务。大力支持社会资本和医疗机构兴办康复护理和疗养机构，解决目前专业康复护理、疗养机构供给不足的问题，并将符合条件的服务纳入医保报销范围。也可以动员社会公益组织、志愿者定期为医养结合机构的老人提供相应的服务，并通过文化娱乐等多种形式给予老人情感上的安慰与寄托，提高老人对医养结合养老服务机构的适应性，使老人在晚年拥有更多积极的生活体验。

二、机构角度

（一）明确机构定位，提供差异化服务

医养结合养老服务的关键在于为不同健康状况下的老人提供个性化的服务。可按照老人的行动自由度划分为健康活跃期、辅助生活期、行动不便期和临终关怀期这四个时期，对于不同时期的老人，医养结合养老服务的具体方式和内容也不尽相同。而不同机构在参与医养结合养老服务领域时，由于机构自身的性质不同，可以提供给老人的优势服务也不同，所以机构应明确自身定位，根据自身的实力强弱和机构性质提供差异化的医养结合养老服务。对于小型养老机构，应当以养为主，辅之以基础的医疗保健服务和转诊服务，医养结合养老服务的实现方式可以通过与周围的医院或基层卫生服务中心建立合作关系，其目标定位应当以自理老人为主，主要特点在于为这些老人提供良好的生活环境、日常照料服务以及健康支持与促进。

具有一定综合实力的养老机构，可以根据自身的发展需要，成立老年医疗康复区域，配备相应数量的专业医疗服务人员和医疗设备，体现医养并重的理念，为患慢性疾病老人、失能失智老人提供完善的生活照料和健康管理服务，为大病恢复期的老人提供康复护理服务，加强对老人的人文关怀和精神慰藉。

大型公立医院，在参与医养结合养老服务时要强调以医为主，应当着重于老年患者疾病的诊治和康复。应当设置相应的老年门诊、老年病康复区域，为老人提供专业的医疗服务。同时兼顾老人的心理健康和生活诉求，尽量为住院老人提供令其感到舒适和满意的生活环境，提高患病老人在医院的生活质量，积极为老人提供良好的养老环境。

（二）完善机构设施，提供优质化服务

不同机构要综合考虑医养结合养老服务的内涵，全面提升服务质量，为老人提供优质服务。在硬件设施方面，首先，要以安全为原则，要考虑到老人的需求，合理设置无障碍设施，并在老人的生活起居范围内设置紧急按钮等应急设备，保证老人遭遇突发状况时可以及时求救；其次，要为

老人提供舒适便捷的基础设施和丰富的文化娱乐设施，为老人提供活动平台和优质的生活环境；再次，要配备基础的医疗护理设备，如血压计、体温计等，日常观测老人的身体健康状况，做好日常保健工作，并为老人建立电子健康档案，方便老人转诊时进行信息共享。在软件服务方面，老人在离开家庭入住机构后，在新的生活环境中容易发生心理上的不适，尤其是因病入住机构的老人，容易产生消极悲观的情绪。因此，机构工作人员除提供必要的生活照料等服务外，还要关注老人的情绪变化，多与老人沟通，及时了解老人的需求，获得老人的信任，提高老人在机构的心理和社交适应性。

（三）提高行业协作水平，提供连续性服务

医养结合养老服务是一个综合的服务系统，其综合性特点说明服务的提供无法由某一主体单独完成，需要养老和医疗服务行业共同协作形成供给主体，加强医养结合养老服务的连续性、可及性和便捷性。医养结合养老服务应当是包含老人不同生命周期的、连续的、全方位的服务，所以医养结合不同服务主体，应当以满足老人不同诉求为出发点，切实加强彼此间的沟通与合作，明确老人转诊过程中的风险预防和分担机制，通过机构之间的协作，建立“医、养、护、康”一体的养老服务模式，最终实现医养结合养老服务在机构与行业之间的无缝对接。

（四）加强人文关怀，提供人性化服务

健康老龄化的理念除了强调对老人个体的健康促进外，还强调整个社会体系为老人提供健康的生活环境，既包含身心健康，也包含生活方式和社会环境的健康。因此，医养结合养老服务机构除了为老人提供基本的生活服务和设施外，还要关注老年人的心理健康，加强对老人的人文关怀，培养机构内尊老、爱老、助老的氛围。在日常生活中，机构工作人员要详细了解老人的个人喜好和生活习惯，定期为老人开展娱乐活动，丰富老人的精神世界。同时，要引导老人树立积极的生活观念，重视老人的心理状况的变化，在日常护理过程中多与老人沟通，服务的方式和内容要多征求老人的意见，了解和尊重老人的内心感受，与老人建立良好的感情互动，提高老人的安全感和归属感，帮助老人平和、豁达地面对晚年生活。

第九章

积极老龄化背景下高龄友善社区构建研究

从20世纪中期开始，世界人均寿命延长导致世界人口结构巨变，老龄化问题逐步显现。近几十年来，我国0～14岁人口比例连续下降，15～64岁与65岁及以上人口比例持续上升。特别是65岁及以上人口比例上升速度较快，1990—2000年间提高了1.4个百分点，2000—2008年间提高了1.3个百分点。据2010年第六次全国人口普查数据显示，我国60岁及以上人口约为1.78亿人，占13.26%。而仅一年之后，同类型老年人口数量已达到1.85亿人，占总人口比例达13.7%。2005—2015年间，我国少儿抚养比逐年下降，而老年抚养比（也称老龄人口抚养系数，表示每100名适龄劳动人口需负担的老年人数量）逐年增加，2015年我国老年抚养比已达到14.3%。

与此同时，我国的城市化进程也在不断推进，据统计，2008年底，全国城市人口所占比重为45.70%，比2005年底的42.99%上升了2.71个百分点，比2000年底的36.22%上升了9.48个百分点，说明我国城市化正处在快速发展时期。截至2014年，国家统计局发布的数据显示，我国城镇人口占总人口的比重上升至54.77%。持续增长的城市人口和城市化率预示着未来会有更多老年人口将城市选为养老地，因而为老年人建设良好适宜的城市环境就显得格外重要。

老龄化与城市化同时处于快速发展的状态，这就必然引发我们对城市养老优化设计的思考。城市养老往往受到多方面因素的制约，根据世界卫生组织（WHO）的阳光老年计划，宏观方面，社会、经济、自然、公共服务等因素会影响到在城市养老的整体环境；微观方面，个人行为因素会在一定程度上影响老年人的生活状态。从国际视角看来，探索如何正确应对人口老龄化问题的过程中，学者们提出的相关理论也经历了一系列演变，从养老的黑暗时代到“成功老龄化”的提出，再到“健康老龄化”和“积极老龄化”，表明人们面对老龄化的观念也在进步。

世界卫生组织在 2007 年 11 月发表《全球老年友好城市建设指南》，提出了老年友好型城市（又称“老年友好城市”）的概念，以满足老年人日益增长的需求。同年，世界卫生组织提出了高龄友好社区的概念。世界卫生组织对老年友好型城市给予了较为明确的定义，即老年友好型城市是指能够包容老年人、使他们能够无障碍地行动并增强其积极老龄化能力的城市。高龄友善社区是指基础设施完善、环境舒适、符合老年人生活需求和活动习惯的城市社区，老年人可以在这样的社区里安全居住，维持晚年的健康生活，并且可以充分参与社会，实现在社区里积极养老。

关于老年友好型城市的理论研究，国外学者进行了一系列的探讨。Plouffe 和 Alexandre 作为《全球老年友好城市建设指南》的编写者，进一步阐明了老年友好型城市的具体内涵，并且重申，“友好”并非狭义地只面向老年人口，而是指城市的“友好”将惠及城市当中不分年龄、不分阶层、不分群体的所有民众；同时，构建老年友好型城市的重点是关注老年人各项权利的行使状况，保障所有老年人都能平等地享受各种城市设施和服务。Buffel 等认为，老年友好型城市的构建核心，并不是要讨论建设怎样的城市环境和氛围对于老年人更为理想和优化，而是在于怎样能够让当前的城市更加具备“老年友好”的特征，思维方式的转变能让老年友好型城市的规划更加注重现实性和可行性。

Boswell 依据自己制定的老年宜居城市测评标准对美国佛罗里达州进行了测评，发现城市在适宜老年人的生活环境建设方面欠缺较多，导致整体的老年友好程度较低，因此，他提出应当在规划过程中重视老年群体的实际需求。Colangeli 提出将“智慧增长”的模型加以创新并运用到老年友好型城市的建设规划方面，为提升城市的老年友好程度做出贡献。

Green 通过发放问卷和调研等手段总结了在欧洲建设老年友好型城市的几点意见，即正视老年人的社会作用和地位，强调个人和社区参与老年友好型城市建设的自主性，创造有利的社会环境，以及完善各项服务并提升实用性。Netherland 等在其《老龄化过程中的适应力》一书中以纽约老年友好型城市计划为例，简明论述了老年人的活动空间、社会参与等现状，以及建设老年友好型城市时发现的问题等，他们认为老年友好型城市体系应当包括实体建设和主观建设两部分。

对于高龄友善社区，国外学者也做了相关的研究。Abbott 等认为，社区当中友好的邻里关系、较高的社会参与度对老年人的生活质量有显著的积极影响。Gilroy 则认为，构建高龄友善社区的发展理念不应当仅拘束于服务建设，也要致力于为老年人提供更加便利的生活场地和活动空间，包括与众不同的建筑、质量良好的商店、街道市场、小型公园、社区活动，实现社区的可持续性、融合性和宜居性，同时关注社区老年人的邻里关系、社会认可，并促进家庭当中的隔代交流等。Hanson 认为发展高龄友善社区应当同时改善物理环境和社会环境，才能全面满足老年人的各项需求，既要完善硬件设施，又要为老年人提供全面、专业和便捷的社区服务。这一系列的政策制定和最终实施活动仍离不开各级政府的主导。有学者认为，发展高龄友善社区更加强调认可老年群体的社会价值，因此应当提高老年人的社会参与程度。Alley 等认为高龄友善社区的建设内容主要包括住房、健康护理、安全、社区参与机会等方面。Lehning 等认为高龄友善社区的构建要素主要包括：增加社会融合和减少小汽车依赖的土地利用模式和社区设计；可支付和可及的住房选择；多样化的交通方式和机动性支持；可以获得医疗保健和支持性服务；通过社区互动和有意义的活动促进社会参与。

在世界卫生组织提出老龄友好型城市和高龄友善社区建设指南以来，不少国家结合自身国情，依据指南要求进行了相关尝试，在获得一定成效的同时也掌握了相关实践经验。

2010 年，世界卫生组织启动了“老年友好城市网络行动”。该行动大约覆盖 22 个国家的 145 个城市，我国上海也是该项行动的参与城市之一。同时，世界卫生组织还在此过程中推行相关评价体系来帮助成员自测老年友好城市的建设进度。[①]

美国和英国的高龄友善社区实践探索也比较典型。美国在社区方面的规划主题大致有宜居社区、就地养老、积极老龄化等几种。英国的高龄友好社区项目被称为“终生社区”，具体包括居民授权、环境建设、设施完善、社会参与等内容。在具体实施中尤其重视两方面的内容：一是强调居民在社区建设中的参与和主导地位，体现了对老年人自身价值的重视与尊重；二是强调建立链条式的全套社区活动环境，保证社区居民从出门到回家的一站式安全便利社区体验。

法国基于“共同居住，健康老化”的理念，对老龄友好社会进行了一系列规划，重点在推广健康生活方式、提升老年人的身体素质、提高老年群体的文体活动参与度等方面加强建设。[②]

加拿大政府在2007年发布了农村与边远地区高龄友善社区建设指南。在尊重世界卫生组织提出的高龄友善社区建设标准的基础上，发挥政府的统筹规划作用，基于“提倡参与、因地制宜、积极合作”等原则，自上而下地指挥高龄友善社区建设。[③] 根据本国实际情况，确立了深度参与、基于社区发展的能力进行建设以及发挥合作优势的基本原则。实施过程中采用典型的自上而下的传导方式，地方政府与社区建立起直接的联系，在严格遵循世界卫生组织建设指南的基础上，政府通过财政拨款、社区授权、扶持合作等方式促进农村高龄友善社区建设。

我国关于老年友好型城市和高龄友善社区建设的研究尚处于起步阶段，可查文献数量较少，现有的研究内容也多集中在老龄友好型城市及高龄友善社区的物理环境建设和惠老设施建设方面。

胡庭浩等认为，老年友好型城市作为一种新兴的价值理念，尚未形成成熟的研究体系。将城市看作一个有机系统，如何对其进行“老年友好型”建设以及设计评价指标体系等问题，还有待进一步深化研究。建设老

① 窦晓璐，约翰·派努斯，冯长春．城市与积极老龄化：老龄友好城市建设的国际经验［J］．国际城市规划．2015，30（3）：117-123.

② 胡庭浩，沈山．老年友好型城市研究进展与建设实践［J］．现代城市研究，2014（9）：14-20.

③ 王德文，任洁．论人口老龄化语境下老年友善社区的构建［J］．厦门大学学报（哲学社会科学版），2015（5）：125-135.

年友好型城市应当综合各学科知识形成系统化理论，除去建筑、城市规划等学科，人口学、心理学、医学等学科领域也应当被纳入到老年友好型城市的规划建设当中。① 桂世勋等在上海市长宁区仙霞街道的两个社区开展了高龄友善社区的国际比较研究，认为上海市基本按照世界卫生组织的基础建设标准进行了高龄友善社区建设，但仍需进一步优化，并提出有必要针对高龄友善社区的指标体系进行量化分析。② 张帆等针对老年人群的生理和心理特征进行了分析，随后在研究中将老年宜居环境分解为几个不同空间层面，具体包括宜老居住环境、宜老社区环境、宜老社会环境等，并针对每个层面的宜居环境给出了定义。③ 马玉卓通过对济南市的三个社区进行实地调研，立足于高龄友善社区的各个方面分析了老年人的需求，在老年友好需求现状和必要性分析的基础上，提出了高龄友善社区应具备的特征以及改变不友好因素的途径，并且分别从政府角度、社会角度及社区内部角度三个层面提出了发展高龄友善社区的建议。李珊等综合描述并总结了高龄友善社区的研究现状和理论，进一步分析了有关建立城市老年宜居社区评价指标体系的指导思想和设计原则等。基于前期研究，老年宜居社区评价体系被分解为目标层、系统层、状态层、微系统层和若干具体指标层。④

随着老龄化的逐步推进，近年来为老年群体建设符合其需求的城市与社区环境已成为政府及社会组织关注的焦点。2007 年，建设部发布的《宜居城市科学评价标准》将宜居城市的科学评价内容具体分为“社会文明度、经济富裕度、环境优美度、资源承载度、生活便捷度、公共安全度”等六大指标体系。⑤ 2009 年，“居住舒适、活动便捷、设施齐全、服务完善、和谐安康、队伍健全”等六个方面被全国老龄办纳入老年宜居社区的

---

① 胡庭浩，沈山．老年友好型城市研究进展与建设实践［J］．现代城市研究，2014（9）：14-20.

② 桂世勋，等．长者友善社区建设：一项来自上海的经验研究［J］．人口学刊，2010（4）：23-29.

③ 张帆，石文华．老年人宜居环境研究［J］．城市，2010（11）：48-50.

④ 李珊，杨忠振．城市老年宜居社区的内涵和评价体系研究［J］．西北人口，2012（2）：17-21，26.

⑤ http：//jjckb.xinhuanet.com/wzpd/2007-05/30/content-54476.htm.

评定标准。[①] 我国2011年颁布的《老龄事业发展十二五规划》首次提出要“推进老年友好型城市建设”，截至2014年，已有14个国家级的老年友好型城市和高龄友善社区试点单位。

老年友好型城市的实践，主要集中在几个试点城市，如湖州市、上海市、齐齐哈尔市、青岛市等，同时，我国香港和台湾地区也积极进行了老年友好型城市建设的探索。

浙江省湖州市根据2009年全国老龄委提出的老年友好城市建设评定标准，结合本地实际设定了26大项96条具体指标，同时也开展了相关的建设工作，重点有老年人活动场所规划建设、保障性住房建设、公共场所老年窗口建设等一系列措施。

上海市是我国老年友好城市的重点试点城市。长宁区在“幸福养老”的基础上，积极完善社会福利等基本保障、提升社区为老服务水平、完善社区卫生三级预防体系、优化老年人社会参与机制、开展敬老爱老主题教育等活动；浦东区在努力改善城区环境质量及公交水平的同时，进一步完善养老保障体系和医疗保健网络，使养老服务体系不断优化，为老服务能力得到加强。杨浦区立足老年人需求，构建布局合理、功能完备的为老服务设施网络。黄浦区是全国老龄办确定的老年宜居社区建设试点之一，黄浦区基于积极老龄化、社区参与、公平公正、合作的原则，具体从环境、设施、服务等角度提出了老年宜居社区的五个方面的创建内容。

南京市玄武区发布了《关于创建老年宜居社区的实施意见》，制定了《老年宜居社区测评细则》。测评指数分为6个一级测评项目、19个二级测评项目、56个三级测评项目，并建立第三方测评机制，初步形成了玄武区老年人宜居社区指标体系。

青岛市通过城市经济和社会的平稳较快发展、社会养老保障体系完善、医疗社会保障体系的进一步健全、社会养老服务体系的基本形成、城市社会包容性的不断增强、社会敬老氛围的日益浓厚等内容积极开展老年友好型城市试点工作。

我国台湾地区也积极采取措施建设老年友好型城市。台中市于2012

① http://www.zgllcy.org/chanye/news-in.php?f=zhuanjiashiye&;nohao=338.

年启动大台中高龄友善城市计划。[①] 新竹市利用与企业的对话，营造高龄友善银行，给长者提供更贴心、安全、专业、友善的金融环境。嘉义市从日常生活中的衣食住行的角度，推动相关计划的实施，如高龄友善餐厅、高龄友善药局等。

我国香港地区结合自身实际，将高龄友好社区演绎为“长者友善社区”，鼓励社会各界人士积极推动高龄者参与，发挥长者潜能，共同促进社区环境和设施的改善，让香港成功迈入老年友好型城市。为此，香港地区的政府、企业和社会组织等都做出了很多努力。[②]

纵观我国当前关于高龄友善社区的研究，不难发现，高龄友善社区的研究多数偏重设施环境建设，即物理环境的改善，而缺乏对社会和人文环境的关注。此外，文献研究多基于高龄友善社区几大主题而构建的建设指标体系和评价指标体系，注重整体规划，反而弱化了对高龄友善社区实际建设的措施指导。在实地调查时，多数研究者只考虑当下老年人本身的需求，缺乏对社区其他居民的意见调查。

另外，现有文献研究视角单一，关于高龄友善社区的建设缺乏从社会保障学科和养老服务视角开展的研究。高龄友善社区的建设与养老制度和社会保障体系相辅相成。社会保障制度是高龄友善社区建设的基础，养老服务又是高龄友善社区建设的核心，对于目前我国社会养老保障体系仍需要进一步完善的现状，高龄友善社区是对其不可或缺的补充实践。因而，立足于社会保障学科和养老服务视角的高龄友善社区研究，具有一定的理论价值和现实意义。

针对国内外众多地区的良性探索，银川市高龄友善社区的构建过程亦可从中获取经验，不必将构建主体仅拘泥于政府层面。养老服务是一个广泛的社会性话题，应当将社会各界的力量联合起来，共同致力于高龄友善社区的集中建设，才能加快社区居家养老服务的发展步伐，提升公众参与度，保证高龄友善社区建设的全面性。

银川市隶属于我国西部地区，相比我国东部沿海发达地区，银川市社

---

① 胡志强，等．高龄友善城市之理念与实践——台中市经验［J］．护理杂志，2012（12）．

② 康越．香港长者友善社区建设及经验简析［J］．北京行政学院学报，2014（3）：99-101．

区建设相关资源和资金较为匮乏。在类似的区位条件下，银川市高龄友善社区建设可以借鉴加拿大政府的相关做法。采取自上而下的社区建设传导方式有利于政府对社区建设的过程把控，同时将高龄友善社区的建设理念和过程指导以政府文件形式进行倡导宣传，能够提升高龄友善社区的构建效率和实施效果。而地方政府与社区的直接联系更有助于将财政拨款、扶持合作等政策落到实处，保证高龄友善社区构建过程的资金、资源需求得到满足。

本研究将基于社会保障学、社会学、管理学、统计学及人口学等多学科理论，采用文献复习、实地调查及访谈等方法，依据世界卫生组织提出的高龄友善社区建设标准体系，制定出一套适宜评估高龄友善社区的标准体系。从而结合对社区机构负责人、政府部门相关工作人员的访谈结果和银川市社区老年人的问卷调查数据，利用定性与定量相结合的方法考察银川市在建设高龄友善社区方面的不足之处。借鉴国内外经验，探索建设由政府主导、社会组织协助、社区执行及市民配合等多方面共同参与支持的银川市高龄友善社区，从而提升社区养老服务水平，完善社会养老保障体系，减轻人口老龄化带来的养老压力，提升老年群体的生活质量和幸福感。

第一节　高龄友善社区构建标准指标体系的建立

一、高龄友善社区构建标准指标体系设计

（一）高龄友善社区构建标准体系内容设计

本研究关于高龄友善社区构建的理论体系内容设计，主要是基于WHO老龄友好城市和社区的相关建设标准，结合当前我国城市社区建设的特殊性，加以分类整理并修改完善形成的。

世界卫生组织在《全球老龄友好城市建设指南》报告中，将老龄友好城市的构建框架建立在“阳光老年计划”的基础之上，以积极老龄化为理论依托，即通过优化健康条件、安全状况和参与机会，达到提升老年生活

质量的目的。具体说来，老龄友好城市的构建从城市物理环境和社会文化环境出发，涉及户外空间与建筑、交通、住房、社区支持与卫生保健服务、尊重与社会包容、市民参与与就业、社会参与、交流和信息等八大主题，并分别对每个主题进行了规范性的条目细化和内容充实。其中，前三个主题主要反映了城市物理环境的重要特点，在老龄友好社区的构建中也是重点建设项目，在社区治安、个人出行及生活便利等方面对社区居民尤其是老年居民具有重要意义，对完善居家养老环境的作用不容忽视。其他主题则主要反映了老龄友好城市和社区中社会文化环境的建设需求，具体涉及社会环境、社会服务、经济和健康等多方面因素。

本研究中高龄友善社区构建标准指标体系内容设计以上述八大主题为基本框架，结合当前我国城市社区硬件设施建设状况和城市社区老年人居家养老、社区养老的各方面需求，从社会保障及社会服务角度出发，经重新整合形成基础设施服务、社区养老服务和社会文化娱乐服务三大主体内容。

（1）基础设施服务。这方面主要涉及高龄友善社区的基础设施建设状况。具体来说，主要包括社区内及周边室外空间各项设施的安全性和便利性、交通状况及交通服务的惠老性、住宅和物业服务的及时性与经济性等。

（2）社区养老服务。结合我国社区老年人的养老模式和养老需求，这方面应当是重点考虑的服务范围。主要内容包括侧重于社区老年人的日常生活照料、医疗卫生救助、商业服务项目及特殊老年群体服务等。伴随老龄化的逐步深入，居家养老及社区养老模式纵深发展，使得城市社区养老服务需求更为旺盛，因而社区养老服务是高龄友善社区构建过程中不可忽视的重要部分。

（3）社会文化娱乐服务。根据积极老龄化和阳光老年计划的要求，社会文化娱乐服务对于优化城市社区老年人晚年生活质量、提升老年人社会参与度具有重要意义。该方面服务主要包含社会尊重、信息交流、社会参与及文化娱乐等多项内容，更加侧重于关注社区老年人精神需求，促进社会文化环境的适老建设。

（二）指标筛选方法

指标的选取应遵循科学性、广泛性、多元化、可操作性和服务性原则。依据上述理论基础和指标筛选原则，首先初步确定指标体系备选方案，其次采用德尔菲法对备选指标进行筛选和修改。

德尔菲法又名专家意见法或专家咨询法，是指在各自独立并匿名的情况下通过信函等形式就某一议题咨询专家小组成员的意见，经过几轮反馈及征询，使得专家组意见逐步趋于一致，并最终得出合理且相对准确的预测结论。

实施步骤如下。

（1）确定调查课题的方向、题目等，同时制作调研资料和问卷。

（2）确定专家小组成员。依据该课题的专业方向和涉及领域，确定专家组成员。

（3）对专家组成员阐明课题需要解决的问题、发表意见的相关要求和依据等，并且要提供足够细致的背景资料，补充专家需要的其他材料。

（4）专家组成员要根据手中资料，针对问题独立地给出指导意见和修改意见。

（5）回收专家组成员的第一轮判断意见，根据专家提出的修改意见修改资料，并将其他专家的意见整理成册纳入资料，再次分发给各位专家进行第二轮咨询，使其各自独立判断。

（6）直到各位专家的意见基本趋于一致，将咨询结果进行综合处理。

二、基于德尔菲法筛选高龄友善社区构建标准指标

通过文献复习和总结归纳初步选择高龄友善社区构建标准指标，依据世界卫生组织对老龄友好城市及高龄友善社区的标准，参考国内外在相关议题上的理论创新和实践经验，并结合银川市社区建设现状及特殊性，基本建立起高龄友善社区构建标准指标体系。依据前文提出的指标筛选原则及方法，本研究主要从基础设施服务、社区养老服务、社会文化娱乐服务三方面展开讨论。

（一）成立专家小组

立足于高龄友善社区的基本内涵和研究目的，依据专家的专业分布、工作领域及权威程度，并且考虑到德尔菲法本身对专家数量的限制条件，本研究在银川市民政部门、社区卫生服务站及养老机构等不同单位选取了

24位专家参与此次高龄友善社区构建标准指标体系构建相关指标筛选工作。

各位专家相关信息分布如表9-1所示。

表 9-1 专家基本信息汇总

基本情况		人数（人）	比例（%）
年龄	30岁及以下	3	12.50
	30～39岁	7	29.17
	40～49岁	8	33.33
	50岁及以上	6	25.00
学历	中专及以下	1	4.17
	大专	5	20.83
	本科	13	54.17
	硕士及以上	5	20.83
工作领域	社区	9	37.50
	政府部门	13	54.17
	养老机构	2	8.33
工作年限	10年及以下	4	16.67
	11～15年	5	20.83
	16～19年	3	12.50
	20年及以上	12	50.00
对社区老龄化服务建设熟悉程度	非常熟悉	5	20.83
	熟悉	12	50.00
	较为熟悉	7	29.17

如表9-1所示，在选取参与专家时，主要考虑年龄、学历、工作领域、工作年限及社区老龄化服务建设熟悉程度等。对于高龄友善社区构建标准指标体系的建立，专家选取是较为重要的一步，参与专家的专业性意见对指标筛选具有重要的指导意义。

（二）开展专家咨询

专家小组成立后，依据德尔菲法的独立匿名原则，向每位专家提供高龄友善社区构建标准指标体系的相关原始资料与数据。本研究共进行两轮专家征询，主要为专家提供高龄友善社区构建标准指标体系的各项备选指标，请其根据自身专业性质与工作经验，对各项备选指标的重要程度进行评分，同时对原始指标进行必要的修改、增加及删除工作，使指标体系臻于完善。

对于指标重要程度的评分标准，具体分为非常重要、较为重要、一般重要、较不重要和很不重要五档，评分量化标准见表 9-2。

表 9-2 指标重要程度量化评分标准

重要程度	非常重要	较为重要	一般重要	较不重要	很不重要
评分值	5	4	3	2	1

高龄友善社区构建标准备选指标体系由目标层、准则层、指标层三部分组成，以银川市高龄友善社区构建标准指标体系的建立为基本目标，着手从社会保障及社区福利服务角度进行研究，具体内容如表 9-3 所示。

表 9-3 银川市高龄友善社区构建标准备选指标体系

<table>
<tr><th>目标层</th><th>准则层</th><th>指标层</th></tr>
<tr><td rowspan="14">A 银川市高龄友善社区构建标准备选指标体系</td><td rowspan="6">B1 基础设施服务</td><td>C11 社区内户外空间惠老设施服务</td></tr>
<tr><td>C12 社区周边安全设施服务</td></tr>
<tr><td>C13 交通便利程度</td></tr>
<tr><td>C14 交通设施及出行惠老服务</td></tr>
<tr><td>C15 住房设计便老性程度</td></tr>
<tr><td>C16 住房定价合理性程度</td></tr>
<tr><td rowspan="5">B2 社区养老服务</td><td>C21 居家养老照料服务水平</td></tr>
<tr><td>C22 社区生活服务养老支持程度</td></tr>
<tr><td>C23 特殊老年人群服务</td></tr>
<tr><td>C24 社区医疗卫生服务可及性</td></tr>
<tr><td>C25 商业机构服务惠老性程度</td></tr>
<tr><td rowspan="3">B3 社会文化娱乐服务</td><td>C31 社区民众及服务人员敬老程度</td></tr>
<tr><td>C32 老年人社会贡献认可度</td></tr>
<tr><td>C33 社区信息提供（广播、文字、电话等）适老性</td></tr>
</table>

续表

目标层	准则层	指标层
A 银川市高龄友善社区构建标准备选指标体系	B3 社会文化娱乐服务	C34 社区老年志愿者参与活动程度
		C35 老年人再就业鼓励性服务
		C36 老年大学参与程度
		C37 社区老年活动中心服务可及性
		C38 社区老年活动经费补贴

（三）汇总调查结果

1. 第一轮专家咨询结果

经过首轮专家咨询，各位专家对备选指标进行了初步筛选。指标筛选过程中，专家针对存在描述重复和语义模糊的指标提出相应意见。回收问卷后，汇总反馈意见，得出以下修改结论：

（1）指标 C22“社区生活服务养老支持程度”修改为“社区卫生服务养老支持程度”；

（2）社区养老服务部分增加指标“老年临终关怀服务”；

（3）社会文化娱乐服务部分删除指标“老年大学参与程度”和“社区老年活动中心服务可及性”，增加指标“社区老年文化娱乐设施普及性”。

2. 第二轮专家咨询结果

结合第一轮专家咨询的意见，对指标体系进行修改。

将修改后的备选指标体系作为第二轮专家咨询的问卷资料，同样通过函询的方式发送给各位专家学者，依据独立匿名原则，使专家为各个指标的重要性再次进行评分。具体备选指标体系和第二轮专家咨询结果如表 9-4 所示。

表 9-4 第二轮专家咨询指标评分结果

指标	满分率（%）	平均分	变异系数
C11 社区内户外空间惠老设施服务	75.0	4.75	0.09
C12 社区周边安全设施服务	20.8	4.12	0.13

续表

指标	满分率（%）	平均分	变异系数
C13 交通便利程度	16.7	3.96	0.16
C14 交通设施及出行惠老服务	37.5	4.33	0.13
C15 住房设计便老性程度	20.8	3.88	0.19
C16 住房定价合理性程度	12.5	3.67	0.21
C21 居家养老照料服务水平	33.3	4.25	0.14
C22 社区卫生服务养老支持程度	62.5	4.63	0.11
C23 特殊老年人群服务	12.5	3.75	0.20
C24 社区医疗卫生服务可及性	54.2	4.54	0.11
C25 老年临终关怀服务	0.0	3.54	0.17
C26 商业机构服务惠老性程度	8.3	3.96	0.12
C31 社区民众及服务人员敬老程度	20.8	4.04	0.15
C32 老年人社会贡献认可度	8.3	3.79	0.16
C33 社区信息提供（广播、文字、电话等）适老性	8.3	3.75	0.18
C34 社区老年志愿者参与活动程度	0.0	3.46	0.19
C35 老年人再就业鼓励性服务	8.3	3.67	0.19
C36 社区老年文化娱乐设施普及性	41.7	4.33	0.15
C37 社区老年活动经费补贴	25.0	4.00	0.20

由第二轮专家咨询结果可知，高龄友善社区构建标准指标体系中，“社区内户外空间惠老设施服务”指标满分率和平均分最高，具体为75.0%和4.75，且变异系数最低，为0.09，充分说明社区内室外空间惠老设施服务对于建设高龄友善社区具有一定现实意义；“老年临终关怀服务”和“社区老年志愿者参与活动程度”指标满分率均为0.0，其中平均分最低的指标为“社区老年志愿者参与活动程度”，得分为3.46，但经过问询，专家普遍认为该项指标在建设高龄友善社区方面具有一定的必要性，在标准体系构建过程中应当予以保留。

（四）信度与效度检验

1. 信度检验

信度是指所建立的指标体系和所得数据的可靠性，即采用同一方法对同一对象进行重复测量时，所得到结果的一致性程度。信度检验是任何测量和调研过程的必要环节，只有当所得数值接近或等于真值时，用同样的工具多次重复测量相同样本的同一特性都获得相同或基本相近的结果，才能认定调研结果真实可靠。

在此，我们采用克伦巴赫 α 系数来计算信度。对照信度检验标准，当 α 系数低于 0.70 时，说明该指标体系信度较低，不适合投入研究使用；当 α 系数在 0.70 以上时，说明该指标体系内在一致性达到基本水平，可以使用；当 α 系数达到 0.80 以上时，说明该指标体系整体信度相对较好。经过 SPSS 19.0 软件计算，高龄友善社区构建标准指标体系的信度检验 α 系数如表 9-5 所示。

表 9-5　高龄友善社区构建标准指标体系信度检验结果

指标	克伦巴赫 α 系数
基础设施服务指标信度	0.78
社区养老服务指标信度	0.80
社会文化娱乐服务指标信度	0.81
总体指标信度	0.88

表 9-5 显示，“基础设施服务指标信度”为 0.78，表示该层次指标信度符合标准，可以使用；“社区养老服务指标信度”和“社会文化娱乐服务指标信度”均达到 0.80 以上，且总体指标信度达到 0.88。依据内在一致性检验标准，说明本研究设计的指标体系总体信度相对较好，已达到使用标准。

2. 效度检验

效度是指某种问卷或指标体系的测量效果的有效性和正确性，主要表示一种测量工具是否能够正确测量出所需测量特性。通常效度测量的类型分为内容效度、结构效度和实证效度等几种。根据研究类型，本研究选择内容效度进行效度检验。

内容效度是指某种测量工具中的各项指标、条目能够恰当反映所研究的主题概念的程度，主要表现内容与主题的关联性。本研究从参加德尔菲法的专家中选取 9 位，依照四级标准根据每个条目与研究概念的关联性进行评分，具体评分标准为：1 代表“无相关”，2 代表“弱相关”，3 代表“较强相关”，4 代表“强相关”。

内容效度的测量通常用内容效度指数表示，具体包括条目水平的 I-CVI 和量表水平的 S-CVI。其中，I-CVI 表示评分为 3 和 4 的专家数所占专家总数的比例，只有当 I-CVI 数值达到 0.78 及以上时才证明该条目有效，应予以保留；S-CVI 表示被所有专家都评为 3 和 4 的条目占条目总数的比例。考虑到因专家数目较多而可能导致一致率下降的情况，本研究选择采用均值 S-CVI，即 S-CVI/Ave，简单来说就是计算每个专家评定为 3 和 4 的条目的比例平均值，S-CVI/Ave 的数值必须达到 0.90 及以上。[①] 调查结果如表 9-6 所示。

表 9-6　高龄友善社区构建标准指标体系内容效度检验结果

指标	无相关（%）	弱相关（%）	较强相关（%）	强相关（%）	I-CVI
基础设施服务指标	0.00	9.26	64.81	25.93	0.91
社区养老服务指标	0.00	5.55	46.30	48.15	0.94
社会文化娱乐服务指标	0.00	4.76	65.08	30.16	0.95
总体	0.00	6.44	59.06	34.50	0.93
S-CVI/Ave	0.94（>0.90）				

如表 9-6 所示，经德尔菲法建立的高龄友善社区构建标准指标体系各指标的 I-CVI 值都在 0.78 以上，说明对于高龄友善社区构建主题来说，每个指标都与其有着必要的关联性，内容效度较高。整个指标体系的 S-CVI/Ave 为 0.94，大于 0.90，说明指标体系总体内容效度符合要求，设计较为合理有效。指标较为完整地体现了高龄友善社区构建的各方面内容，与期

① 刘可．如何进行内容效度的检验 [J]. 护士进修杂志，2010 (1)：37-39.

望达到的目标相一致。

（五）高龄友善社区构建标准指标体系的初步建立

经过两轮专家咨询，综合考虑专家意见和评分结果，筛选出高龄友善社区构建标准指标体系的有关指标共 19 个。本研究初步建立起具有目标层、准则层和指标层三个层次分级的高龄友善社区构建标准指标体系（见图 9-1）。

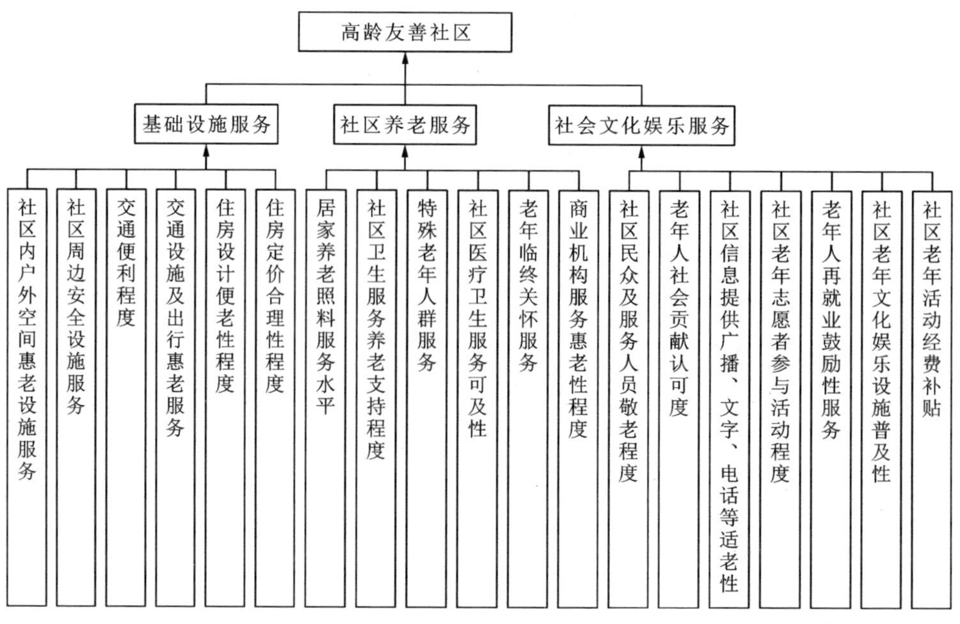

图 9-1 高龄友善社区构建标准指标体系

三、基于层次分析法建立高龄友善社区构建标准指标体系

在前文中经过德尔菲法初步建立起高龄友善社区构建标准指标体系，并设计有目标层、准则层和指标层三个基本层次。本研究拟采用层次分析法来确定各层次指标的权重。层次分析法（AHP），最早由美国运筹学家托马斯·塞蒂于 20 世纪 70 年代中期正式提出，是系统工程中经常使用的一种评价与决策方法。该方法比较适用于处理一些多目标、多层次的复杂性系统问题，以及难以完全用定量的方法去分析和决策的社会系统工程问题。综合说来，层次分析法是一种将定性与定量相结合的分析方法，具有

系统化和层次化的特点。该方法具有一定的实用性和实效性，在经济、管理、军事、医疗、城市规划等领域得到广泛应用。

依据初步建立起的高龄友善社区构建标准指标体系，以及构建成对比较判断矩阵的1～9标度评判表，编制各层次指标重要性判断矩阵表并发送给前述参与德尔菲法的专家，对指标重要性程度进行两两比较，回收有效数据后进行综合整理与分析，最终得出各层次指标重要性判断矩阵。

采用层次分析法软件，经过计算，高龄友善社区构建标准指标体系中所有指标的最终权重分配结果如表9-7所示。

表9-7 高龄友善社区构建标准指标体系指标权重分配结果

目标层	准则层及其权重	指标层及其权重	
A 高龄友善社区构建标准指标体系	B1 基础设施服务 0.25	C11 社区内户外空间惠老设施服务	0.0175
		C12 社区周边安全设施服务	0.0356
		C13 交通便利程度	0.0275
		C14 交通设施及出行惠老服务	0.0400
		C15 住房设计便老性程度	0.0537
		C16 住房定价合理性程度	0.0757
	B2 社区养老服务 0.5	C21 居家养老照料服务水平	0.0438
		C22 社区卫生服务养老支持程度	0.0626
		C23 特殊老年人群服务	0.0765
		C24 社区医疗卫生服务可及性	0.1744
		C25 老年临终关怀服务	0.0597
		C26 商业机构服务惠老性程度	0.0830
	B3 社会文化娱乐服务 0.25	C31 社区民众及服务人员敬老程度	0.0229
		C32 老年人社会贡献认可度	0.0168

续表

目标层	准则层及其权重	指标层及其权重	
A 高龄友善社区构建标准指标体系	B3 社会文化娱乐服务 0.25	C33 社区信息提供（广播、文字、电话等）适老性	0.0212
		C34 社区老年志愿者参与活动程度	0.0271
		C35 老年人再就业鼓励性服务	0.0230
		C36 社区老年文化娱乐设施普及性	0.0501
		C37 社区老年活动经费补贴	0.0889

根据专家对 19 个细化指标重要性的两两对比结果，各指标组内权重分配结果如表 9-8 所示。

表 9-8　各指标组内权重分配结果

目标层	准则层	指标层及其组内权重	
A 高龄友善社区构建标准指标体系	B1 基础设施服务	C11 社区内户外空间惠老设施服务	0.0700
		C12 社区周边安全设施服务	0.1424
		C13 交通便利程度	0.1100
		C14 交通设施及出行惠老服务	0.1600
		C15 住房设计便老性程度	0.2148
		C16 住房定价合理性程度	0.3028
	B2 社区养老服务	C21 居家养老照料服务水平	0.0876
		C22 社区卫生服务养老支持程度	0.1252
		C23 特殊老年人群服务	0.1530
		C24 社区医疗卫生服务可及性	0.3488
		C25 老年临终关怀服务	0.1194
		C26 商业机构服务惠老性程度	0.1660

续表

目标层	准则层	指标层及其组内权重	
A 高龄友善社区构建标准指标体系	B3 社会文化娱乐服务	C31 社区民众及服务人员敬老程度	0.0916
		C32 老年人社会贡献认可度	0.0672
		C33 社区信息提供（广播、文字、电话等）适老性	0.0848
		C34 社区老年志愿者参与活动程度	0.1084
		C35 老年人再就业鼓励性服务	0.0920
		C36 社区老年文化娱乐设施普及性	0.2004
		C37 社区老年活动经费补贴	0.3556

经过专家咨询和层次分析法分析，至此，高龄友善社区构建标准指标体系建立基本完成。本研究依据世界卫生组织老年友好城市和高龄友善社区的构建内容及标准，在广泛参考国内外相关文献和实践经验的基础上，针对高龄友善社区的构建目标，设计有 3 个一级指标，19 个二级指标，并通过定性与定量分析相结合计算出相应指标权重，基本覆盖社区老年人日常生活、医疗护理、文体娱乐、自我实现等各方面需求。高龄友善社区构建标准指标体系旨在成为惠老型社区建设的指导性工具，为高龄友善社区的构建提供系统性标准。

第二节　银川市高龄友善社区构建实证分析

随着我国人口老龄化的逐步推进，我国近年来开始重点关注养老服务业的发展，大力倡导居家社区养老模式。2016 年，国务院办公厅下发《关于全面放开养老服务市场 提升养老服务质量的若干意见》的文件，指出要全面放开养老服务市场，大力提升居家社区养老生活品质，全力建设优质养老服务供给体系，增强养老方面的政策保障能力。高龄友善社区的构建宗旨在于提升社区居家养老模式下老年人群的生活幸福感、进一步完善社区养老服务供给体系，其整体目标与国家开放养老服务市场、提升养老服务质量的政策目标不谋而合。因而，高龄友善社区的构建具有一定的现实意义与时代意义。

截至2016年底，银川市60岁及以上老年人口数量已超过26.6万人，预计2020年将达到29万人。相关数据表明，银川市老龄化趋势逐步显现，并且随着居家社区养老模式逐渐受到关注，优化银川市社区老年人养老状况、逐渐完善城市社区养老服务建设被提上议程。本研究将高龄友善社区的构建标准与银川市社区服务完善程度结合起来进行综合分析，通过服务优化和社区规划，逐步在银川市建立起适宜老年人居住、同时惠及大众的高龄友善社区，以积极应对人口老龄化的挑战。

笔者立足于银川市社区建设现状，运用前期建立的高龄友善社区构建标准指标体系对银川市三个区内的社区进行实证分析，以指标体系内容为基本架构，设计银川市老年人社区体验调查问卷。通过对银川市社区老年人及社区老年预备群体进行问卷调查，以高龄友善社区的构建标准指标体系为依据，了解其对银川市社区建设现状的基本评价。并应用统计综合评分法，将问卷评价结果与指标权重相结合，指出银川市构建高龄友善社区存在的短板，从而针对不足之处，加强相应养老服务建设，完善养老服务体系，为在银川市构建高龄友善社区提供建议。

一、基于高龄友善社区构建标准指标体系的银川市老年人社区体验调查

本调查主要以高龄友善社区构建标准指标体系为主要内容框架，结合世界卫生组织老年友好城市和高龄友善社区的建设内容，设计调查问卷，意在以高龄友善社区构建标准为依据，调查银川市社区老年人和老年预备群体对于当前银川市社区服务完善程度的评价状况，从而找出银川市社区建设的优势与不足，为构建高龄友善社区奠定基础。

（一）调查主体

本次问卷调查主体主要有两类群体，采用随机抽样的方法，根据简单

随机抽样的计算公式，利用 SPSS 19.0 软件通过计算得出最小样本量为 330 份。为防止出现无效问卷，从银川市三个行政区划的社区中随机抽取 350 份样本。具体入选群体和筛选标准如下。

（1）银川市 60 岁及以上社区老年人。对该类群体的筛选标准为：① 意识清楚，表达清晰，能够有效表达自己的真实想法，进行基本交流；② 有意愿参与此次社区体验问卷调查活动，能够如实反映实际情况。

（2）银川市社区老年预备群体。对该类群体的筛选标准为：① 年龄在 55～60 岁，接近退休或已经退休；② 关心社区养老状况，有意愿参与此次社区体验调查。

一方面，银川市高龄友善社区构建的主要受益群体是社区老年人，因而老年群体的社区体验对于本研究尤为重要。另一方面，高龄友善社区构建需要一定的实施年限，当前的社区老年预备群体作为即将步入老年的特殊群体，理论上应当是高龄友善社区的重要体验者和参与者。并且随着社会对养老问题的关注日益加深，该类群体对社区养老服务有更加深刻、清晰的认识，他们的意见也比较重要。

（二）调查量表

本次调查主要采用李克特量表的基本形式，为便于理解和统计，对于分值和选项稍作修改。李克特量表是评分加总式量表中较为常用的一种量表，通常将属于同一范围的项目加总来计分，单独或某个个别项目是无意义的。在问卷完成后，每个选项也许会被个别分析，或某些成组的选项会被加总并形成一个量表。因此，李克特量表常常被称为累加量表。

（三）评判标准

调查问卷的评分标准参考世界卫生组织老年友好城市建设标准的相关内容，具体标准见表 9-9。

表 9-9 银川市社区体验问卷标准

一级指标	二级指标	标准
基础设施服务	社区内户外空间惠老设施服务	1. 社区内户外空间应有良好的照明设施和排水设施，保障老年人居住的便利性与安全性；2. 社区内室外设有容易到达且充足的公共卫生间以及户外休息区以供老年人使用，干净整洁；3. 社区内室外环境清洁干净，绿化充足
	社区周边安全设施服务	1. 社区内及周边应保持治安良好，有足够的安保力量，必要时应有警察巡逻；2. 社区内公共区域关键地段应设有有效的监控设备；3. 社区内应有方便易行的电梯、坡道、栏杆和楼梯以及防滑地面以保证老年人出行安全
	交通便利程度	1. 社区选址安全开阔且交通便利；2. 社区周边具有老年人步行可及的公交车站及出租车停靠站；3. 社区周边公交路线优先直达老年人常去的目的地
	交通设施及出行惠老服务	1. 交通停靠点位置适宜、安全，有充足的老年爱心座椅和防护设施；2. 社区内设有方便接送老年人进出的车辆便行通道；3. 交通及社区工作人员彬彬有礼，热心助人；4. 社区内外交通标志清晰可见、布局合理
	住房设计便老性程度	1. 住房设计安全，位于各种服务性机构附近和社区休息处，结构合理，便于老年人居住；2. 有充足、廉价的物业及维修服务
	住房定价合理性程度	房屋售价、租价及装潢定价合理低廉，符合老年人负担能力

续表

一级指标	二级指标	标准
社区养老服务	居家养老照料服务水平	1. 社区内或附近有居家养老照料服务中心；2. 居家养老护理人员态度和善，专业程度高；3. 家庭护理上门服务积极有效
	社区生活服务养老支持程度	1. 社区卫生服务站或社区医院设有老年优先窗口；2. 社区内定期举办老年人卫生保健公益服务；3. 社区卫生服务定价合理低廉
	特殊老年人群服务	社区志愿者及相关机构根据实际定期为孤寡、失独、失能、贫困等特殊老年人提供所需服务
	社区医疗卫生服务可及性	1. 社区内及周边设有基层医疗卫生机构；2. 社区周边具有医养结合老年疗养机构，服务效果佳
	老年临终关怀服务	社区及相关卫生服务站提供老年临终关怀服务
	商业机构服务惠老性程度	社区周边的商业性服务机构对老年人设有特殊惠老服务或优先权利，服务水平高，态度好
社会文化娱乐服务	社区民众及服务人员敬老程度	1. 社区民众及服务人员敬老程度高；2. 特殊老年人群享有同等权利，不会因身份、资产等原因受到歧视和不公正待遇
	老年人社会贡献认可度	社区民众积极认可老年人的社会贡献
	社区信息提供（广播、文字、电话等）适老性	1. 社区内路标展板等信息清晰明了、简单易懂，利于老年人辨认；2. 社区内媒体信息提供老年人感兴趣的话题
	社区老年志愿者参与活动程度	1. 老年志愿者依其意愿能够积极参与社区活动，参与度高；2. 在培训、指导、参与等方面对老年志愿者无歧视和限制

续表

一级指标	二级指标	标准
社会文化娱乐服务	老年人再就业鼓励性服务	1. 老年人自谋职业得到支持和促进；2. 老年人退休后再就业能够得到鼓励
	社区老年文化娱乐设施普及性	1. 社区内及周边定期举办丰富多彩的老年活动吸引老年人参加；2. 社区内及周边具有充足的供老年人参与文体活动的场地设施；3. 老年大学及老年活动中心普及性和参与度高
	社区老年活动经费补贴	政府及社区对老年娱乐活动定期提供经费补贴

本次调查问卷的题目选项共有“非常好”、“较好”、“一般”、“较差”、“非常差”五个评级标准，在问卷中全部体现为分值，依次赋予分值为100分、80分、60分、40分和20分。

（四）问卷回收状况及人口学特征

本次调查共发放问卷350份，回收有效问卷336份。运用SPSS 19.0软件对本次调查对象的人口学特征进行描述性统计，具体结果如表9-10所示。

表9-10 银川市社区体验调查对象人口学特征

项目		人数	比例（%）
性别	男性	177	52.7
	女性	159	47.3
年龄	55～59岁	134	39.9
	60～69岁	60	17.9
	70～79岁	101	30.1
	80～85岁	31	9.2
	85岁以上	10	3.0

续表

项目		人数	比例（%）
文化程度	小学及以下	34	10.1
	初中	71	21.1
	高中	72	21.4
	大专	74	22.0
	大学及以上	85	25.3
婚姻状况	未婚	2	0.6
	已婚	301	89.6
	离异	8	2.4
	丧偶	18	5.4
	其他	7	2.1
收入状况	1000 元及以下	44	13.1
	1001～2000 元	48	14.3
	2001～3000 元	72	21.4
	3001～5000 元	114	33.9
	5000 元以上	58	17.3
居住形式	夫妻二人居住	230	68.5
	与子女居住	70	20.8
	独居	31	9.2

如表 9-10 所示，此次调查的主体为银川市 60 岁及以上社区老年人及 55～59 岁的社区老年预备群体。其中，男性 177 人，占 52.7%；女性 159 人，占 47.3%。60 岁及以上的社区老年人有 202 人，占总体的 60.1%；55～59 岁的社区老年预备群体有 134 人，占 39.9%。

二、基于综合评分法的调查结果分析

（一）综合评分法简介

综合评分法是根据不同评价标准对各评价指标进行评分，然后利用加权的方法，最终求得总分。用来评价的项目是根据其质量情况划分等级的，再对其进行量化处理。其核心内容是对评价的不同等级赋予不同的分数，并以此为基础进行综合评价。其实施步骤如下。

（1）根据被分析评价对象的特点和分析的目的选择若干指标组成评价的指标体系，并确定各项指标的评分标准、计分方法。

（2）对选定的评价指标的实际数据依照评分标准进行评分，由所有指标的分值得出总分。

（3）与评价标准进行比较，做出全面综合的评价分析，以确定优劣。

（二）调查结果分析

依据统计综合评分法，首先计算出银川市高龄友善社区构建标准体验的各项指标得分，其次利用前文计算出的指标权重对各指标得分进行加权，即可得出银川市社区建设现状以高龄友善社区构建标准衡量后的最终得分。评分标准主要为定性因素，所以在进行总分分析时主要根据表 9-11 中的标准来衡量。相关调查结果见表 9-12。

表 9-11　高龄友善社区构建标准下统计综合评分法得分标准

评分区间	对应标准
0～20 分	养老社区建设状况极差，各项服务常有缺失且服务质量差
21～40 分	养老社区建设服务项目偶有缺失，整体服务质量水平不高
41～60 分	养老社区建设服务项目基本无缺失，服务质量水平一般
61～80 分	养老社区建设服务项目基本健全，服务质量水平较高
81～100 分	养老社区建设服务项目完善健全，整体服务质量十分优秀

表 9-12　基于高龄友善社区构建标准指标体系的银川市社区体验调查结果

一级指标	二级指标	指标得分	指标权重	综合得分
基础设施服务	社区内户外空间惠老设施服务	56.77	0.0175	0.99
	社区周边安全设施服务	61.75	0.0356	2.20
	交通便利程度	62.46	0.0275	1.72
	交通设施及出行惠老服务	51.26	0.0400	2.05
	住房设计便老性程度	55.48	0.0537	2.98

续表

一级指标	二级指标	指标得分	指标权重	综合得分
基础设施服务	住房定价合理性程度	52.56	0.0757	3.98
	合计			13.92
社区养老服务	居家养老照料服务水平	46.85	0.0438	2.05
	社区卫生服务养老支持程度	52.22	0.0626	3.27
	特殊老年人群服务	47.86	0.0765	3.66
	社区医疗卫生服务可及性	51.33	0.1744	8.95
	老年临终关怀服务	43.99	0.0597	2.63
	商业机构服务惠老性程度	49.55	0.0830	4.11
	合计			24.67
社会文化娱乐服务	社区民众及服务人员敬老程度	53.18	0.0229	1.22
	老年人社会贡献认可度	53.81	0.0168	0.90
	社区信息提供（广播、文字、电话等）适老性	51.49	0.0212	1.09
	社区老年志愿者参与活动程度	50.95	0.0271	1.38
	老年人再就业鼓励性服务	50.89	0.0230	1.17
	社区老年文化娱乐设施普及性	53.85	0.0501	2.70
	社区老年活动经费补贴	46.61	0.0889	4.14
	合计			12.60
总分				51.19

表 9-12 显示，以高龄友善社区构建标准指标体系为衡量工具，银川市社区老年人的社区体验最终得分为 51.19 分。对照综合评分法的评分区间标准，可以判断，根据社区老年人和老年预备群体的社区体验评价，银川市社区建设水平位于 40～60 分档，基本处于中等水平。经过综合分析，本研究可得出以下结论。

从高龄友善社区的构建角度来讲，银川市社区建设服务项目中有关养老的服务类别基本无缺失，但总体来说社区服务体系仍缺乏完整性和科学性，并且服务质量水平一般，整体社区体验并不能令人十分满意。

具体从一级指标角度分析，银川市社区服务在基础设施服务、社区养老服务和社会文化娱乐服务三个维度上的得分分别为 13.92 分、24.67 分和 12.60 分。

第一，银川市社区建设中基础设施服务的构建相对完善，即对于老年人的社区需求，基础设施服务的设置相较其他两个服务维度更为完整合理。依据马斯洛需求层次理论，基础设施服务主要反映了老年人生存和安全的需要，是最基本、最容易达到的诉求。经过城市社区规划和社会保障的发展，银川市社区老年人的这类需求已基本得到满足，但相较于高龄友善社区的构建要求，仍存在一定差距，需要进一步合理规划社区设施、优化基础服务体系。

第二，社区养老服务相对于其指标维度比重来说得分较低，说明该层面的服务整体建设成果不甚令人满意，社区居家养老服务专业化程度较低，服务项目少，民间资本参与度不高。社区养老服务是高龄友善社区构建内容中十分重要的一环，居家社区养老的重点关注度就在于，如何让社区老年人在本社区不用寻求养老院的照料即可获得足够的惠老体验，充分发挥“原居安老”的便利作用。银川市近年来在社区养老服务的建设方面虽然做出了努力，但随着老龄化的进一步推进，整体建设力度不够，在某些方面还未达到社区老年人的要求。

第三，银川市老年人社会文化娱乐服务在近些年有一定发展，但总体来说与“高龄友善”的目标还有一定差距，政府投入和社会福利关注度仍然不够，老年群体的社会参与渠道狭窄。社会文化娱乐服务是近几年较受关注的养老服务，从积极老龄化的角度来讲，老年人具有积极养老、乐观向上的诉求，不但要积极参与文体活动，更希望具有进行社会参与、实现自我的能力。因而社会文化娱乐服务逐步受到关注，也是构建高龄友善社区的重要组成部分。在银川市社区建设中应当进一步加强该方面服务的优化，进一步提升社区老年人的晚年生活质量，逐步达到高龄友善社区的构建标准。

第三节 银川市构建高龄友善社区的讨论与建议

一、银川市高龄友善社区构建现状的不足之处

（一）政府及社会对社区居家养老服务支持力度不够

据银川市2016年国民经济和社会发展统计公报显示，2016年末，全市拥有中心敬老院、敬老院、老年公寓25个，共有床位5649张。伴随老龄化的逐步深入，单纯依靠敬老院和家庭支撑养老需求已不现实。社区居家养老模式已成为养老主流方向，但银川市当前居家养老服务整体水平有待提高，距离高龄友善社区构建标准仍有差距。

案例1：Y男士，汉族，76岁，宁夏银川人，企业退休员工

提问：您对于银川市当前社区建设中的养老服务评价如何？您在日常社区生活中有哪些养老需求还未得到满足？

老人家住银川市兴庆区，所住小区是单位的家属院，小区存在的年份较长，各方面设施较为陈旧，但交通相对来说比较便利，方便老人出行遛弯、买菜等。老人与老伴都是企业退休职工，有两个儿子，都在银川市工作，目前两位老人在自家独居，并未与儿子一起生活。老人认为，自己当前住的小区虽然比较老，但毕竟对这里生活环境熟悉，住习惯了。“不过说起社区的养老服务，还是希望进一步完善一下。我们小区老年人不少，说起来可能也都是我们这一代的单位职工，以前年轻时不觉得，现在一上年纪，有时候还真会觉得有点儿孤单，总想跟大家时常出来聊个天，活动活动，丰富一下生活。自从搬进小区，这里的物业、社区服务基本就没什么人管理了，单位也对我们这些退休职工有些不闻不问。这个路段离公园什么的比较远，几年前小区里有个废旧的小屋子，我们一些老年人商量后经申请给改成了一个小的棋牌室，这才勉强有个给小区老人们活动放松的地方，但设施很简陋，仅限于能打打牌。”

老人表示，自己这一代人在岗位上奋斗了挺久，晚年时还是很希望得到政府和单位的照顾。小区的养老服务有些方面做得确实不到位，对于一些失能、贫困老人，政府和单位也没有相关的政策支持或财政补贴，让老人们有些无奈。希望国家和单位也能够多关注一下退休老人的生活服务需求，采取措施集中优化一下小区的养老服务环境，比如给老人划拨一些活动经费，在小区内或附近多设立一些老年服务中心等等。

可以看出，银川市政府针对养老服务产业虽已制定了一系列扶持政策，但总体来说实施效果仍有待考证。在访谈过程中，部分退休老年人表示，近些年银川市已经逐步在社区内或周边建立起一些居家养老机构以及老年活动室，但服务水平和专业程度较低，同时缺乏一些针对特殊弱势老年群体的优待政策。另外，老年文体娱乐活动的举办地点与资金等通常需要自筹，政府及单位介入支持力度较小。银川市社区居家养老服务市场开放程度不够，民间社会资本进入渠道有限，民办居家养老服务机构数量较少，且服务项目提供不足，尤其医养结合、临终关怀等特色服务有待深入发展。志愿者与社会工作者对于社区养老介入程度较低。

（二）家庭养老职能弱化，居家养老服务水平亟待提高

案例 2：L 女士，汉族，65 岁，宁夏人，事业单位退休职工

提问：您对当前银川市社区养老、居家养老服务评价如何？当前银川市社区建设在服务老年人方面还有哪些方面需要改进？

老人在接受访谈时正在公园遛弯，整体来说，老人虽已 65 岁，但体态年轻、性格开朗，也十分配合调研。老人家住银川市金凤区，由于身体健康状况不错，退休后经常会出来参加体育锻炼、文娱活动，与其他老年人交流互动。老人有一儿一女，工作都比较忙，尤其女儿在外地工作，老两口觉得目前身体状况还可以，不愿意打扰孩子。在平常的社区生活中，老人对于养老服务也有自己的看法："我们的小区处在新城区，设施相对比较完善，附近也有比较大的居家养老服务中心，不过从社区居住体验来说，设施比较好，但服务还不到位，居家养老和社区养老的实质优势好像不是那么明显。我跟老伴岁数越来越大了，孩子们工作

又挺忙，他们不止一次提过让我们去跟他们一起住，或者体验一下现在的养老机构服务，总是不放心我们自己住。其实我们平时也会关注养老政策动态，从我个人来说，其实我还是愿意晚年在家里住。一是舒服自在，环境熟悉，时间由自己支配；二是现在公立养老机构床位十分紧张，条件好一些的民办养老机构数量不多，花销也比较大，这种养老模式可能更适合有日常照料需要的老人。其实我就比较欣赏像上海、青岛等一些城市的做法，社区养老和居家养老模式办得非常好。首先，老年人可以在家中生活、居住，不会脱离家庭，老人们也有安全感；其次，社区里一些养老服务特别完善，比如说一些日间照料、家政服务等等，上门服务又快又专业，态度也好；最后，也是挺重要的一点，社区里还有日间托老中心，老年人们白天可以去参与一些有意义的活动，也有助餐服务，晚上再回到家中休养。咱们银川市其实也很适宜养老，只是在服务上还有所欠缺。虽然也有一些居家养老服务中心，但专业水平还达不到要求，也没有形成一定规模。”

老人还在访谈中提出，现在大多数老年人还是希望在家养老，如果能把家庭养老、社区养老结合起来，让老年人既能得到来自儿女和亲人的关照，又能享受专业的养老服务，是最好不过的。

由于家庭结构与养老观念的变迁，当前家庭养老功能已大幅弱化。银川市社区体验调查中，很多老年人不愿给子女添麻烦，因而选择独居或与老伴两人一起生活，而来自子女或亲友的探访频率也不高。根据社会支持理论，老年人若要提高生活质量与幸福感，应当构建适当的社会支持网络。在建设高龄友善社区的过程中，社区居家养老应当以家庭为基本依托，但目前银川市家庭养老职能履行不足。同时，不可忽视的是，居家养老服务的专业化水平较差，与东部地区仍有一定差距。要构建高龄友善社区，需要不断完善社区养老服务，规范服务项目种类及服务专业化程度。

（三）老年人社会参与渠道狭窄

案例3：M男士，回族，78岁，宁夏吴忠人，企业退休员工

提问：您退休后在闲暇时间都选择做些什么？在银川市社区

服务完善过程中您有什么建议?

老人虽已78岁高龄，但身体硬朗、走路很快，也开朗健谈。与老人交谈时，老人手中拿着袋子，正在公园中捡拾游客们丢下的饮料瓶。通过与老人的交流，得知老人从单位退休后一直没有闲下来，经常想要找些力所能及的工作继续发挥余热，一来可以填补一下退休后的空闲时间和无聊心理，时常活动对身体有益;二来还能赚些外快。其实老人与老伴都有养老金，出来干活也并不是单纯为了补贴家用。“自从退休后，总是在家闲着，觉得生活有点儿空虚，我们这一辈的人啊，又是闲不住的，所以想趁着现在还有些精力，不如发挥余热。退休的前几年，我还打过几份工，其实也不是为了挣钱，我们两个老人也花不了多少钱，只是觉得利用这个机会还能再参与一下社会活动，感觉自己没有与社会脱节。不过，这几年岁数大了，打工什么的也不现实，于是就在平时遛弯的时候顺便把公园、小区里面的饮料瓶收拾一下，这样感觉每天还有点乐趣。别说，这么转几圈下来，还真收获不少，拿这个卖废品也没多少钱，不过周边环境倒是好多了。最近老伴腿脚不太方便，在家休养，我一般是上午照顾她，下午没事出来晒晒太阳遛遛弯，顺便把这些瓶子清理一下。不过说起退休后的生活安排，其实很多老年人都有些迷茫，如果能多一些机会，参加些社会活动，也是挺不错的。在我退休后打工的时候，就明显感觉到，很多工作机会其实对于老年人来说是有限制的，人们肯定更乐意将机会给中青年人。”当被问到是否愿意参加老年志愿者活动时，老人表示对此挺感兴趣，只是不清楚银川市志愿者活动何时招募人员，并且担心这类活动对于老年人来说限制也会更多。老人很希望能多一些方式让他们参与到社区乃至社会的建设当中去。

其实访谈过程中有一部分老年人也像此位老人一样，希望能在晚年多参与社会活动，以防自己跟不上时代步伐。调查显示，当前银川市老年人的休闲娱乐活动多限于遛弯打牌、文体娱乐等自我消遣方式，鼓励老年人参与社区服务、志愿活动等方面的政策及平台较少。老年人参与社会活动的途径较少，且部分活动对于老年群体的参与机会和权利存在限制。但银川市老年人在参与社区和社会建设方面仍有一定热忱，部分老年人表示，很乐意加入到社区建设中来，在退休后能够凭借生活阅历与经验发挥一些余热。建设高龄友善社区应当从积极老龄化的角度出发，遵从老年人自我实现的意愿，因而社区老年人的社会参与渠道仍有待进一步拓宽。

二、银川市构建高龄友善社区的对策探讨

养老事业作为近年来社会关注的焦点问题，与每一个社会个体都息息相关。高龄友善社区的构建需要全社会各主体的广泛参与，通过改善养老服务质量、优化社区养老服务途径，逐步完善社区养老服务体系，达到积极老龄化的目的。

（一）增强政府立法指导，开放养老服务市场

银川市已经步入老龄化社会，高龄友善社区的构建作为缓解老龄化压力的有效手段，具有一定的必要性。社区环境及养老服务优化过程，需要得到政府的政策性支持和资源调配手段。

政府应当放宽养老服务市场，完善相关法律法规，为社区养老提供政策平台，提升高龄友善社区建设实效。养老服务事业应当从老年人群的需求出发，尊重老年人的养老意愿。相关调查显示，95%以上的老年人希望在家养老。在当前家庭养老功能逐渐弱化的背景下，社区居家养老成为值得推崇的一种养老模式。银川市政府应当鼓励居家社区养老服务多样化与多渠道完善，重新审视养老服务行业的准入机制，并且在审批、税收等环节为非公办养老服务机构提供便利和适当优惠，为社会组织与企业参与社区养老建设提供政策性保障。同时，促进社区养老服务发展逐步全面化、细致化，可以通过制定促进社区老龄事业发展的相关政策，从餐饮、医疗、金融、家政等一系列服务角度出发，逐步完善社区内部及周边的养老服务建设，争取通过政策引导，使得社区各项惠老服务落到实处，让老年人过上“养老不用出社区，基本服务有保障”的幸福晚年生活。

适当加大对高龄友善社区建设的公共财政支出，通过合理调配资金和社会资源加强社区养老服务建设。财政支持对于高龄友善社区的构建和提升养老服务质量具有莫大的帮助。国务院在《关于全面放开养老服务市场提升养老服务质量的若干意见》中提出，要切实增强政策保障能力，完善

财政支持政策，对于特殊老年群体应当建立健全补贴制度，统一设计、分类施补，提升补贴精准度。当前，在社区居家养老方面的政府投入存在一些问题，诸如财政投资力度不够、投资结构不尽合理、投资渠道狭窄等。针对此类问题，银川市政府首先应当明确投资方向，不能一味简单地将财政投入用于补贴养老机构床位，应当看到社区居家养老的重要地位，因而可以适当向社区倾斜。其次，调整投资理念与方向，在尊重老年人意愿的基础上加大财政投入力度。拓宽投资渠道，采用多样化方式，例如老年人文体活动专项基金、失能老年人专项拨款等，还可以利用福利彩票公益基金等方式，全方位加快高龄友善社区的建设步伐。

设立标准合理的效果评估机制，对于高龄友善社区建设方面的政策实施和公共投入情况进行有效的监督考核。在社区服务优化过程中，政府主要起到宏观把控方向、公共资金投入的作用，同时也应当及时对政策实施效果及资金具体流向进行跟踪反馈调查，通过严格把控，保证相关福利性措施能够真正落到实处，为社区居家养老服务的顺利开展和升级保驾护航。

（二）社会各界广泛参与，积极推进服务优化

引导非政府性社会组织和社会企业进入社区居家养老市场，适当引入民间资本和高素质人才，增加居家社区养老服务项目。养老不是政府“包办”的福利项目，而应当形成社会各界积极参与、合力共赢的长效机制。

在建设高龄友善社区方面，引入民间资本有利于改善当前不尽合理的养老服务结构，增加社区居家养老服务建设的参与主体，可以形成良性市场竞争，带动养老服务市场有效运行。在具体的筹资渠道上，社会组织与企业可以根据自身状况灵活掌握。对于有实力的企业，可以采取公开募股等方式将民间资本引流至老龄事业，完善社区居家养老环境；其他社会组织也可以通过慈善团体合法正规的慈善募捐等活动，公开向社会乃至个人募集社区老龄事业基金，致力于提升社区养老服务机构的服务水平与容老能力。可以利用民间力量，在社区内或周边建立诸如社区居家养老服务中心、老年日间照料中心、医养结合疗养院等社区居家养老机构。一方面为老年人提供基本的生活医疗服务，替代家庭养老模式的某些职能而又区别

于传统养老机构；另一方面也能加强老年人与同龄人的合作交流，促进老年群体的积极老龄化。

完善护理人才招聘和考核机制，提升社区居家养老服务水平，保证老年人居家养老的舒适体验。首先，可以通过竞争招聘、提高薪资待遇等方式，招录专业素质和实践能力较强的老年护理人员进入社区居家养老服务行业，从源头上整体提升护理人员水平；其次，应当对在岗的社区老年护理人员进行岗位培训，从服务态度到护理能力逐步优化护工队伍，保证目前居家养老服务水平得到社区老年人的认可；再次，优化护理人员考评机制，依据社区老年人的体验，将考评项目扩充细化，例如考评敬老程度、服务态度、专业程度、老年人满意程度等，并定期对考评结果最优的工作人员予以奖励，起到良好的模范带头作用。

培养专业的社会工作者和志愿者队伍，为社区老年人提供良好的生活服务和指导，帮助老年人提升晚年生活幸福感，实现自我价值，对于高龄友善社区的构建具有明显的推动作用。近些年，老年人群整体身体素质有较大提升，参与社会生活的愿望也愈加强烈。为了更好地协助老年人融入社会生活，紧跟时代潮流，进一步实现积极老龄化，社会工作者应当介入社区，以便随时随地为社区老年人解答疑惑、解决问题。增设社区内社会工作的服务性、公益性岗位，尤其是扶助老年群体的专项专岗，主要负责辅助社区内老年人的日常生活和信息指导等；积极引导和培养倾向于社区工作和老年群体的专业社工人才，例如鼓励社会工作专业的高校毕业生、持有社会工作师证件的社工人才进驻社区，在缓解就业压力的同时，切实帮助社区老年人更好地参与社会生活，达到“高龄友善”的初衷。

（三）转换家庭养老职能，提供社区养老后续保障

家庭养老作为传统养老模式，在如今家庭结构不断变更的社会条件下，其作用已经逐步弱化，但这并不代表家庭养老模式可以完全被机构养老和社区养老所取代。构建高龄友善社区仍要立足于“居家”，即在保证老年人居家生活的前提下，使其在社区内享受完善的养老服务和友好的养老环境。家庭是老年人最理想的养老之地，在自身熟悉的环境中生活有利于他们放松心情、安享晚年。在银川市构建高龄友善社区的过程中，老年人的“友善”氛围应当首先从家庭开始培养。

俗话说，百善孝为先，首先应当在社区内广泛宣传孝文化，让每一个家中有老年人的家庭成员都树立起及时尽孝、尊老敬老的思想意识，从自身做起，为自家的老年人创造一个和谐友善、幸福安逸的家庭环境，只有这样才能将这种“友善”的氛围扩散到整个社区、整个社会，达到“老吾老，以及人之老”的社会愿景；其次，注重家庭氛围的培养并不是要将家庭养老模式作为主流养老手段，而是逐步转变家庭养老的功能，将传统的家庭养老与社区居家养老相结合，既能照顾到社区老年人渴望依靠家庭的养老意愿，又有助于缓解当前许多社区居民无暇照顾老年人的尴尬。家庭成员可以充分了解社区居家养老的有关信息，向老年人积极普及居家养老的运行模式，并尊重老年人意愿，使其自主选择养老模式。

积极构建高龄友善社区，也应尽量避免空巢老人、空巢家庭的出现，发挥好家庭对于社区居家养老模式的后续保障作用，让老年人在参与社会生活、享受社区居家养老便利的同时，有家庭作为物质和精神依托，免去其后顾之忧。

（四）增强社区民众敬老观念，拓宽老年群体社会参与渠道

积极老龄化旨在从老年人的社会权利与地位出发，为老年人获取更多的权益，参与社区建设和社会生活。习近平总书记在党的十九大报告中指出，积极应对人口老龄化，构建养老、孝老、敬老政策体系和社会环境，推进医养结合，加快老龄事业和产业发展。我们应当站在时代前端，结合国家政策环境，使养老理念与时俱进，通过宣传等途径提升社会包容度，增强社区民众的尊老、敬老、爱老观念，从思想上树立“高龄友善”的意识，为老年群体的积极老龄化提供帮助。

第一，在银川市大力弘扬高龄友善社区的核心主旨，提升社区居民对于“高龄友善”观念的认知度。随着老龄化逐步深入发展，应肯定老年人的社会贡献和自主能力。社区民众应当充分肯定社区老年人早期的社会贡献，充分尊重老年群体的需求，在整个社区内形成尊老、敬老、爱老的和谐社区氛围，帮助老年人在晚年生活中提升自我认可程度、培养广泛的兴趣爱好，充分实现自我价值。积极协助完善社区居家养老服务、构建良好的社区氛围，也有利于为自身养老创造便利条件。

第二，在银川市构建高龄友善社区的过程中重视社区老年人的意见，

依据其养老意愿进一步完善社区建设。养老服务建设必须提高民众参与程度，尤其应当重视老年人的社区体验，听民意、顺民心，加强社区老年人在高龄友善社区的服务设计与优化过程中的主导作用，有利于提升社区居家养老服务的全面性与人性化。

第三，针对社区老年群体，应当积极拓宽其社会参与渠道，保证社区老年人拥有与其他民众同等的社会参与权利。在相关组织、企事业单位乃至全社会宣传积极老龄化思想，尽量消除社会对于老年群体的不公正待遇；对于有意愿参与社区建设和社会生活的老年人，应当积极配合并鼓励，保障老年人在社会参与活动中的积极性；增设适宜老年人参与的项目，拓展社区老年人参加活动的渠道。

参考文献

REFERENCES

一、中文著作

[1] 珍妮特·V登哈特，罗伯特·B登哈特．新公共服务：服务，而不是掌舵［M］．丁煌，译．北京：中国人民大学出版社，2004.

[2] 丁建定．中国养老服务发展研究报告（2018）［M］．武汉：华中科技大学出版社，2018.

[3] 关信平．社会政策概论［M］．北京：高等教育出版社，2009.

[4] 费孝通．乡土中国［M］，北京：中华书局，2013.

[5] 郭丽君，吕本艳．“医养结合”养老服务体系［M］．北京：科学出版社，2019.

[6] 戴靓华．“医养结合”城市社区养老居住设施规划设计［M］．北京：中国建筑工业出版社，2018.

[7] 周博，王维，郑文霞．回归社区——世界养老项目建设解析［M］．南京：江苏科学技术出版社，2016.

[8] 王伟进．中国社区养老的实践探索与整合发展路径［M］．北京：社会科学文献出版社，2019.

[9] 李文军．社区居家养老服务绩效评估研究［M］．北京：中国政法

大学出版社，2018.

［10］ 汪晓鸣．居家养老——如何在社区和家庭照护老人［M］．北京：中国劳动社会保障出版社，2014.

［11］ 王友广．中国居家养老住宅适老化改造实操与案例［M］．北京：化学工业出版社，2018.

［12］ 伍小兰，曲嘉瑶．台湾老年人的长期照护［M］．北京：中国社会出版社，2010.

［13］ 郭爱妹，张戌凡．城乡空巢老年人的生存状态与社会保障研究［M］．广州：中山大学出版社，2011.

［14］ 杜鹏．回顾与展望——中国老人养老方式研究［M］．北京：团结出版社，2016.

［15］ 张佳鑫．助老志愿服务工作方法：以夕阳再晨为例［M］．北京：经济日报出版社，2017.

［16］ 邬沧萍，杜鹏．老龄社会与和谐社会［M］．北京：中国人口出版社，2012.

［17］ 陈雪萍，等．互助养老服务理论与实践［M］．上海：上海交通大学出版社，2017.

［18］ 邬沧萍，姜向群．老年学概论［M］．北京：中国人民大学出版社，2015.

［19］ 郭爱妹．多学科视野下的老年社会保障研究［M］．广州：中山大学出版社，2011.

［20］ 江华，张航空，冯喜良．北京养老服务蓝皮书：北京康复辅助器具（老年）发展报告［M］．北京：社会科学文献出版社，2018.

［21］ 王金元．社会治理视阈下老年人的社会保障与社会服务研究［M］．上海：华东理工大学出版社，2015.

［22］ 张丽云．国外及港澳台老年社会保障制度研究［M］．北京：中国社会出版社，2011.

［23］ 于勇，胡扬名，江维国．乡村振兴战略下中国农村老年人社会保障研究［M］．北京：中国社会科学出版社，2019.

［24］ 张金峰．老年残疾人社会保障研究［M］．北京：世界图书出版公司，2012.

[25] 闫金山．城市老年人群中的不平等与差异性——基于四城市调查数据的实证分析［M］．北京：中国政法大学出版社，2017.

[26] 王东强．公共管理创新热点问题案例分析［M］．成都：西南财经大学出版社，2015.

[27] 刘素素．香港社区老人社会支持网络研究［M］．武汉：华中科技大学出版社，2018.

[28] 陈静．福利多元主义视域下的城市养老服务供给模式研究［M］．济南：山东人民出版社，2016.

[29] 李建华．多元文化时代的价值引领——社会主义核心价值体系建设与社会思潮有效引领研究［M］．北京：人民出版社，2012.

[30] 陶裕春．失能老年人长期照护研究［M］．江西：江西人民出版社，2013.

二、中文期刊论文

[1] 裴默涵．整合型老年人健康服务体系研究——英国的案例与思考［J］．人口与经济，2019（2）．

[2] 牛玉柏，等．老年人乐观、领悟社会支持与主观幸福感的关系——控制策略的中介作用［J］．心理发展与教育，2019，35（2）．

[3] 边恕，黎蔺娴．积极老龄化视角下的我国多维养老服务体系研究［J］．辽宁大学学报（哲学社会科学版），2019，47（2）．

[4] 丁志宏，曲嘉瑶．中国社区居家养老服务均等化研究——基于有照料需求老年人的分析［J］．人口学刊，2019，41（2）．

[5] 郑晓冬，杨园争，方向明．子女外出务工与农村老年人社会活动参与［J］．西北人口，2019，40（2）．

[6] 陈虹霖，吴晓薇．适老化科技的社会工作回应［J］．社会工作，2019（1）．

[7] 汪斌，郑家豪．城市老年人经济参与的影响因素研究——基于多层Logistic回归模型［J］．调研世界，2019（2）．

[8] 李成波，高雪．城市老年人健康信息网络获取途径状况及其影响因素研究——以西部地区三省市调查数据为例［J］．人口与发展，2019，25（1）．

[9] 徐洁，等．农村老年人家庭养老脆弱性评估——基于安徽农村地区的实证研究［J］．人口研究，2019，43（1）．

[10] 阎志强．城市老年人的机构养老意愿及其影响因素——基于2017年广州老年人调查数据的分析［J］．南方人口，2018，33（6）．

[11] 马伟华．社会支持网构建：少数民族流动人口城市融入的实现路径分析［J］．西南民族大学学报（人文社科版），2018，39（2）．

[12] 彭大松，张卫阳，王承宽．流动老人的心理健康及影响因素分析——基于南京的调查发现［J］．人口与社会，2017，33（4）．

[13] 明海英．医学人类学：探究疾病与文化互动关系［N］．中国社会科学报，2017-08-25（1）．

[14] 王业斌，等．社会融合对流动老人幸福感的影响——基于CGSS数据的实证研究［J］．广西财经学院报，2018，31（3）．

[15] 潘天舒．人类学家凯博文：医学人类学的“克莱曼范式革命”［J］．广西民族大学学报（哲学社会科学版），2017，39（1）．

[16] 丁晋飞，谈立峰，汤在祥，沈月平．德尔菲法及其在公共卫生领域的应用和展望［J］．环境与职业医学，2012，29（11）．

[17] 程新峰，姜全保．隔代照料与老年人年龄认同：子女代际支持的中介效应［J］．人口学刊，2019，41（3）．

[18] 张书朋，张庆垚，李彩娜．领悟社会支持性别差异的元分析［J］．心理发展与教育，2015，31（4）．

[19] 总报告起草组，李志宏．国家应对人口老龄化战略研究总报告［J］．老龄科学研究，2015（3）．

[20] 宁艳花，等．老年糖尿病患者社会支持现状及影响因素分析［J］．中国公共卫生，2011，27（7）．

[21] 冀云，李进伟．中国老年人社会支持与老化态度的关系研究［J］．中国全科医学，2017，20（7）．

[22] 任亮宝，王金梅．老年人社会支持与心理健康［J］．中国老年学杂志，2017，37（6）．

[23] 李莎莎，等．觉知压力和社会支持在独居老年人孤独感与心理健康间的作用［J］．重庆医学，2018，47（31）．

[24] 李艳，等．社区老年人心理需求与社会支持的相关性研究［J］．牡丹江医学院学报，2018，39（6）．

[25] 钱培鑫．社区嵌入式医养结合养老模式的问题及对策研究［J］．经济师，2019（5）：41-42.

[26] 张国琴，王玉环．失能老年人社会支持与心理健康状况的相关性［J］．中国老年学杂志，2011，31（11）．

[27] 彭华民，黄叶青．福利多元主义：福利提供从国家到多元部门的转型［J］．南开学报，2006（6）．

[28] 丁学娜，李凤琴．福利多元主义的发展研究——基于理论范式视角［J］．中南大学学报（社会科学版），2013，19（6）．

[29] 郭金华．中国老龄化的全球定位和中国老龄化研究的问题与出路［J］．学术研究，2016（2）．

[30] 黄佳豪，孟昉．“医养结合”养老模式的必要性困境与对策［J］．中国卫生政策研究，2014，7（6）．

[31] 孟颖颖．我国“医养结合”养老模式发展的难点及解决策略［J］．经济纵横，2016（7）：98-102.

[32] 邬沧萍，姜向群．“健康老龄化”战略刍议［J］．中国社会科学，1996（5）．

[33] 于卫华，林丹，陈雪羚．医养结合型长期照护的研究现状［J］．中国护理管理，2013，13（4）．

[34] 孟颖颖．我国“医养结合”养老模式发展的难点及解决策略［J］．经济纵横，2016（7）．

[35] 赵晓芳．健康老龄化背景下“医养结合”养老服务模式研究［J］．兰州学刊，2014（9）．

[36] 周欢．一个人“住”，一群人“助”［J］．中国社会工作，2018（33）．

[37] 李思娇，等．温州市独居老人生存质量及其影响因素［J］．中国老年学杂志，2018，38（19）．

[38] 桂世勋．独居老人广义居家养老保障状况及其精准关爱——基于中国大城市城区70岁及以上独居老人的问卷调查［J］．华东师范大学学报（哲学社会科学版），2019，51（3）．

[39] 任娄涯，等．我国居家养老服务需求研究现状［J］．护理研究，2019，33（9）．

[40] 陈华帅，刘亮，许明．老年人临终医疗与照料费用的地区差异研究［J］．中国人口科学，2019（2）．

[41] 徐俊，朱宝生．养老机构床位使用率及其影响因素研究——以北京市为例［J］．人口与经济，2019（3）．

[42] 童敏，许嘉祥．双重责任与意义重构：家属照顾者的临终关怀研究［J］．社会建设，2019（2）．

[43] 黄庆波，杜鹏，陈功．老年父母与成年子女间的代际支持及其影响因素［J］．人口与发展，2018，24（6）．

[44] 陈洁，曹阳．失能老人长期照护保险筹资水平测算及机制设计——以江苏省为例［J］．中国卫生事业管理，2019，36（1）．

[45] 陈颖，蒋尉．开展医养结合养老服务的法律风险及防范建议［J］．中国卫生事业管理，2019，36（1）．

[46] 雍岚，王振振，张冬敏．居家养老社区服务可及性——概念模型、指标体系与综合评价［J］．人口与经济，2018（4）．

[47] 刘璐婵．老年流动人口异地就医：行为特征、支持体系与制度保障［J］．人口与社会，2019，35（1）．

[48] 章蓉，李放．江苏省城乡老年人生活满意度及其影响因素分析［J］．人口与社会，2019，35（1）．

[49] 齐明珠，张成功．老龄化背景下年龄对家庭金融资产配置效率的影响［J］．人口与经济，2019（1）．

[50] 刘化洋，等．刺激——反应模型下的医养结合养老服务模式复杂性研究［J］．卫生经济研究，2019，36（2）．

[51] 丁志宏，曲嘉瑶．中国社区居家养老服务均等化研究——基于有照料需求老年人的分析［J］．人口学刊，2019，41（2）．

[52] 胡雅萍，刘越，王承宽．流动老人社会融合影响因素研究［J］．人口与经济，2018（6）．

[53] 彭大松，张卫阳，王承宽．流动老人的心理健康及影响因素分析——基于南京的调查发现［J］．人口与社会，2017，33（4）．

[54] 王成，丁社教．政府购买居家养老服务质量评价——多维内涵、指标构建与实例应用［J］．人口与经济，2018（4）．

[55] 王林，杨梨，许珍芳．心理社会治疗在疏解失能老人家庭照护者压力中的运用［J］．社会福利（理论版），2018（5）．

[56] 裴默涵．整合型老年人健康服务体系研究——英国的案例与思考［J］．人口与经济，2019（2）．

[57] 李志宏．医养结合：问题缘起、实践偏差与破解之路［J］．中国社会工作，2019（5）．

[58] 彭科．“医养结合”模式下老年人权益保障的法律规制［J］．湖南工业大学学报（社会科学版），2019，24（1）．

[59] 刘西国，刘晓慧．基于家庭禀赋的失能老人照护模式偏好研究［J］．人口与经济，2018（3）．

[60] 李升，黄造玉．超大城市流动老人的主观健康状况及其影响因素［J］．深圳大学学报（人文社会科学版），2018，35（5）．

三、外文文献

[1] Trnhan L，Caris P. The system of care and services for frail older person in Canada and Quebec［J］．Aging Clin Exp Res，2002，14（4）：23-31.

[2] Bernabei R，Landi F，Zuccla G. Health care for older person in Italy［J］．Aging Clin Exp Res，2002，14（4）：11-24.

[3] Lakey Brian. Social support theory and measurement［J］．Social support measurement and intervention：a guide for health and social scientists，2000，29（7）．236.

[4] R Jay Turner，J Blake Turner，William Beardall Hale. Social Relationships and Social Support［J］．Sociology of Mental Health，2014（4）：1-20.

[5] Idethia S Harvey，Kezia Alexander. Perceived social support and preventive health behavioral outcomes among older women［J］．Journal of Cross-Cultural Gerontology，2012（3）：275-290.

[6] Maryam Tajvarl, Astrid Fletcher, Emily Grundy, Mohammad Arab. Social support and health of older people in Middle Eastern countries: a systematic review [J]. Australasian Journal on Ageing, 2013, 32 (2): 71-78.

[7] Laura Durbin, Rebekah J, Kharrazi, Rebecca Graber, Thelma J Mielenz. Social support and older adult falls [J]. Injury Epidemiology, 2016 (1): 1-4.

[8] Anastasia Shvedko, Anna C Whittaker, Janice L Thomps. Physical activity interventions for treatment of social isolation, loneliness or low social support in older adults: a systematic review and meta-analysis of randomised controlled trials [J]. Psychology of Sport and Exercise, 2017, 34: 128-137.

[9] V Puccioni. Policies for friendly cities: the need for a new approach by governments and the donor community [J]. IOP Conference Series: Earth and Environmental Science, 2018, 126 (1) .

[10] Maryellen Potts, Kathleen Cartmell, Lynne Nemeth, Suparna Qanungo. A qualitative evaluation of a home-based palliative care program utilizing community health workers in India [J]. Indian Journal of Palliative Care, 2019, 25 (2) .

[11] Saltman R B, Dubois H F W, Chawla M. The impact of aging on long-term care in Europe and some potential policy responses [J]. International Journal of Health Services, 2006, 36 (4): 719-746.

[12] Szebehely. They deserve better: the long-term care experience in Canada and Scandinavia [M] . Ottawa: Canadian Centre for Policy Alternatives, 2009.

[13] Cai F, Wang M. Growth and structural changes in employment in transition China [J]. Journal of Comparative Economics, 2010 (38) .

[14] Shumaker S A, Brownell A. Toward a theory of social support: closing conceptual gaps [J]. Journal of Social Issues, 1984, 40 (4).

[15] Buffel T，Phillipson C. Ageing in urban environments：developing “age-friendly” cities [J]. Critical Social Policy，2012，32 (4)：597-617.

[16] Boswell D A. Elder-friendly plans and planners' effort to involve older citizens in the plan-making process [D]. New Orleans：University of New Orleans，2001.

[17] Green G. age-friendly cities of Europe [J]. Journal of Urban Health. 2013，90 (1)：116-128.

[18] Netherland J，Finkelstein R，Gardner A P. Resilience in aging [M]. New York：Springer New York，2011.

后记

POSTSCRIPT

进入 21 世纪，人口老龄化成为世界上大多数国家面临的社会问题。伴随着我国人口老龄化、老龄人口高龄化和家庭规模小型化，老年人的养老服务需求日益凸显。特别是独居、孤寡、失能、失智、高龄及流动老年人的日常生活照料和康复护理等多样化、个性化服务需求更为突出。因此，研究我国的为老助老服务，对进一步做好养老服务工作具有重要意义。

本书是 2017 年度宁夏医科大学校级项目“人口老龄化背景下宁夏养老助餐服务模式创新研究”（项目编号：XT2017003）的结项成果，其中绝大多数内容已在相关学术刊物上发表过。本书在坚持整体性、系统性的基础上，尊重各位作者的理论观点与写作风格；基于研究分析的需要，个别章节之间在表述上有相似相近之处。

本研究得益于团队成员的共同努力，所有成员都参与了问卷调查和深度访谈。书稿写作提纲由马冬梅拟定，大家共同完成写作，马冬梅、王银、顾悦负责统稿定稿。本书各章写作分工如下：

第一章：王银

第二、五、九章：徐慧蓉、马冬梅

第三章：李芬

第四、六章：顾悦

第七章：马冬梅

第八章：张艳荣

感谢宁夏回族自治区民政厅、宁夏回族自治区老龄工作委员会办公室、银川市老龄工作委员会办公室、银川市长城中路街道办事处、银川市北京中路街道办事处、银川市胜利街街道办事处、银川市朔方路街道办事处、宁夏义工联合会等机构为本书提供数据支持。感谢银川市兴庆区、金凤区、西夏区各社区居委会工作人员及社区老年人对本次调研工作的支持与配合。感谢宁夏医科大学公共卫生与管理学院 2015 级公共事业管理专业杨帆同学在本书写作过程中所做的编辑与整理工作。

随着我国“银发浪潮”的到来，养老问题已成为社会普遍关注的问题。为老年人提供多样化、多层次的养老服务，健全我国养老服务体系，真正做到“兜底线、补短板”，确保老年人共享建成小康社会新成果，需要全社会的共同参与和努力，也需要政府、社区、家庭等多元主体的协同治理。由于水平有限，我们的研究难免存在诸多疏漏与不足，敬请学界同仁批评指正。

作者

2019 年 6 月